Khalil O.
mit Christine Kensche

AUF DER STRASSE GILT UNSER GESETZ

Khalil O.

mit Christine Kensche

AUF DER STRASSE GILT UNSER GESETZ

Arabische Clans –
Ein Insider erzählt seine Geschichte

WILHELM HEYNE VERLAG
MÜNCHEN

MIX
Papier aus verantwortungsvollen Quellen
FSC® C083411

Verlagsgruppe Random House FSC® N001967

Originalausgabe 2020

Redaktion: Kerstin Lücker
Umschlaggestaltung: Hauptmann & Kompanie Werbeagentur, Zürich,
unter Verwendung eines Fotos von © Marlene Gawrisch
Satz: Satzwerk Huber, Germering
Druck und Bindung: CPI books GmbH, Leck
Printed in Germany
ISBN: 978-3-453-21800-0

www.heyne.de

Inhaltsverzeichnis

Vorwort

Der Mann, der ein Café im Süden Berlins betritt, sieht ein bisschen aus wie Diego Maradona. Sein Gang wippt, unter dem Kapuzenpullover wölbt sich ein Bauch, und so, wie man sich bei Maradona schwer vorstellen kann, dass er einmal Leistungssportler war, würde man von ihm nicht unbedingt denken, dass er einen Drogenring aufgebaut und Menschen blutig geprügelt hat. Die Leute in dem Café, das er als Treffpunkt vorgeschlagen hat, begrüßen ihn mit Handschlag, er hat für jeden ein Kompliment parat, sein Lachen steckt an. Der Mann stellt sich als Khalil vor.

In Deutschland ist gerade Clan-Saison. In Berlin, Bremen, Niedersachsen und Nordrhein-Westfalen geht die Polizei auf Razzia bei arabischen Großfamilien. Innenminister, Lokalpolitiker und Kommissionen überbieten sich gegenseitig mit Konzepten zur Bekämpfung von Clan-Kriminalität, wollen illegales Vermögen einziehen, Staatsbürgerschaften entziehen, Aussteigerprogramme entwerfen, Kinder aus kriminellen Familien nehmen.

Auslöser der Debatten ist ein Mord am »helllichten Tag« und auf »offener Straße«, wie es bei derart drastischen Vorfällen heißt: Am 9. September 2018 streckten unbekannte Täter in Berlin einen bulligen Mann mit mehreren Schüssen nieder – vor den Augen picknickender Familien, darunter seine eigene Frau und seine Kinder. Das Opfer ist Nidal R., Clan-Krimineller und Schutzgelderpresser, die Täter stammen vermutlich aus einer rivalisierenden Familie. Vier Tage später marschierten bei der Beerdigung rund 2000 Männer zu seinem Grab, zwei Hundertschaften der Polizei bewachten das Geschehen, vor dem Friedhof staute sich der Verkehr. Die Oberhäupter berüchtigter Familien gehörten zu den Trauergästen; szenekundige Beamte zählten 128 Männer, die direkt der Organisierten Kriminalität zuzuordnen seien. Die Machtdemonstration im öffentlichen Raum setzte das Thema Clans auf die politische Agenda.

Nidal R. war über Ermittlerkreise hinaus bekannt. Für Leute wie ihn wurde der Begriff Intensivtäter geprägt. Bevor Nidal 14 und somit strafmündig wurde, verzeichnete seine Akte bereits 20 Delikte. Ihn in die Gesellschaft zu integrieren sei so gut wie unmöglich, prophezeite eine Staatsanwältin 2005.[1] Als Nidal im Alter von 36 Jahren starb, umfasste sein Strafregister mehr als 100 Einträge, darunter Raub, versuchter Totschlag, Diebstahl, Nötigung, Körperverletzung und Verstöße gegen die Straßenverkehrsordnung. Insgesamt hatte er mehr als zehn Jahre in Haft gesessen.

In der einen Welt gilt Nidal R. als »Prototyp des Ethno-Kriminellen«[2], in der anderen ist er offensichtlich ein Held: Nach seinem Tod sprühen Unbekannte in der Nähe des Tatorts am Tempelhofer Feld ein glorifizierendes Porträt auf eine Hauswand; der Bezirk Neukölln lässt es eilig übermalen. Gleichzeitig wächst der Kult um die arabische Mafia: Die Gangster-Serie »4 Blocks« wird für den Deutschen Fernsehpreis nominiert. Staatsanwälte und Clan-Anwälte treten in Talkshows auf. Dass Clan-Mitglieder selbst sprechen, kommt so gut wie nie vor.

Ich möchte in jenem Herbst 2018 mehr über die Strukturen der Clans erfahren und mache mich auf die Suche nach Insidern. Ich klopfe an viele Türen, werde nicht eingelassen oder schnell wieder rausgeworfen. Die Familien bleiben unter sich und halten dicht. Auch die Migrationsforscher, Sozialarbeiter, Behördenmitarbeiter und Vereine, bei denen ich vorspreche und Visitenkarten hinterlasse, können oder wollen mir keinen Kontakt vermitteln. Nach langer Recherche in der Berliner Szene und etlichen Absagen will ich das Projekt aufgeben, als an einem Freitagnachmittag mein Handy klingelt. Ein Mann aus der polizeibekannten Großfamilie O. ist dran. Er habe gehört, dass ich mit Clan-Mitgliedern sprechen möchte, sagt er. Zwar habe er seine kriminelle Karriere vor 15 Jahren beendet, aber vielleicht sei, was er wisse und erlebt habe, trotzdem interessant. Wir verabreden uns zu einem Gespräch, und so kommt es zu dem ersten Treffen in einem Neuköllner Café.

Khalil ist so alt wie Nidal R., als dieser erschossen wurde, und lange Zeit hat sein Leben so ausgesehen, als werde es das gleiche Ende nehmen. Er sammelt schon früh zig Einträge in seiner Strafakte und hat mit Anfang 20 von unerlaubtem Waffenbesitz über gefährliche Körperverletzung bis hin zu schwerem Diebstahl so ziemlich alles hinter sich. »Fast unmöglich zu integrieren«, ist ein Urteil, das auch auf ihn passen würde. Doch er trotzt der Prognose für jugendliche Intensivtäter und vollzieht eine Wende: Khalil holt die Schule nach, macht Abitur und studiert Soziale Arbeit. Heute arbeitet er als Anti-Gewalt-Trainer mit Intensivtätern.

Er möchte seine Geschichte erzählen, weil er glaubt, dass man aus ihr etwas lernen kann. Warum junge Männer aus Clan-Familien kriminell werden, zum Beispiel. Und was der Staat dagegen unternehmen kann.

Unserem ersten Treffen folgen mehr als fünfzig weitere. Wir laufen durch das Viertel, in dem seine Karriere als Drogendealer begann. Bei einem Abendessen in seinem Haus lerne ich seine Familie kennen. Ich spreche mit Leuten aus seinem Umfeld, die seine Vergangenheit kennen, und mit Arbeitskollegen, die seine derzeitige Tätigkeit beurteilen können. Khalil zeigt mir seine Narben, alte Fotos und Gerichtsakten. Ich bekomme Zugang zu allen seinen Dokumenten, von der Geburtsurkunde bis zu Führungs- und Arbeitszeugnissen.

Dennoch bleibe ich skeptisch. Ich traue dem Mann, der den Schlitzohr-Charme von Maradona versprüht, nicht über den Weg. Um Khalils Schilderungen einzuordnen und zu überprüfen, trage ich sie zwei Oberstaatsanwälten vor, die für Clan-Kriminalität in Berlin zuständig sind, und einem leitenden Mitarbeiter des Landeskriminalamtes, der sich seit vielen Jahren in der Clan-Szene bewegt. Die Ermittler halten Khalils Geschichte für glaubwürdig. Sie entspreche dem »gewöhnlichen Lebenslauf« eines Clan-Mitglieds. Bis zu ihrem Bruch. Eine solche Wendung, sagen sie, hätten sie noch nie erlebt. »Davon hätten wir gerne mehr«, sagt eine Staatsanwältin.

Ich begleite Khalil zwei Jahre lang. Mit der Zeit fassen wir Vertrauen zueinander, und ich beginne zu verstehen, wie einsam er ist. Khalil hat sich von seiner Familie emanzipiert und hinterfragt ihre Wertvorstellungen. Nach einem unserer Gespräche schreibt er mir eine Nachricht: »Krass, du kennst mich mittlerweile besser als alle anderen Menschen um mich herum. Ich habe keine Freunde in dem Sinne. Ich habe Leute, die alles für mich tun würden, aber ich würde mich denen nie öffnen.«

Dass ich mit ihm zusammen seine Geschichte aufschreiben kann, ist eine einmalige Chance. Khalil öffnet eine Tür in eine verschlossene Welt, zu der sonst niemand Zugang hat. Er führt den Leser in eine Gesellschaft ein, die nach eigenen Gesetzen funktioniert, in der Gewalt, arrangierte Ehen und Blutrache zum Alltag gehören; berichtet von »Familiengeschäften«, wie Drogenschmuggel und Raubzügen. Gleichzeitig bricht er den Mafia-Mythos vom Paten, der alle regiert, und beschreibt erste Anzeichen eines Umdenkens im Clan-Milieu.

Khalil ist einen weiten Weg gegangen. Betrachtet man die Verhältnisse, aus denen er kommt, ist sein Wandel bewundernswert. Es ist jedoch keine Entwicklung von Schwarz zu Weiß, oder von Saulus zu Paulus, wie er selbst seine Geschichte umschreibt. So einfach ist das nicht. Khalil hat Kriminalität und Gewalt abgeschworen und hinterfragt die patriarchalischen Wertvorstellungen seiner Familie. Gleichzeitig vertritt er Ansichten, die die Mehrheit der Leser vermutlich ablehnen. Diese Widersprüche gilt es auszuhalten, sie gehören zu einer ehrlichen Biografie dazu. Kein Mensch ist nur schlecht oder total anständig. Handlungen sind nicht immer logisch, Weltbilder nicht konsistent. Ich lasse Khalil ohne Stringenzzwang und Moralfilter zu Wort kommen, mit Schwarz-, Weiß- und sehr vielen Grautönen – so, wie er ist.

In meiner Arbeit als Gerichtsreporterin begegnete mir gelegentlich die Kritik, ich würde Verbrechern »eine Bühne bieten« oder Taten »verharmlosen«, wenn ich ihren Hintergrund und die Beweggründe beschreibe. Genau das aber macht auch jedes Gericht. Der Kern der Strafverfolgung ist es, die Denkweise und Motive eines Menschen zu verstehen, um sein Handeln beurteilen zu können. Verstehen bedeutet dabei nicht entschuldigen, sondern nachvollziehen im Sinne von begreifen. Die Berliner Polizei etwa hat eine Spezialtruppe verdeckter Ermittler aufgestellt, die sich in der Clan-Szene umhören, in Shisha-Bars sitzen, die einschlägigen Familien gehören, und Rap-Konzerte besuchen, um das Milieu besser zu verstehen – und dadurch effektiver ermitteln zu können.

Nachdem ich im Januar 2019 einen Text über Khalil in der »Welt am Sonntag« veröffentliche, bekomme ich Anfragen von Politikern, die in ihren Wahlkreisen mit Clans zu kämpfen haben, von Kriminalbeamten, die Konzepte gegen Clan-Kriminalität schreiben, und von Forschern, die ein Aussteigerprogramm für Clan-Mitglieder entwickeln. Sie wollen mit Khalil sprechen, um zu verstehen, wie das Milieu funktioniert und was sie unternehmen müssen, um die Verhältnisse zu verändern. Khalil möchte anonym bleiben, um Frau und Kinder und sein neues Leben zu schützen. Seine Antworten auf die vielen Fragen stehen in diesem Buch.

Er hat den Mut gefasst, ausführlich zu berichten. Zum ersten Mal erzählt ein Insider aus einem großen Clan, teilweise überraschend differenziert, teilweise empörend brutal, doch immer aufschlussreich. Dieses Buch ist keine Bühne, sondern ein seltener Blick hinter die Kulissen.

Es ist aus etlichen Akten, Dokumenten und Hunderten Stunden Gesprächen entstanden, in denen Khalil mir seine Erlebnisse, Gedanken und Gefühle geschildert hat. Ich habe sie zu einer Erzählung kondensiert, mit seinen eigenen Worten, denn eine Stimme aus der Clan-Szene selbst fehlt in der Debatte über Clan-Kriminalität, zu der ich im Anhang noch einen grundlegenden Überblick geben werde.

Die folgenden Kapitel sind aus Khalils Perspektive geschrieben.

Grüße aus der Parallelgesellschaft

Wendepunkt

»Das sind die Bullen.« Ich wusste es gleich, als eine Faust gegen meine Tür hämmerte und mich aus dem Schlaf riss. Wer sonst kommt unangemeldet um fünf Uhr morgens bei dir vorbei? Meine Frau lag neben mir im Bett und kam nicht so schnell hoch, sie war im siebten Monat schwanger mit unserem ersten Kind, meinem Sohn. »AUFMACHEN, SOFORT!!!« Ich war kaum auf den Beinen, da flog die Tür schon aus den Angeln, ein Dutzend Männer stürzte hinterher. Die SEK-Typen trugen schwarze Sturmhauben und Maschinengewehre. Zwei packten mich und warfen mich zu Boden, die anderen rissen Schränke und Schubladen auf. Marwa kam langsam mit erhobenen Händen hinter dem Kleiderschrank hervor, mit dem ich den Schlafbereich vom Wohnzimmer abgetrennt hatte. Einer der Normalo-Bullen, die hinter dem SEK reinstürmten und keine Masken trugen, befahl ihr, sich aufs Sofa zu setzen. Dann wandte er sich an mich. Der Bulle war Türke. Er sprach Deutsch, aber eine Sprache, die ich verstand: »Was bist du für ein Mann?«, herrschte er mich an. »Deine Frau ist schwanger und im Nachthemd, und guck mal, wie viele fremde Männer sie jetzt gesehen haben!«

Was für eine Erniedrigung. Auf der Straße war ich eine große Nummer, mit meiner Familie legte sich keiner an. Jetzt lag ich,

Sohn eines berüchtigten Clans, der Gangster mit den geilsten Autos auf Berlins Straßen und den dicksten Geldbündeln in den Taschen, auf dem Bauch, die Hände auf dem Rücken gefesselt, während ein Spezialeinsatzkommando in meiner Schmutzwäsche wühlte. Die Träger von Marwas Nachthemd waren verrutscht. Halb nackt saß sie da und starrte mich an, ihre Hände zitterten. Draußen wurde es langsam hell. Als die Bullen mich abführten, pochte die Frage in meinem Kopf:

Was bin ich eigentlich für ein Mann?

Wenn mein Leben ein Film wäre, dann wäre dieser Moment die Wende. Einsam in der Zelle sitzend, kommt mir die Einsicht, dass es nicht so weitergehen kann, und ich fasse den Entschluss, mit dem Klauen, den Überfällen und dem Dealen aufzuhören und was Neues anzufangen. Aber wie das im richtigen Leben halt so ist, brauchen Wendepunkte einen Vorlauf. Der Satz des türkischen Polizisten hatte einen Samen in meinen Kopf gepflanzt, und der musste erst einmal keimen. Und wer die Realität der deutschen Strafverfolgung kennt, ahnt wahrscheinlich schon, wie lange ich als 20-Jähriger in U-Haft saß: Nach drei Tagen war ich wieder draußen. Um einen Prozess wegen schweren Diebstahls gegen mich einzuleiten, brauchte das Berliner Landgericht drei Jahre. In der Zwischenzeit gründete ich das erste Koks-Taxi mit 24-Stunden-Lieferservice. Erst, als ich voll drin war in der Dealerszene und selbst schon süchtig wie eine Cracknutte, ging der Samen endlich auf. Und dann wurde alles anders.

Also, was bin ich eigentlich für ein Mann? Vielleicht kann man meine Geschichte so zusammenfassen: vom Saulus zum Paulus. Heute führe ich ein gutbürgerliches Leben mit Eigenheim, Garten und Bewässerungsanlage am Stadtrand. Sonntags kommt die Verwandtschaft zum Grillen, einmal im

Jahr mache ich mit meiner Frau und unseren drei Kindern Urlaub in Antalya. Wenn ich morgens aus meiner Einfahrt biege, sehe ich, wie manchen Bio-Deutschen der Hals schwillt: »Wie kann der Schwarzkopf sich so ein Haus leisten?«, fragen die sich. »Mit ehrlicher Arbeit und einem Kredit«, würde ich dann gerne aus dem Fenster rufen.

Zwischen zwei Welten

Ich bin nicht stolz auf meine Vergangenheit, aber ich bin stolz auf das, was ich nach meinem Ausstieg geschafft habe: Ich habe die Schule nachgeholt, Abitur gemacht und studiert. Heute bin ich Sozialarbeiter, betreue junge kriminelle Männer, wie ich selbst einer war, und versuche, sie auf die richtige Bahn zu bringen. Man könnte auch sagen, ich bin ein Vermittler zwischen zwei Welten: der deutschen und der sogenannten Parallelgesellschaft, wie es in den Medien immer heißt, wenn über arabische Clans berichtet wird, also über meine Verwandten.

Als ich angefangen habe, online Zeitung zu lesen, habe ich mir, wenn es um Migranten ging, immer zuerst die Kommentare untendrunter angeguckt. Das mache ich heute nicht mehr, denn die Sprüche sind eh immer die gleichen: »Die Kanaken liegen dem Staat auf der Tasche!« oder: »Die nehmen uns die Arbeitsplätze weg!« Ja, was denn jetzt eigentlich? Entscheidet euch mal. Wenn dagegen von »kriminellen Großfamilien« die Rede ist, sind sich alle einig: »Sofort abschieben!« heißt es dann und: »Schickt die zurück zu ihren Eseln!«

Tja, ich muss die Hater unter euch leider enttäuschen: Esel kenne ich nur aus dem Kaff in Süddeutschland, wo ich geboren bin. Und auch sonst muss ich mit einigen Klischees aufräumen.

Während ich meine Geschichte erzähle, habe ich keine Katze auf dem Schoß, der ich den Kopf kraule. Ich bin und war nie ein Pate, auch wenn ich die Filme echt gut fand. So eine Figur gibt es in meiner Familie nicht. Wir sind nicht die Mafia und auch nicht »4 Blocks«. Diese Serie nervt mich übertrieben. Es wird so getan, als ob es in jedem Clan eine klare Hierarchie gibt und jeder seine Aufgabe hat. Klar sind unsere Familien patriarchalisch und hierarchisch organisiert. Aber es ist nicht immer so, dass der Vater der Oberchef ist und alle klauen schickt. Mein Vater ist seit 40 Jahren in Deutschland und hat immer hart gearbeitet. Er hatte nicht ein Verfahren, nicht mal wegen Schwarzfahrens, nichts. Das heißt nicht, dass in meiner Familie alle Lämmer sind. Ich habe unter meinen Verwandten genug schlechte Vorbilder für meine kriminelle Karriere gefunden. Das Wort »Clan« finde ich aber problematisch. Es klingt nach einer geschlossenen Front, wie eine Wikingerhorde. Eine Familie ist aber keine starre Einheit. Ich würde sagen, in 80 Prozent der arabischen Großfamilien gibt es Leute, die ihre Finger in irgendetwas drin haben, seien es Drogen, Einbrüche, Schutzgeld oder Prostitution. Auf 100 Leute kommen vielleicht zehn, die kriminell sind, und zehn, die im Gefängnis sitzen. Die restlichen 80 leben ganz normal und gehen arbeiten. Okay, davon sind viele Jobs Schwarzarbeit, aber Schwarzarbeit kommt ja in den besten Familien vor. Was ich damit sagen will: Es stimmt, dass von diesen Großfamilien viele kriminell sind, aber nicht alle und auch nicht die Mehrheit der Verwandten, wie der Begriff Clan unterstellt. Ich werde ihn trotzdem weiter benutzen, weil er sich einfach so eingebürgert hat.

Über meine eigene Familie kann ich sagen, dass sie zu den größten arabischen Clans in Deutschland gehört. Wie viele Verwandte ich habe, kann selbst ich nur schätzen: Allein in

Berlin sind es um die 300, und dazu kommen eigentlich auch noch die Leute der Familien, in die wir eingeheiratet haben, aber ab da wird es echt unübersichtlich.

Ich will erklären, wie die Familien ticken, und ihre Strukturen und Wertvorstellungen beschreiben. Mit meiner Geschichte möchte ich zeigen, warum Clan-Kinder kriminell werden. Aber: Ich werde niemanden verraten. Ich habe mein Leben geändert, aber nicht auf Kosten meiner Familie oder anderer Familien. Ich gehe meinen eigenen Weg und halte mich von den Geschäften meiner Verwandten fern. Doch so weit, mit meinen eigenen Brüdern zu brechen, kann ich einfach nicht gehen. Deshalb habe ich die Namen meiner Verwandten und anderer Personen, die in meinem Leben eine Rolle spielen, geändert. Es ist nicht so, dass meine Familie mich umbringen würde, wenn sie wüsste, dass ich über sie rede – das ist auch so ein Vorurteil. Wenn Onkel A, Bruder B und Cousin C zusammen einen Einbruch machen und C beim nächsten Ding nicht mehr mitmachen will, dann wird er nicht gleich abgeknallt. Das ist vielleicht bei der Mafia so, wo es kein Zurück mehr gibt, wenn du einmal beigetreten bist. Ich bin damals aus dem Koks-Taxi ausgestiegen, ohne dass mich einer aus der Familie zwingen konnte oder wollte weiterzumachen.

Trotzdem glaube ich, dass einigen Leuten nicht gefallen wird, was ich zu sagen habe, und zwar aus beiden Gesellschaften. Wenn man in der Mitte steht, kriegt man halt von allen Seiten auf die Fresse. Ich will eine differenzierte Sicht auf Clans ermöglichen und Luft aus dem Mythos lassen, den die Familien selbst und die Medien und Politiker aufgeblasen haben. Aber dieses Buch soll keine Verteidigungsschrift werden. Die kriminellen Zweige der Clans müssen mit harten

Mitteln rangenommen werden, und ich werde erklären, welche repressiven und präventiven Methoden am besten funktionieren.

Die selbst ernannten Experten, die in den Talkshows sitzen, regen mich echt auf. Es gibt welche, die sagen, dass das Wort Clan-Kriminalität rassistisch ist und man deswegen nicht darüber sprechen darf. Die verniedlichen das Problem und sagen, die Clans sind gar nicht so schlimm. Ich würde sagen: Doch, sind sie. Und sie sind selbst schuld daran, dass sie im Fokus von Polizei, Politik und Presse stehen. Es gibt einen Witz über den syrischen Geheimdienst, der das Phänomen ganz gut trifft: Ein Mann geht in einen Falafelladen und sagt: »Drei Falafel für den syrischen Geheimdienst!«

Genauso dumm gehen arabische Gangster vor. Sie wollen zeigen, wer sie sind. Sie brettern mit ihrer S-Klasse über die Sonnenallee und parken in zweiter Reihe. Sie liefern sich eine Massenschlägerei in aller Öffentlichkeit, um zu demonstrieren: »Wir sind die und die, und wir haben vor niemandem Angst!«

Die italienische oder russische Mafia würde sich niemals so aufführen. Von denen siehst du gar nichts, die sind unsichtbar, obwohl sie in Wirklichkeit viel reicher sind als wir. Die haben Leute, die Millionen umsetzen und U-Bahn fahren. Die kleinen Idioten, die »4 Blocks« nacheifern, geben mit einer dicken Karre an, dabei haben sie nicht einmal Kohle für Sprit. Die hauen ihr komplettes Geld für ein Auto raus und müssen das Benzin dann klauen gehen. Einige haben gar nicht die Macht, die sie vorgeben, da ist viel Show dabei. Image ist eben alles.

Das Gleiche gilt für die Politik. Jeder reitet auf der Clan-Welle und versucht sich zu profilieren. Die ganzen Razzien in Shisha-Bars sind doch nur Theater. Da laufen Journalisten und Politiker mit, die ein paar flotte Sprüche in die Kameras sagen, und noch bevor die Polizisten ins erste Café gehen, weiß ganz Berlin-Neukölln oder Duisburg-Marxloh schon Bescheid. Die Polizei entdeckt ein bisschen gepanschten Apfeltabak, wenn es hochkommt zwei Kilo Gras, und das wird dann als großer Erfolg verkauft. Gleichzeitig pushen die Razzien das Zusammengehörigkeitsgefühl der Clans. Sie werden wichtiger gemacht, als sie sind, und dadurch fühlen sie sich noch stärker. Der öffentliche Umgang der Politik und Ermittlungsbehörden mit dem Thema hat zwei Seiten: Wenn man einen Scheinwerfer auf kriminelle Clans richtet, holt man ihre Verbrechen aus dem Dunkelfeld. Aber man gibt ihnen auch eine Bühne, auf der sie sich profilieren können.

Mahmoud Al-Zein hat »Spiegel TV« mal in einer Limousine mitgenommen und irgendwas vom Nikolaus erzählt, von wegen er sei der Pate von Berlin und seine Leute würden ihn »El Presidente« nennen. Ich weiß, dass seine Verwandten hinter seinem Rücken über ihn lachen. Aber mit Mahmoud wurde dieses Mafia-Gehabe populär. Er wurde oft wegen Dealerei verhaftet, und bei einer Verhaftung war »Spiegel TV« dabei. In dem Video sieht man, wie Mahmoud auf dem Boden liegt und sagt: »Mach ma Kamera weg jetz! Mach ma Kamera weg, hab ich gesagt!« Dieser Spruch ist in der arabischen Community berühmt. Als Nidal 2018 erschossen wurde, war Mahmoud Al-Zein wieder auf freiem Fuß und ging zur Beerdigung. »Spiegel TV« war auch wieder dabei. Mahmoud läuft mit zehn Männern an der Kamera vorbei und sagt: »Mach ma nich wie kleine Kinder, mach die Kamera weg, hab ich gesagt!« Ich denke, er sagt das nicht, weil er nicht gefilmt werden will. Im Gegenteil: Er wiederholt seinen Spruch von damals, weil er weiß, dass der Kult ist.

Mehr als 2000 Leute waren auf der Beerdigung, alle Clan-Größen, wie zum Beispiel Arafat Abou-Chaker. Dabei hatte Nidal nur drei Brüder, der war ein kleines Licht für die anderen, die wären niemals in den Krieg gezogen für ihn. Warum kamen sie trotzdem? Weil sie wussten, dass jedes Kamerateam dieses Landes dabei sein würde. Die gingen zur Beerdigung, um ins Fernsehen zu kommen. Das war ein reines Schaulaufen für die. Und alle Kameras haben draufgehalten.

Wenn es dem Staat nicht gelingt, Leute wie Mahmoud Al-Zein und Arafat Abou-Chaker wegzusperren oder abzuschieben, warum verschafft man ihnen dann so eine Präsenz? Ganz Deutschland kennt diese Namen. Egal wo sie hingehen, ihr Ruf eilt ihnen voraus, wie Billy the Kid. Wodurch ist denn Billy the Kid berühmt geworden? Durch seine Steckbriefe. Man kann effiziente Strafverfolgung auch im Hintergrund betreiben und muss nicht zu jeder Razzia ein Kamerateam bestellen und den Angebern auch noch Kultstatus verschaffen.

Mir ist klar, dass ich mich auf dünnem Eis bewege. Ich war früher selbst ein Gangster und kam mir vor wie in einem Mafiafilm. Diese Welt hat ihren Reiz, und es kann passieren, dass ich ihn ungewollt verstärke, wenn ich aus der Clan-Szene berichte. Dass die kleinen Khalils da draußen denken, sie könnten ein paar Jahre lang klauen, dealen, Kohle scheffeln und dann wieder aufhören und alles ist cool. Deshalb Achtung, Spoiler: So easy läuft das nicht. Selbst die krassen Jahre mit Carlo, Koks und Nutten hatten übertrieben eklige Seiten, die ich null vermisse.

Ich hoffe, dass ich mit diesem Buch beide Welten erreichen kann. Den Deutschen möchte ich sagen: Lasst uns doch mal aufhören, uns in den Diskussionen über Clan-Kriminalität ständig im Kreis zu drehen, und stattdessen gucken, wie wir das Problem zusammen angehen können. Wie können wir die Clans integrieren? Die Menschen können sich ändern, wenn ihr auf sie zugeht und ihnen Wege zeigt. Habt Geduld, wir sind nicht alle gleich, und es findet ein Wandel statt, den ihr von außen noch nicht seht.

Und meinen Leuten? Ihr Idioten, wacht endlich auf! Kriminalität lohnt sich nicht, schickt eure Kinder lieber in die Schule. Wenn ihr morgens in den Spiegel guckt, dann seht ihr die Person, die verantwortlich ist für eure Zukunft: Ihr selbst und niemand anderes. Ich möchte zeigen, dass sozialer Aufstieg selbst für Kanaken wie mich möglich ist – wenn jemand eine Tür aufstößt und man den Arsch zusammenkneift.

»Hier gibt's Geld für nix!«

Drei Pappeln und Unbesiegbar: Das Gesetz der Dörfer

Manchmal sprechen mich fremde Leute auf der Straße an und sagen: »Du bist doch der Sohn von dem und dem.« Und während ich noch überlege, wo ich die Typen schon mal gesehen habe, sagen die: »Wir sind verwandt.« Berlin ist zwar eine Großstadt, aber wir leben immer noch wie auf dem Dorf. Jeder kennt jeden, und alle sind vernetzt. Das liegt daran, dass fast alle großen Clans aus derselben Gegend stammen. Mardin ist eine Provinz am hinterletzten Ende der Türkei, und da, an der Grenze zu Syrien, liegt eine arabische Enklave von ein paar Dutzend Dörfern. Die meisten Familien, die immer wieder in der Zeitung stehen, kommen aus zwei Dörfern, die Luftlinie knapp drei Kilometer auseinanderliegen: Üçkavak und Yenilmez. Das erste Dorf heißt übersetzt so viel wie »Drei Pappeln«, das zweite »Unbesiegbar«. Die Jungs, die im Frühjahr 2017 die Riesengoldmünze aus dem Berliner Bode-Museum gestohlen haben, zum Beispiel sind von der Familie Remmo. Die Remmos kommen aus Drei Pappeln und waren damals wie heute unsere Nachbarn.

Ich selbst kenne die Dörfer nur von alten Fotos, die mein Vater in einem Koffer aufbewahrt, und aus den Geschichten meiner Oma. Drei Pappeln und Unbesiegbar waren zwei Flecken aus quadratischen Häusern, die die Leute mit den schweren gelben Steinen bauten, die sie aus den Feldern zogen. So weit man gucken konnte, sah man nur Felder, Olivenbäume und eine staubige Straße. Ziegen, Schafe, Kühe und Kinder liefen frei herum. Die Frauen schleppten Wasser, das sie aus dem Speicher schöpften. Eigentlich war es nur ein Loch in der Erde, das sie mit Lehm verputzt hatten. Der Dreck sank auf den Grund, und von oben schöpften sie halbwegs sauberes Wasser ab. Die Männer arbeiteten auf den Feldern und stellten sich an die Straße, um Durchreisenden Obst und Gemüse zu verkaufen. Geld hatte eigentlich keiner, aber wenn mal was zusammenkam, wurde es in das Minarett gesteckt. Der Turm der Moschee war so groß wie der Stolz des Dorfes. Drei Pappeln zählte die meisten Familien und baute das größere Minarett. Das konnte Unbesiegbar sich natürlich nicht bieten lassen und zog nach. Das Verhältnis zwischen Unbesiegbar und Drei Pappeln war ungefähr so wie zwischen Köln und Düsseldorf, oder Madrid und Barcelona. Nur, dass Kriege bei uns anders ausgetragen wurden als mit Karneval oder Fußball.

Vor hundert Jahren gab es genau wie heute viel Streit zwischen den Familien und auch in den Familien selbst. In Drei Pappeln ging das so weit, dass sie irgendwann eine zweite Moschee bauen mussten, weil ein Zweig einer Familie so heftig mit einem anderen Zweig aneinandergeraten war, dass sie nicht mehr zusammen beten wollten. Selbst jetzt in Berlin ist das noch eine entscheidende Frage bei uns, in welche Moschee deine Familie damals ging: Real Madrid oder FC Barcelona? Freund oder Feind?

In Drei Pappeln erzählten sich die Leute, dass die von Unbesiegbar nachts ihre Ziegen stahlen. Umgekehrt war es wahrscheinlich genauso. Drei Pappeln hatte den Vorteil, dass sie mehr Männer, also auch mehr Fäuste hatten. Aber Unbesiegbar gab niemals auf, und wer eine Schlägerei gewann, behielt recht.

Meine Familie war expandiert, als die Männer statt eine ihrer Cousinen, wie es üblich war, Frauen aus anderen Sippen heirateten. Das kam selten vor, denn man musste schon echt aus einer stabilen, sprich starken Familie kommen, um in eine andere einheiraten zu können. Dafür musste man etwas bieten können. Nicht unbedingt Geld, das besaß ja keiner, aber einen guten Ruf, und den hatten wir. Den Männern wurde nachgesagt, dass sie hart arbeiteten, ihre Frauen nicht schlugen und ihr Wort hielten. Am gefühlten Ende der Welt, wo es keine Gesetze gab, war das Wort extrem wichtig. Damals sagte man bei uns »Ihliif bi schauarebek« – »Schwör' auf deinen Bart!« Je größer der Bart war, desto männlicher und ehrenvoller war ein Mann. Wenn einer rasiert durchs Dorf lief, lachten ihn alle aus und zeigten auf ihn: »Guck mal, der hält sein Wort nicht!« Und dann war der Ruf ruiniert.

Eine andere Redewendung ging so: »Kilmet Rijah mo kilmet niswaan« – was so viel bedeutet wie: »Gib mir ein Manneswort, kein Frauenwort.« Wahrscheinlich, weil man bei uns der Meinung war, dass Frauen zwar viel quatschen, aber nicht so viel zu sagen haben. Mein Opa Amir muss jedenfalls ein ziemlich stabiler Typ gewesen sein, als er sich traute, um die Hand meiner Oma anzuhalten, denn ihr ältester Bruder, Großonkel Jamal, besaß den größten Schnurrbart von allen. Jamal hatte einen glatt rasierten Schädel, einen irren Blick und einen Schnauzer, der je zehn Zentimeter von beiden Wangen abstand. Die Enden drehte er mit Bartwichse zu Kringeln.

Jamal war ein angesehener Mann. Alle respektierten ihn, weil sie sich vor seinen Wutausbrüchen fürchteten. Er hat meiner Oma im Streit mal ein Stück vom Ohr abgebissen. So viel zu Jamal. Ich denke, mein Opa war ihm ähnlich. Amir redete zwar nicht sehr viel, aber es gibt einige Storys über ihn, wie er Leute abgestochen oder mit einem Hammer geschlagen haben soll.

Streit gab es immer dann, wenn jemand sein Wort gebrochen hatte. Zum Beispiel: Einer verkaufte ein Stück Land an seinen Nachbarn. Der Deal wurde mit Handschlag beschlossen und die neue Grenze mit Steinen markiert. Aber in der Nacht setzte der Verkäufer die Steine heimlich zu seinem Vorteil um. Oder: Ein Bauer sagte einem Händler zu, ihm die gesamte Ernte zu verkaufen, und kassierte einen Vorschuss. Doch dann bekam der Händler raus, dass der Bauer die Ernte schon einem anderen versprochen und doppelt abkassiert hatte. Oder: Einer von Unbesiegbar klaute eine Ziege von Drei Pappeln und behauptete, die sei ihm zugelaufen – »Ich schwöre auf meinen Bart!« So etwas konnte böse enden.

Konflikte machten die Familien unter sich aus. Staatliche Institutionen kannten sie ja nicht. Schon zur Zeit des Osmanischen Reichs hatte man sich einen Dreck um die paar Dörfer geschert. Und als im Jahr 1923 die türkische Republik gegründet wurde, haben sie zwar eine Polizeistation in die Provinz gebaut, aber die war immer noch ziemlich weit weg, und wahrscheinlich hätten die türkischen Beamten keinen Finger gekrümmt, wäre ein Araber da aufgekreuzt. Auf die Idee kamen meine Leute auch gar nicht.

Es ist so: Wenn du um Hilfe bittest, giltst du als schwach. Und wenn du schwach bist, kommen die anderen und fressen dich. So ungefähr endete jede Geschichte, die meine Oma uns erzählte. Mit anderen Worten: Wer sich einmal verarschen lässt, wird immer wieder verarscht. Deswegen können wir nicht auf die Schnauze kriegen und einfach nach Hause gehen. Wenn einmal Krieg ausgebrochen ist, wird meine Familie niemals Ruhe geben. Niemals. Die sind so gepolt, noch von damals. Ich habe Onkel, die laufen hier mit einer scharfen Knarre rum, weil vor hundert Jahren jemand aus unserer Familie jemanden aus einer anderen Familie umgebracht hat. Noch heute kann es jederzeit passieren, dass dafür einer von denen einen von uns umlegt. Egal wen, Hauptsache einen aus der gleichen Familie. Das nennt man Blutrache.

Es gab zwar keine Gesetze und keine Richter auf den Dörfern, aber es gab Traditionen und Familienoberhäupter. Unter den Leuten waren keine Gelehrten, darum legte die Community das Recht selbst aus, nach Gewohnheiten, die sich mit der Zeit so eingespielt hatten. Gab es Stress, wurden die Familienältesten gerufen. Die versuchten zu vermitteln, bevor eine Sache zu einer Fehde eskalierte. Wenn zwei Familien Streit hatten, riefen sie den Ältesten einer dritten Familie dazu, und der verhandelte einen Kompromiss. Das nennt man *Sulha*, Versöhnung. Bei einem Mord musste die Familie des Täters Blutgeld an die Familie des Opfers zahlen. Über die Summe entschied der Vermittler. Damit war die Sache allerdings nicht unbedingt geregelt. Manchmal war der Drang nach Rache stärker.

Der Mann einer Tante von meiner Frau wurde vor 20 Jahren umgebracht, in Drei Pappeln. Worum es da eigentlich ging, weiß keiner mehr so genau, ich glaube, er war die Vergeltung für einen anderen Mord. Jedenfalls versteckten sich die Täter danach fünf Jahre lang in ihrem Haus. Warum? Das Haus eines anderen Mannes ist tabu. Du kannst nicht einfach zu ihm gehen und ihn umbringen. Du darfst ihn auch nicht in deinem eigenen Haus umbringen. Zu Hause darfst du deinen Todfeind nicht anfassen. Wenn zum Beispiel eine Beerdigung in einer Familie stattfindet, dann kommt die verfeindete Familie zur Trauerfeier, auch wenn die beiden bis aufs Blut zerstritten sind. Man zollt sich Respekt, das gehört sich so. Du musst deinen Feind empfangen und ihm Tee servieren. Sobald er rausgeht, darfst du ihn abschießen, aber vorher nicht. Deswegen haben die Täter sich also zu Hause versteckt, fünf Jahre lang, bis ein Blutgeld ausgehandelt wurde. Die Söhne des Opfers, die Cousins meiner Frau, akzeptierten die Zahlung auch. Aber nur scheinbar. Sie haben so getan, als sei jetzt alles okay, damit die anderen sich sicher fühlen und wieder aus dem Haus gehen. Das war ihre Chance. Jahrelang haben sie nur auf diesen Moment gewartet, in dem sie die Mörder ihres Vaters rächen konnten.

Ich habe ja schon gesagt, meine Familie gibt niemals auf. Das ist das Schlimme eigentlich. Im wilden Osten hat diese Härte vielleicht einmal Sinn gemacht, weil sie abschreckend auf Feinde wirkte. Aber jetzt ist sie die Wurzel aller Probleme. Meine Leute haben Angst, als Idioten dazustehen. Wer einmal einknickt, wird nicht mehr für voll genommen und macht sich angreifbar. Deshalb denken sie, sie müssen Blut mit Blut begleichen. Auge um Auge, Zahn um Zahn. Das ist das Prinzip und das gilt auf dem Dorf genauso wie in Berlin. Die Geschichte hat sich zwar Tausende Kilometer entfernt abgespielt, aber selbst hier in Deutschland haben die Verwandten der Täterfamilie Geld gesammelt und nach Drei Pappeln geschickt, damit sie dort das Blutgeld zahlen konnten.

Oder nehmen wir Nidal, den Typen, der vor dem Tempelhofer Feld in Berlin ermordet wurde. Der ist zwar Palästinenser, aber die haben ähnliche Sitten. In dem Krieg zwischen Nidals Leuten und einer anderen Familie ging es eigentlich um Drogengeschäfte, wem welcher U-Bahnhof in Neukölln gehört und wer da dealen darf und wer nicht. Doch eskaliert ist es dann – das erzählt man sich so in der Community –, weil Nidal einen krassen Fehler gemacht hat: Er war auf einer Hochzeit eingeladen und hat einen älteren Mann geschlagen, vor dessen Frau und Kindern. Das hätte Nidal nicht machen sollen. Es war eine heftige Ehrverletzung, der andere hat das Gesicht verloren. Nidal hat danach versucht, die Sache zu bereinigen. Er hat einen Vermittler losgeschickt, und der hat gesagt: »Nidal will das klären, es tut ihm leid ...« und dies und das. Aber der Vertreter der anderen Seite hat nur gesagt: »Nidal muss sterben.« Und dann haben sie ihn erschossen, im Park, beim Grillen mit seiner Familie. Dass Nidal vor den Augen seiner Frau und seiner Kinder getötet wurde, ist kein Zufall, genau das war die Rache. Man fasst keinen Mann vor seiner Frau und seinen Kindern an. Das ist ein Gesetz, und wer das bricht, muss dafür bezahlen.

Vor ein paar Tagen hat mir ein Cousin ein Video aus Drei Pappeln geschickt. Da gab es einen Mord, eine Blutrache an entfernten Verwandten von mir, die sind eine bedeutende Familie in der Gegend und hier in Deutschland auch. Ich nenne sie mal Familie A. Davor soll Familie A., also der Vater von dem Opfer, vier Männer der Familie B. umgelegt haben, weil die B.s einen der A.s im Streit getötet hatten. Klingt kompliziert? Ist es auch, das geht da jetzt schon seit Jahrzehnten so hin und her. Auf dem Video ist der Vater des jetzigen Opfers zu sehen, der selbst schon gemordet hat. Vater A. darf nur unter Polizeischutz aus dem Knast, um auf die Beerdigung seines Sohnes zu gehen. Polizisten mit Maschinengewehren und kugelsicheren Westen schirmen ihn ab. Er steigt in einen Bus, der ihn zurück ins Gefängnis transportieren soll, da dreht er sich zu seinen Leuten um und brüllt: »Ihr unternehmt jetzt nichts, das ist eine Angelegenheit für echte Männer – ich werde mich darum kümmern!« Man kann sich also ausrechnen, wie es da unten weitergehen wird. Es ist ein ewiger Teufelskreis.

Das Verrückte ist: Von uns hier in Deutschland ist niemand mehr da geboren, selbst mein Vater kennt die Dörfer nur vom Hörensagen. Und trotzdem haben die Traditionen noch immer einen krassen Einfluss auf uns. Alles, was in Berlin passiert, wird an ihnen gemessen. Bei jedem Familientreffen werden die alten Geschichten aufgewärmt, und die Jüngeren posten Fotos und Videos auf Instagram, die sich auf unsere Herkunft beziehen. So ein Bild zum Beispiel: Zwei goldene Sturmgewehre kreuzen sich in der Mitte, drum herum stehen die Namen von allen wichtigen Clans – mein Nachname ist auch dabei. Die Magazine und Gewehrläufe bilden ein Dreieck, in dem »LKC« steht, das ist die Abkürzung für libanesisch-kurdische Clans. So bezeichnen uns Polizisten und Kriminalforscher. Die haben sich sogar die Mühe gemacht, in unsere alten Dörfer zu reisen, um mehr über unsere Herkunft herauszufinden. Ein anderer Name für uns ist Mhallami-Kurden, und auch das ist ein Grund, warum wir irgendwo alle miteinander verwandt und bekannt sind: Wir stammen nicht nur aus der selben Gegend, wir gehören auch zur selben Ethnie. Wobei die Bezeichnung Kurden falsch ist. Wir selbst nennen uns nur Mhallami, weil wir eigentlich Araber sind, die nur lange Zeit unter Kurden gelebt haben. Bis es uns da zu brenzlig wurde. Aber dazu später mehr.

Echte Araber

Die Mhallami haben einen eigenen arabischen Dialekt, der von niemandem sonst gesprochen wird. Man erzählt sich viele Geschichten darüber, wo unser Volk herkommt und wie unsere Dörfer entstanden sind. Einige behaupten, wir wären ursprünglich christliche Aramäer gewesen, die irgendwann zum Islam konvertierten, weil sie von den Muslimen unterdrückt wurden. Die beliebtere Geschichte ist, dass wir die Nachkommen von arabischen Kriegern sind, die mit den islamischen Eroberungsfeldzügen im 8. Jahrhundert in die Gegend kamen, um die christliche Bevölkerung in Schach zu halten. Es heißt, hundert arabische Krieger hätten dort ihre Zelte aufgeschlagen. *Mahall* ist der Ort und *Mi'a* ist hundert. Unser Name bedeutet also so viel wie »Der Ort der Hundert«. Manche sagen auch, dass wir auf einen großen arabischen Beduinenstamm zurückgehen, der bei den Feldzügen mitmachte.

Unsere Vorgeschichte ist umstritten. Für meine Familie steht jedenfalls fest, dass wir echte Araber sind. Einer meiner Onkel hat mal eine DNA-Analyse machen lassen, bei der man sich ein Wattestäbchen in den Mund steckt und es in ein Labor schickt. Dabei kam heraus, dass wir ursprünglich von der Arabischen Halbinsel stammen. Das war eine wichtige Erkenntnis für uns, weil wir immer wie Dreck behandelt wurden, auch von Arabern.

Mein Vater hat einen Stammbaum gezeichnet, mit allen Informationen, die er aus der Verwandtschaft kriegen konnte. Ein großer Baum mit dicken Ästen und vielen Zweigen, in denen Namen stehen – aber nur von den Männern. Bei uns zählt die Blutlinie des Vaters. Die eigene Familie, also das gleiche Blut, geht über alles. Wenn wir Stress mit einer anderen Mhallami-Familie haben und es eine Schlägerei gibt, werden deshalb auch immer nur die Onkel und ihre Söhne zur Verstärkung gerufen, nicht die Söhne meiner Tanten. Das könnte uns sonst jemand als Schwäche auslegen, so nach dem Motto: »Die sind nicht stabil genug, um sich selbst zu verteidigen.« In dem Stammbaum ist jeder dritte Name gleich, weil es bei uns so üblich ist, dass der Erstgeborene den Namen des Großvaters erbt. Mein Vater ist der älteste Sohn und heißt deshalb wie mein Uropa Ahmad.

Meine Vorväter sind schon immer viel gewandert. Vom Jemen nach Saudi-Arabien, in den Irak und nach Syrien, von dort in die Türkei, dann in den Libanon und von Beirut schließlich nach Berlin. Meine Großeltern haben hier inzwischen 300 Nachfahren, und soweit ich weiß, planen alle zu bleiben. Früher gab es viele Gründe zu gehen. Entweder versiegte die Wasserquelle im Ort, oder die Familie wurde zu groß, und das Land reichte nicht mehr für alle Söhne. Oder es gab Streit mit einem anderen Stamm, und damit die Fehde nicht auf die Kinder überging, zog man lieber weiter. Im Osmanischen Reich war ja alles eins, es gab keine Grenzen, keine Kontrollen, keine Abschiebungen. Ein Mann konnte wandern, wie er wollte. Mein Urururopa war Maurer und deshalb nicht so mit der Erde verbunden wie ein Bauer. Wenn eine Arbeit erledigt war, zog er ins nächste Dorf. Mein Ururopa dagegen bestellte ein Feld und baute ein kleines Steinhaus, in dem meine Familie über mehrere Generationen lebte. Doch dann kam Mustafa Kemal Atatürk, gründete die Türkei und verbot alles, was nicht türkisch war.

So war das damals mit Minderheiten: Erst vertrieben oder töteten die Türken die Armenier. Dann gingen sie gegen die Kurden vor und dann gegen unsere arabische Kultur. Den

Familien wurden neue Namen verpasst, sie sollten nur noch Türkisch reden. »Atatürk hat uns unsere Namen genommen, Atatürk hat uns unsere Sprache genommen«, sagen die Älteren. Und als die Kurden dann einen Aufstand machten, waren wir auf einmal mittendrin, dabei hatten wir gar nichts mit den Kurden zu tun und mit den Türken auch nicht. Aber unsere Dörfer lagen in den kurdischen Gebieten, und so gerieten wir in die Unruhen. Die Mhallami wurden gegen die Kurden bewaffnet: Die Türken gaben dem Bürgermeister ein Gewehr und wollten die Jungen in den Militärdienst einziehen. Daraufhin griffen die Kurden unsere Dörfer an. In den 1940er-Jahren entschied mein Opa, endgültig in den Libanon zu gehen. Er und sein Vater hatten schon als Saisonarbeiter auf dem Gemüsemarkt von Beirut gearbeitet, als die Lage in den Dörfern immer schlechter wurde, und darum wussten sie, wie gut die Leute da lebten. Der Libanon war die Schweiz des Nahen Ostens. In der Schweiz gehörten wir zwar zu den Ärmsten der Armen, aber das war immer noch besser, als auf den Steinfeldern zu ackern oder als Kollateralschaden der Kurdenaufstände zu enden. Also machten sie sich zu Fuß auf in die große Stadt.

Lovestory in Beirut

Ich habe mal ein altes Werbevideo von Neckermann gesehen, von 1968, das hat mich total geflasht. »Eine Traumreise in den Orient« heißt das, aber zuerst dachte ich, es spielt in Frankreich. Da stehen weiße Luxushotels am Strand, die Leute fahren Wasserski, und die Frauen tragen Bikinis. Der Libanon muss super gewesen sein bis zum Bürgerkrieg. In Beirut gab es Kinos, Casinos und Clubs, richtig schicke Läden, und über die Palmenpromenaden fuhren Cabrios und Limousinen. Mein Opa schaffte 1962 einen Fernseher an, es war der erste in der Straße, und die ganze Nachbarschaft kam zum Fernsehen zu uns. In dem Viertel kannte sich jeder – die anderen waren auch alle aus Unbesiegbar und Drei Pappeln ausgewandert. Es hatte sich herumgesprochen, dass man in Beirut relativ gut leben konnte, und so fanden sie sich in der Großstadt wieder in den vertrauten Dorfgemeinschaften zusammen. Die Nachbarschaft meiner Familie hätte es allerdings nicht in ein Werbevideo geschafft. Sie lebte in einem muslimischen Viertel, das zwar nah am Zentrum lag – so sparten sie sich schon mal die Fahrt zur Arbeit –, aber es gab kein fließendes Wasser und Strom auch nur in einigen Baracken. Meine Großeltern hatten insgesamt vierzehn Kinder; der letzte Sohn ist schon in Deutschland geboren. In Beirut hatte mein Opa eine Erdgeschosswohnung in einem Hinterhof gemietet, mit einer Tür, die so niedrig war, dass man sich beim Reingehen bücken musste. Alle schliefen in einem Zimmer auf dem Boden. In dem Raum stand auch der Herd und der Fernseher, in den mein Opa sein ganzes Geld gesteckt haben muss.

Als die Mhallami damals in Beirut ankamen und nach Arbeit fragten, wunderten sich die Libanesen über ihren komischen Dialekt. »Woher kommt ihr?«, fragten sie, und meine Leute antworteten: »Aus der Gegend um Mardin.« – »Ach, ihr seid Kurden!«, sagten die Libanesen. Seitdem werden wir Kurden genannt, dabei haben wir mit denen nichts am Hut. Unsere Kultur ist anders, unsere Sprache ist anders, unser Essen ist anders. Trotzdem wurden wir alle in einen Topf geschmissen: Die Mhallami, die Kurden und die Palästinenser – alle Gruppen halt, die man wieder loswerden wollte. Der Libanon war eine extrem gespaltene und rassistische Gesellschaft. Zig Religionen und Ethnien wohnten Tür an Tür, die stärksten waren die Christen. Sie hatten die Macht und die Franzosen im Rücken, die das Sagen gehabt hatten, bis der Libanon 1943 unabhängig geworden war. Als die muslimischen Flüchtlinge aus den Nachbarländern anrollten, hatten die Christen Angst, ihre Mehrheit zu verlieren. Die Kurden, die vor den Türken flohen, die Palästinenser, die ihr Land an die Juden verloren, und die Mhallami, die ein besseres Leben suchten, waren unerwünschte Gäste. Sie kriegten keine Pässe, nur ein Papier, auf dem so etwas wie »Staatsangehörigkeit ungeklärt« stand. Und das hieß so viel wie: keine Rechte.

Die Mhallami durften nicht in die kostenlosen staatlichen Schulen oder ins Krankenhaus gehen und bekamen auch keine Arbeitsgenehmigung. Deshalb machten sich meine Leute selbstständig, das ging auch ohne Dokumente – natürlich nur in unbeliebten Berufen. Sozialer Aufstieg war nicht möglich. Für die schicken Leute, die in Paris studiert hatten und in Villen wohnten, waren wir Zigeuner. Wir lebten gleich neben ihnen, aber in Gettos. Die Kurden sammelten Abfall und Metallschrott, die Palästinenser arbeiteten auf den Baustellen und die Mhallami auf dem Markt und in den Schlachthöfen. Noch heute grüßen wir uns deshalb mit einem Spruch, wenn wir Kurden oder Palästinenser auf der Straße treffen: »Bil haauwa saaua« – »Die Luft trägt uns gemeinsam«. Das soll ausdrücken: »Wir haben doch das gleiche Schicksal, wir werden alle unterdrückt.« Und wo leben die meisten Mhallami, Kurden und Palästinenser, sprich alle Schwarzköpfe in Berlin? In Neukölln, in Kreuzberg und im Wedding, in den hässlichen Vierteln. Die Luft hat uns hierhingetragen – im wahrsten Sinne des Wortes.

Mein Vater war damals echt wie ein kleiner Zigeunerjunge. Er stand an den großen Palmenstraßen von Beirut, lief im Stau die Autoreihen ab und verkaufte Taschentücher und Kaugummis durch die Fenster. Als ältester Sohn war er in der Pflicht, Geld für die Familie ranzuschaffen, denn das war immer zu knapp. Mein Opa hatte einen Stand auf dem Obst- und Gemüsemarkt, ein paar Kisten mit einer Decke drauf, auf die er die Waren legte, die er gerade kriegen konnte. Auch da musste mein Vater mitarbeiten, jeden Tag außer Sonntag, der war im Libanon ein Feiertag. Meine Oma ging putzen und half reichen Leuten im Haushalt.

Eigentlich ist das verpönt, bei uns arbeiten die Frauen nicht, der Mann hat für den Unterhalt zu sorgen. Wenn die Frau arbeiten geht, heißt das, dass der Mann seine Pflicht nicht erfüllt, und das schadet seinem Ruf. Meinem Opa passte das auch überhaupt nicht, aber das Geld hätte sonst nicht gereicht, und außerdem wollte meine Oma unbedingt, dass ihre Söhne auf die Schule gehen. Meine Großeltern stritten sich ständig deswegen. Mein Opa sah die Kinder als seine Altersversorgung, sie sollten so schnell wie möglich Geld verdienen. Meine Oma war weitsichtiger. Auf den Dörfern hatte keiner etwas lernen können, aber in der Stadt sah sie neue Chancen für ihre Kinder. Sie durften allerdings nur dann die Schule besuchen, wenn sie Geld dafür zahlten.

Ich habe ja schon erwähnt, dass mein Opa ziemlich jähzornig war. Meine Oma hat mir erzählt, dass er einmal mit einem Hammer hinter ihr herrannte, als sie sich um die Zukunft ihrer Söhne stritten. Vielleicht hat sie auch ein bisschen übertrieben. Auf jeden Fall muss sie schneller gerannt sein als mein Opa und sich am Ende gegen ihn durchgesetzt haben, denn mein Vater kriegte als Erster in der Familie eine Ausbildung.

Das kam so: Meine Oma putzte in einem Architekturbüro, und da gab es einen Chai-Jungen, der den Zeichnern Tee brachte und so dies und das erledigte. Von einem auf den anderen Tag kam der Junge nicht mehr. Meine Oma kriegte das mit, ging gleich zum Chef und schlug ihm vor, dass ihr Sohn das doch übernehmen könnte. Der Architekt sagte: »Bring ihn mal her.« Meine Oma rannte nach Hause, schnappte sich meinen Vater und kaufte ihm einen Anzug. Am nächsten Morgen nahm sie ihn mit ins Büro, die Locken ordentlich gestriegelt, der Anzug etwas zu lang an Armen und Beinen. Der Architekt fand irgendwie Gefallen an meinem Vater. Das war erstaunlich, weil er ein Christ war und die Stimmung in Beirut schon extrem geladen war zwischen Christen und Muslimen.

Von dem Tag an also brachte mein Vater den Tee, holte Unterlagen ab und ging ans Telefon. Wenn der Architekt einen Entwurf zeichnete, schaute er ihm über die Schulter. Er war neugierig und stellte viele Fragen, und das imponierte dem Chef anscheinend. Nach und nach brachte er meinem Vater alles bei. Eine Hälfte der Woche ging mein Vater in die Schule, die andere Hälfte ins Büro. Inzwischen (seit 1975) herrschte Bürgerkrieg im Libanon. Draußen auf der Straße schlachteten sich die Christen und Muslime gegenseitig ab, aber hier drinnen arbeiteten sie friedlich zusammen.

Mitte der Siebziger, als es richtig heiß wurde in Beirut, nahm der Chef meinen Vater für ein Projekt mit nach Saudi-Arabien. Im Libanon gab es keine Arbeit mehr, da wurde nur noch zerstört, nicht mehr gebaut. In Saudi-Arabien dagegen zogen sie Luxushotels hoch. Zwei Jahre lang arbeitete mein Vater in der Nähe von Mekka. Der Rest der Familie blieb in Beirut und versuchte den Bürgerkrieg zu überleben. Die Front verlief durchs Zentrum, nah am Mhallami-Viertel. Der Westen der Stadt gehörte den Muslimen, der Osten den Christen. Im Zentrum wurde um jeden Meter gekämpft. Die weißen Hotels waren schwarz angelaufen vom Rauch und von Granaten zerlöchert. Auf den Dächern lauerten Scharfschützen, und in den Straßen bauten die Milizen Barrikaden aus Schutt und Möbeln. Die Straße überquerte man am besten im Zickzack, wegen der Scharfschützen. Oder man stieg durch die riesigen Löcher in den Häusern und kam auf der Parallelstraße wieder raus, wenn es die noch gab. Ganze Häuserzeilen waren nur noch Schrottberge, dazwischen brannten die Cabrios und Limousinen.

Der Sonntag war kein Feiertag mehr. Der Alltag meiner Großeltern verlief im Rhythmus der Kämpfe. In heißen Phasen machten alle Checkpoints in der Stadt dicht, dann waren sie eingekesselt und konnten sich nicht mehr groß bewegen. Die eine Straße blockierten die christlichen Milizen, die andere die sunnitischen, schiitischen oder die verschiedenen palästinensischen Gruppen, die untereinander zerstritten waren. Dazu kamen noch die syrische Armee und der syrische Geheimdienst, und bei denen konnte man sich nie sicher sein, gegen wen sie eigentlich kämpften. Israel, die USA und der Iran hatten auch noch ihre Finger im Spiel. Es herrschte totales Chaos.

Normalerweise lief mein Opa morgens um drei Uhr zum Großmarkt und kaufte Wasser- und Zuckermelonen oder was halt gerade da war. Aber wenn die Checkpoints zu waren, kamen die Lkws die die Waren aus der Beeka-Ebene in die Stadt brachten, nicht mehr rein, und mein Opa hatte keine Arbeit. Manchmal trafen die Kriegsparteien Abmachungen, dann kamen wieder ein paar Ladungen durch. Das Geschäft stockte, und die Leute hatten Hunger. Vor der Familie versuchte mein

Opa den Alltag aufrechtzuerhalten. Wenn er an einem Tag ein paar Melonen verkaufen konnte, gab er meiner Oma nur die Hälfte vom Geld, damit er, falls er am nächsten Tag nichts zu verkaufen hatte, trotzdem ein paar Lira nach Hause bringen konnte. So musste er nicht zugeben, dass er nichts verdient hatte. Ich glaube, meine Oma hat das gecheckt. Sie hat mal zu mir gesagt: »Wenn dein Vater nicht gewesen wäre, hätten wir nichts zu essen gehabt.«

Mein Vater war immer noch in Saudi-Arabien und hatte in dieser Zeit kaum Kontakt zur Familie. Der Postbote kam nicht mehr, und die Telefone standen still. Aber er schickte ihnen jeden Monat Geld. In dem Architekturbüro war noch ein Mitarbeiter geblieben, der meiner Oma den Lohn meines Vaters auszahlte. So konnte sich meine Familie halbwegs über die Runden bringen.

Ende der Siebzigerjahre waren die Aufträge in Saudi-Arabien erledigt, und mein Vater kehrte in eine kaputte Stadt zurück. Die Front war noch näher gerückt. Unsere Straße hieß übersetzt »Die Straße von Verdun«, und genau das war sie jetzt auch: das Schlachtfeld von Beirut. Die Mhallami hatten in Beirut keinen Anschluss außer zu den Palästinensern, die auch Sunniten waren und genauso arm wie wir, also verbrüderten wir uns.

Mein Vater spricht nicht viel und schon gar nicht über diese Zeit. Was er damals gemacht hat, weiß keiner so genau. Er war ein kleiner Mann, aber kein Feigling. Eines Abends kam er nicht nach Hause. Meine Oma hatte einen Verdacht und ging am nächsten Morgen zum Quartier der Palästinensischen Befreiungsorganisation (PLO). »Wo ist mein Sohn Ahmad?«, fragte sie. Doch die antworteten nur: »Wir haben keinen Ahmad hier, geh' nach Hause!«

Mein Vater blieb wochenlang weg. Als er endlich wieder nach Hause kam, sagte er nur, dass Kämpfer von der PLO ihn mitgenommen hätten und dass keiner wissen dürfe, wo deren Trainingsstätten sind. Sie hatten ihm einen Sack über den Kopf gezogen und ihn in den Süden gebracht. Er bekam einen Kriegernamen und wurde im Häuserkampf trainiert. So wurde mein Vater so etwas wie der Kommandeur unserer Straße. In der Wohnung neben dem Fernseher lagerte die PLO Waffen. Mein Vater schnallte sich einen Patronengürtel um, setzte sich vors Haus und machte den Verteidiger. Es musste immer einer Wache schieben, falls die christlichen Milizen ins Viertel einfielen. Bei so einem Rambo-Auftritt lernte mein Vater meine Mutter kennen.

Was ich darüber weiß, habe ich von ihr. Es ist eine ziemlich ungewöhnliche Geschichte für diese Zeit, so Romeo-und-Julia-mäßig. Laila stammte aus einer der sieben Gründerfamilien von Beirut. Im 14. Jahrhundert wurde eine Mauer mit sieben Toren um die Stadt gebaut. Der Legende nach wählte ein Statthalter sieben Vertreter aus den angesehensten Familien aus und gab jedem einen Schlüssel zu einem Tor. Sie waren die Wächter der Stadt, bis die Osmanen und dann die Franzosen Beirut eroberten. Die Familie meiner Mutter hatte Verbindungen zur Familie von Rafiq al-Hariri, der später Ministerpräsident wurde. Sie gehörten zur High Society von Beirut, und für die waren wir asoziale Penner. Wahrscheinlich hätten meine Mutter und mein Vater nie miteinander gesprochen, wenn das Villenviertel und das Getto nicht nebeneinandergelegen hätten und die Verhältnisse nicht so durcheinandergeraten wären. Jetzt war also mein Vater so etwas wie ein Wächter der Stadt. Eines Tages lief meine Mutter unsere Straße runter. Die Straße führte über einen Hügel, und von unten kam ein Panzer hochgefahren. Mein Vater sprang von seinem Wachposten auf, holte eine Panzerfaust aus dem Waffenlager im Wohnzimmer und schoss den Panzer ab. In diesem Moment verknallte sich meine Mutter in ihn. Sie nahm ihren Mut zusammen und sprach ihn an.

Es muss ziemlich viel Action gegeben haben, als meine Eltern verkündeten, dass sie heiraten wollen – in beiden Familien. Die Ethnien und sozialen Klassen durchmischten sich nicht, und Liebesheiraten kamen bei uns gar nicht vor. Mein Opa ließ sogar einen Brief schreiben an den Vater meiner Mutter, um die Hochzeit zu verhindern. »Wir sind Dreck, wir sind Zigeuner. Wir essen vom Boden und trinken alle aus einem Becher…«, diktierte er. Mein Opa sprach aus, was alle dachten: Unsere Familien passten nicht zusammen. Die Bourgeoisie und die Bauern – das würde niemals funktionieren. Er bat den Schwiegervater meines Vaters darum, die Hochzeit abzublasen. Doch am Ende gewann mein Vater und zog seine Lovestory durch.

Dass sich ein Sohn gegen das Familienoberhaupt auflehnte, war eigentlich undenkbar. Aber mein Vater war mit 20 schon der Ernährer der ganzen Familie, und das verschaffte ihm ein dickes Selbstbewusstsein. Und meine Mutter war 17 und zum ersten Mal verliebt. Was ihre Familie darüber dachte, hat meine Familie nie erfahren. Der Vater meines Vaters kam nicht zur Hochzeit, und ihre Eltern ließen sich danach auch nicht mehr blicken.

Eine Kassette aus Berlin

Meine Mutter war sehr hübsch und für damalige Verhältnisse top-modern: Sie trug Schlaghosen, roten Lippenstift und die Haare unverschleiert. Mein Vater hatte Koteletten und bunte Hemden an, so richtig schlimm 70er-Jahre-Style. Es muss in dieser Zeit gewesen sein, Ende der 70er, als der Vater meiner Oma eine Kassette aus Berlin bekam. Ein Palästinenser brachte sie ihm, mit schönen Grüßen von seinem Sohn Ibrahim. Es war üblich damals, dass jeder Ausgewanderte, der nach Beirut zu Besuch kam, Nachrichten von anderen Ausgewanderten überbrachte. Großonkel Ibrahim war 1971 seinen palästinensischen Nachbarn gefolgt, die nach Westberlin gegangen waren. Er arbeitete schwarz bei einem Schlachter und wohnte in einer kleinen Wohnung gegenüber vom Schlachthof. Ibrahim hatte die Kassette besprochen, weil er wie die meisten Verwandten nicht schreiben und lesen konnte. Mein Uropa spielte das Band ab, und die versammelte Familie hörte zu, wie mein Großonkel nach blumigen Grüßen und Geschwafel über sein neues Leben im Westen einen folgenschweren Satz sagte: »Kommt alle her, hier gibt's Geld für nix!«

Ibrahim diktierte ihnen, wie sie von Beirut nach Westberlin fliehen konnten, und zwar durch eine Schwachstelle in der Mauer. Die DDR hatte enge Kontakte zur PLO und zu den kommunistischen arabischen Parteien. Zwischen Schönefeld und Beirut flog die Interflug relativ günstig hin und her. Sie sollten sich in der DDR-Botschaft ein Transitvisum holen und ein Flugticket nach Ostberlin kaufen, erklärte Ibrahim. Von Schönefeld könnten sie dann einen Bus zum Grenzübergang in der Friedrichstraße nehmen. Mit dem Visum würde die DDR sie garantiert durchwinken. Und die BRD-Behörden dürften da nicht kontrollieren, denn das würde ja bedeuten, dass sie die Teilung der Stadt anerkennen, und das wollten sie auf keinen Fall. Von der Friedrichstraße könnten sie mit der S-Bahn ins gelobte Land fahren. Die ersten Wochen könnten sie bei ihm schlafen, und er würde ihnen zeigen, wie man Sozialhilfe beantragt.

Die Kassette trat eine Lawine los. Meine Familie wollte aus dem Kriegskessel raus, und Ibrahims Idee kam da genau richtig. Die Sache hatte nur einen Haken: Der Flughafen lag zwar im Westen Beiruts, wo sie wohnten, aber die Botschaft der DDR war auf der anderen Seite der Stadt – im Osten, den die christlichen Milizen kontrollierten. Für das Transitvisum mussten sie durch deren Checkpoints, und das war extrem gefährlich. Beirut war geteilt wie Berlin, nur mit umgekehrten Seiten. Um vom Westen in den Osten zu kommen, brauchte man als Muslim eine Genehmigung, oder man musste sich durchschleusen lassen. Der Libanon war ein Land der Beziehungen, und wir, die Zigeuner, hatten keine – bis auf meinen Vater.

Die besten Beziehungen hatten die Christen, und mein Vater hatte noch Kontakt zu dem Architekturbüro. Ein christlicher Kollege erklärte sich bereit, meinen Vater im Auto mit rüber zu nehmen. Wäre mein Vater alleine am Checkpoint aufgetaucht, wäre er vielleicht gestorben. Zwei Brüder meiner Oma, Jamal, der Älteste mit dem großen Bart, und Hamdi, ein jüngerer Bruder, wurden an einem Checkpoint von Christen getötet. An diesen Straßenblockaden gab es richtige Massaker. Christliche Milizen machten einmal eine Straße dicht und schlitzten den ersten Muslimen, die ankamen, die Hälse auf, egal ob Männer, Frauen oder Kinder. Die muslimischen Milizen machten das dann nach und schlachteten an ihren

Posten christliche Familien ab. Vielleicht war die Lage doch nicht ganz mit der Berliner Mauer vergleichbar. Ohne den Kollegen hätte mein Vater es jedenfalls nicht auf die andere Seite geschafft. Der fuhr ihn einen Tag lang herum, bis er alle Visa zusammenhatte.

So zog meine Familie 1978 wieder in ein fremdes Land. Zu Deutschland fiel ihnen nur Mercedes Benz ein, das beste Auto der Welt. Mein Opa, der nie mehr als einen Eselskarren und den Fernseher besessen hatte, sah die Reise also unter einem guten Stern. Mein Vater wollte so schnell wie möglich zurück nach Beirut und wieder als Architekt arbeiten. Er dachte, er könnte die kaputte Stadt wieder aufbauen. Die Idee war, dass er und meine Mutter ein paar Monate in Berlin bleiben, bis es einen Waffenstillstand gibt und sich die Lage in Beirut wieder beruhigt. Aber es wurde nicht so schnell wieder ruhig. Der Bürgerkrieg im Libanon dauerte noch zwölf Jahre.

Kanaken zwischen Kartoffeln

»Allah ist zwei Meter sechzig groß und arbeitslos«

Großonkel Ibrahim hatte auf seiner Kassette leider nicht erwähnt, dass die Behörden uns auf verschiedene Orte verteilen würden. Wahrscheinlich wusste er das nicht, weil die Regelungen sich Ende der 1970er-, Anfang der 1980er-Jahre ständig änderten. Flüchtlinge aus dem Nahen Osten waren in Deutschland ein neues Phänomen, und zunächst wusste keiner etwas mit ihnen anzufangen. Die Wohnung von Ibrahim wurde der Durchlauferhitzer für die gesamte Familie. Meine Verwandten kamen zu ihm und blieben, bis sie mit der neuen Umgebung warm geworden waren und eine eigene Wohnung gefunden hatten.

Mein Vater wollte gar nicht erst die Schuhe ausziehen. Er guckte jeden Tag Nachrichten und wartete auf den richtigen Moment für die Rückreise. Meine Mutter war als Einzige von ihren Leuten nach Deutschland gegangen und vermisste ihre Eltern und Geschwister. »Wir bleiben maximal zwei Monate«, sagte mein Vater. Nach zwei Monaten war die Lage noch schlimmer. »Okay, wir warten noch ein bisschen.« Onkel Ibrahim wurde das zu blöd. Während er wartete, könne er doch schon mal einen Asylantrag stellen, schlug Ibrahim vor und schleppte meinen Vater zum Amt.

Meine Großeltern und die minderjährigen Geschwister meines Vaters durften in Berlin bleiben. Meine Eltern wurden in ein Flüchtlingsheim im Süden verfrachtet und von dort in ein deutsches Dorf. Ich glaube, sie waren die ersten Kanaken zwischen den Kartoffeln, und mit Kartoffeln meine ich nicht das Schimpfwort für die Bio-Deutschen. Das Dorf sah aus, wie Dörfer da unten halt aussehen: Ein paar Straßen, ein paar Menschen, Fachwerkhäuser mit roten Blumen vor den Fenstern, in der Mitte eine Kirche, eine Sparkasse, ein Bäcker und ein Metzger. Am Rand Bauernhöfe, Wiesen mit Kühen, Pferden, Schweinen und Eseln. Die Schule und der Supermarkt waren im nächsten Dorf. Dazwischen lagen Felder. Im Frühling und im Herbst stank es nach Scheiße.

Meine Eltern zogen über die Sparkasse. Die Wohnung hatte zwei Zimmer, ein Wohnzimmer und ein Schlafzimmer, das mein Vater mit einem Vorhang teilte, als die ersten Kinder geboren wurden: erst Amir, dann ich, kurz darauf Mohammad und mit etwas mehr Abstand Yussra und Walid. Ich war ein bisschen kleiner und ein bisschen dicker als meine Brüder, die Statur und die Locken hatte ich von meinem Vater geerbt. Wir Kinder schliefen in Doppelstockbetten auf der einen Seite des Zimmers, meine Eltern auf der anderen – wenn sie dazu kamen, irgendwer von uns machte immer Krach.

Auf dem Dorf waren wir eine Sensation. Wenn meine Mutter mit uns einkaufen ging, fassten fremde Leute in meine Lockenmähne. »Sind das alles Ihre?«, fragten sie meine Mutter, dabei waren wir nur fünf Kinder – in meiner Familie lag das unter dem Durchschnitt. Meine Mutter war die einzige Frau weit und breit, die Kopftuch trug. Sie schminkte sich noch wie in Beirut, gut auszusehen war ihr wichtig. Aber die Haare trug sie nicht mehr offen. Ich glaube, mit dem Kopftuch fühlte sie sich sicherer. Sie verstand nicht, was die Leute von ihr wollten, weil sie kein Deutsch konnte – wie auch, sie war ja den ganzen Tag allein mit uns Kindern. Mein Vater war dagegen fast nie zu Hause.

Als er auf dem Dorf angekommen war, hatte es keine drei Tage gedauert, bis er Arbeit gefunden hatte. Damals war das noch nicht so eine Riesendiskussion wie mit den Flüchtlingen heute, ob die arbeiten wollen, sollen, können, dürfen. Für meinen Vater war das gar keine Frage. Er wollte sein eigenes Geld verdienen und kümmerte sich um eine Arbeitserlaubnis. Im Dorf hatte sich schnell herumgesprochen, dass Fremde zugezogen waren, bis zum Chef einer Baufirma, der neue Arbeitskräfte suchte. Er klingelte einfach bei uns und fragte meinen Vater, ob er Lust hätte, bei ihm mit anzupacken. Mein Vater muss vor Freude übergelaufen sein. Mit den paar Brocken Deutsch, die er gelernt hatte, versuchte er dem Chef von den Hotels zu erzählen, die er gebaut hatte. »Architekt, Architekt«, wiederholte er. Der Chef guckte ihn ungeduldig an. »Ich brauche Maurer«, sagte er. Und dann packte er meinen Vater auf die Baustelle.

Ein Kollege mochte ihn nicht, weil er Ausländer war. Aber mein Vater erarbeitete sich das Vertrauen vom Chef, und der machte ihn nach ein paar Jahren zum Vorarbeiter. Gleichzeitig versuchte mein Vater, seinem eigentlichen Beruf näher zu kommen. Er hatte einen Architekten kennengelernt, dem er anbot, für ihn zu arbeiten, auch erst mal umsonst, Hauptsache, er blieb in der Übung. Mein Vater zeichnete Pläne, die der Architekt mit seinem Namen unterschrieb. Weiter kam er nicht. Die Zeugnisse, die er aus dem Libanon hatte, wurden in Deutschland nicht anerkannt, und so blieb es dabei, dass mein Vater tagsüber Steine schleppte und abends Pläne zeichnete. Das Geld, das der Architekt ihm irgendwann dafür gab – schwarz, versteht sich – sparte er eisern.

Wenn meine Mutter uns morgens weckte und in den Kindergarten brachte, war mein Vater schon aus dem Haus. Wenn sie uns abends ins Bett schickte, war er noch nicht wieder da. Manchmal hörte ich nachts seine Schritte hinterm Vorhang.

Nach ungefähr acht Jahren hatte mein Vater das Anfangskapital zusammen, um ein Grundstück zu kaufen. Das Haus am Dorfrand baute er mit seinen eigenen Händen. Er legte das Fundament, Dachziegel und Leitungen, verputzte die Wände. Drei Kollegen und der Sohn vom Chef unterstützten ihn, der Chef lieh ihm seine Maschinen. So war das auf dem Dorf, man half sich gegenseitig. Wenn es irgendwo etwas zu reparieren gab, riefen die Leute meinen Vater. Er baute dem Fahrlehrer eine neue Garage, dafür gab der meiner Mutter Fahrstunden. Unsere Nachbarin gab uns Nachhilfe, dafür ging mein Vater für sie einkaufen. Die Gemeinde hatte ihm eine Ratenzahlung für das Grundstück ermöglicht. Als nach der Wende eine Welle DDR-Flüchtlinge ins Dorf rollte und der Bürgermeister nicht wusste, wohin mit ihnen, nahm mein Vater drei Leute bei uns auf. Er war schnell integriert, obwohl er immer noch übel peinliches Deutsch sprach.

Wir Kinder gingen in den katholischen Kindergarten, es gab ja nur den, und ich glaube, meine Mutter war einfach nur froh, uns mal für ein paar Stunden los zu sein. Im Kindergarten war Schwester Esther der Chef. Sie war eine richtige Nonne, in dieser Schwarz-weiß-Aufmachung. Ihr weiter Rock faszinierte mich. Ich wollte unbedingt wissen, was sie darunter versteckte, nahm Anlauf und rutschte zwischen ihren Beinen durch, aber ich sah nichts außer viel Stoff. Schwester Esther schimpfte mit mir, aber sie lächelte dabei und sagte witzige Wörter wie »Schlingel« und dass ich mal ein richtiger »Tagedieb« werden würde. Wenn wir einen Ausflug machten, nahm sie mich an der Hand, damit ich nicht »ausbüxte«.

Zu Hause musste ich mich auf den Kopf stellen, damit mich jemand bemerkte. Amir, mein älterer Bruder, hing die ganze Zeit an meiner Mutter. Momo, der jüngere, wurde richtig von ihr verwöhnt, bis Yussra und Walid auf die Welt kamen. Ich hing immer so in der Schwebe. Einmal stritt ich mich mit meiner Mutter, weil sie mir irgendetwas verboten hatte, und rannte wütend nach draußen. Unser Haus lag auf einem Hügel, und von unten konnte man in das Wohnzimmer reingucken. Ich versteckte mich in der Nähe, beobachtete sie durchs Fenster und wartete darauf, dass sie mich suchen kam. Aber sie kam nicht. Als es dunkel wurde, dackelte ich wie ein nasser Hund zurück ins Haus. Ich glaube, meine Mutter war einfach krass überfordert mit uns fünf Kindern ohne die Hilfe ihrer Familie in dieser fremden Welt. Sie schlug uns oft mit dem Kochlöffel, aber das war nichts gegen meinen Vater.

Amir sagte in der Grundschule einmal »Arschloch« zu seinem Lehrer. Der muss meinen Vater angerufen haben: Als er abends nach Hause kam, packte er Amir und schloss sich mit ihm im Kinderzimmer ein. Dann hörte ich nur noch die Schreie von meinem Bruder. Meine Mutter weinte und hämmerte gegen die Tür, aber mein Vater machte erst auf, als er mit Amir fertig war. Danach schlief mein Bruder zwei Tage lang.

Wenn Elternabend war, zogen wir uns zwei Hosen und drei Pullover übereinander an, legten uns ins Bett und taten so, als würden wir schlafen. Aber mein Vater kam jedes Mal rein, knipste das Licht an, und dann ging es los, mit einem Lineal oder einem Gürtel, was er halt gerade zur Hand hatte. Egal was passiert war, die Antwort waren immer Schläge. Seine Ohrfeigen machten Nasenbluten. Irgendwann tat es nicht mal mehr richtig weh, wir hatten uns daran gewöhnt.

Mein Vater hatte noch den Kopf von drüben. Im Libanon hatte er Prügel bezogen, bis er nicht mehr wusste, wo vorne und hinten war. Unsere ganze Kultur bestand aus Schlagen und Härte. Mein Opa hat ihn mal an den Füßen aufgehängt und einen Tag lang von der Decke baumeln lassen. Für meinen Vater war das normal, er kannte es nicht anders. Meine Leute kamen aus dem Krieg. Mit diesem antiautoritären Style hier konnten sie nichts anfangen. Wenn ein deutscher Vater sein Kind suchte, rief er 30-mal: »Maximilian, Maximilian…«, bis das Kind kam. Unsere Leute brüllten einmal: »Mohammad, komm her!«, das Kind zuckte zusammen und kam gerannt.

Wenn ich hinfiel und weinte, kriegte ich eine Ohrfeige, weil ich die Füße beim Laufen nicht richtig hochgenommen hatte. Maximilian hätte wahrscheinlich eine Umarmung bekommen. »Indianer kennen keinen Schmerz« – den Spruch gab es zwar auch hier, aber der war nicht mehr in Mode. Uns wurde das schon früh eingetrichtert, dieses klassische Männermodell eben: Du bist stark, du bist ein Häuptling, du darfst keine Gefühle zeigen. Ich kann mich nicht daran erinnern, dass mein Vater jemals das Gespräch mit mir gesucht hätte. »Habibi, wie geht es dir?«, »Mein Sohn, du schaffst das…«, so etwas gab es bei uns nicht. Er fragte nichts, er sagte nichts, er zeigte keine Gefühle. Meine Mutter sagte immer, dass mein Gesicht das Fenster meiner Seele sei. Mein Vater war das komplette Gegenteil: Er hatte das absolute Pokerface.

Später, da waren wir schon älter, hatte er einen Bandscheibenvorfall. Er lag auf dem Boden und kroch nur noch vor Schmerz. Aber an diesem Tag hielt einer seiner Neffen um die Hand einer Frau an, die 400 Kilometer weit entfernt wohnte. »Wir fahren dahin«, sagte er. Also trugen wir ihn ins Auto und fuhren dahin. Als wir ankamen, sah man meinem Vater nichts mehr an, er humpelte nicht mal. Innerlich schrie er wahrscheinlich vor Schmerz, aber er saß da wie eine Eins. Wir fuhren noch am gleichen Tag wieder zurück. Am Abend lag er auf dem OP-Tisch. Mein Vater war eisern mit seinen Geboten: 1. Die Familie geht über alles! 2. Du darfst niemals Schwäche zeigen!

Er betete fünfmal am Tag. Auf der Baustelle breitete er seine Jacke auf dem Boden aus. Zu Hause hatte er einen Teppich, den er im Wohnzimmer ausrollte, nachdem er die vorgeschriebene Waschung im Bad erledigt hatte. Manchmal forderte er uns auf, auch zu beten. Dann machten wir uns in der Toilette die Haare nass, versteckten uns fünf Minuten irgendwo im Haus, und wenn mein Vater fertig war und unsere nassen Strähnen sah, war er zufrieden.

Er war religiös, aber nicht fanatisch. Die Basics mussten eingehalten werden: Das fünfmalige Gebet, Fasten im Ramadan, die Almosengabe, die Pilgerfahrt und das Glaubensbekenntnis, die fünf Säulen des Islam. Die Pilgerfahrt hatte er mit einem Besuch in Mekka, als er in Saudi-Arabien arbeitete, eigentlich schon erledigt, aber er reiste später noch einmal hin. An hohen Feiertagen wie dem Zucker- oder Opferfest mussten wir weit fahren, bis wir eine größere deutsche Stadt erreichten, in der es eine Moschee gab. Das Fasten hielten meine Geschwister und ich nicht ein, das wäre zu auffällig gewesen in der Schule.

Zur Gesamtschule im Nachbardorf musste ich den Schulbus nehmen. Die Fahrt war der Horror. Wenn ich einstieg, fingen die älteren Jungen in den hinteren Reihen an zu singen.

Allah ist mächtig
Allah ist groß
zwei Meter sechzig und arbeitslos

Ich verstand nicht, was das sollte, wir waren ja keine von den »faulen Ausländern«. Vielleicht wollten sie mich provozieren, weil meine Mutter die Einzige im Dorf war, die Kopftuch trug. Es machten nicht alle mit, aber es sagte auch keiner was. Ich saß allein in der ersten Reihe und schwieg.

In der Schule wurde mir zum ersten Mal klar, dass wir nicht richtig dazugehörten. Die anderen Kinder hatten alle ein eigenes Zimmer, sie hatten auch maximal zwei Geschwister, mehr galt als »asozial«. Nach den Weihnachtsferien machte der Lehrer einen Stuhlkreis und fragte jeden, was er geschenkt bekommen hatte. Als ich an der Reihe war, wiederholte ich, was mein Nachbar gesagt hatte: »Ein ferngesteuertes Auto.« Das war natürlich gelogen, wir kriegten nie Geschenke, mein Vater war ja nur am Sparen.

In den Ferien war das Dorf leer. Wir waren die einzigen Kinder auf der Straße, die Nachbarn waren in Italien oder der Schweiz. Unser »Urlaub« bestand aus Wochenendbesuchen bei der Verwandtschaft in Berlin, mehr war nicht drin. Außerdem hatten wir damals nur einen Duldungsstatus und durften nicht ins Ausland fahren. Mich störte das nicht. Ich hatte meine Brüder, und für ein paar Wochen gehörte das Dorf uns. Im Herbst sammelten wir Laub auf der Wiese hinter der Kirche, machten einen Haufen daraus und übten Stunt-Sprünge von der Mauer. Wir aßen heruntergefallene Äpfel und bildeten uns ein, die braunen Stellen seien Cola. Im Winter fuhren wir auf Schlitten die Hügel runter. Und die besten aller Sommerferien waren die, als wir zwei alte Mofas im Sperrmüll fanden. Wir bastelten so lange an ihnen herum und tauschten die Teile hin und her, bis eins von beiden ansprang. Mit der orangenen Schrottkiste heizten wir über die Feldwege, bis uns der Dorfbulle erwischte und unseren Vater anrief.

Wenn meine Mutter krank war oder wir Hilfe mit den Hausaufgaben brauchten, schickten unsere Eltern uns zur Nachbarin. Die hatte einen richtigen Hof mit Scheune, Stall und Schweinen. Christiane war eine krasse Frau. Ihre Schellen saßen, aber meistens war sie sehr nett. Sie zeigte uns, wie man ein Schwein schlachtet, und ließ uns den Traktor fahren, wenn sie ihre Äpfel zur Mosterei brachte.

Manchmal durften wir zum Essen bleiben oder sogar bei ihr übernachten. So lernte ich ein paar deutsche Eigenheiten kennen. Der Apfelsaft durfte niemals pur getrunken werden, er wurde mit Sprudel gemischt. Solche Kleinigkeiten haben sich bei mir eingebrannt: Ich glaube, ich bin der einzige Araber, der Apfelschorle trinkt und sein Fleisch als Letztes vom Teller isst. Bei Christiane gehörte sich das so. Warm wurde immer nur mittags gegessen, abends gab es Abendbrot, und spätestens um acht mussten wir ins Bett. Bei uns wurde um diese Zeit frühestens gegessen. Meine Mutter machte gefüllte Weinblätter, Reis mit Hühnchen oder Lammfleisch, nie Schwein, das war *haram*, verboten. Bei Christiane kriegten wir vorm Schlafengehen noch eine Süßigkeit, und dann setzte sie sich zu uns ans Bett und erzählte eine Gutenachtgeschichte. Auch das gab es bei uns nie.

Großfamilienbesuch

Bei den deutschen Familien ist es so: Wenn du nur acht Teller hast, lädst du auch nur acht Leute ein. Bei uns teilen sich dann halt mehrere Leute einen Teller. Heftig wurde es, wenn meine Verwandten aus Berlin zu Besuch kamen, oder besser gesagt: in das Dorf einfielen. Ich glaube, das war ein Schockmoment für unsere Nachbarn.

Früher gab es ja noch keine Navis, und einmal hatten sie sich verfahren und waren im Nachbardorf gelandet. Mein Opa rief aus der Telefonzelle an, wir sollten sie abholen kommen. Als wir auf den Dorfplatz einbogen, sahen wir einen alten weißen Mitsubishi-Bus. Meine Cousins lagen auf dem Dach und sonnten sich. Vor dem Bus stand schon ein Menschenknäuel, und es fielen immer noch mehr heraus. Meine Oma, mein Opa, Onkel Ali, Onkel Said, Onkel Jihad, Onkel Aabid, Onkel Suleiman, Tante Nariman, Sabah, meine Cousine, Hanifah, meine Cousine, Seifo, mein Cousin, Tarik, mein Cousin … bestimmt 12, 13 Leute. Ansonsten war der Ort totenleer, keine Passanten auf der Straße, aber bestimmt Duzende Augen hinter den Gardinen, die uns anstarrten.

Wir waren natürlich übertrieben auffällig. Morgens holten wir 40 Brötchen, die uns der Bäcker in einem blauen Müllsack aushändigte. Im Supermarkt füllten wir mehrere Einkaufswägen. Mein Vater kannte einen Süßwarenhersteller und brachte kartonweise Süßigkeiten von der Fabrik. Und wir Jungs mähten das Dorf mit unseren Fahrrädern um. Onkel Suleiman nahm eine Kurve zu schnell und steckte in einem Auto hinten drin, mit dem Kopf zuerst. Alles war voller Blut.

Mit meinen Onkeln gab es immer Action. Einmal sahen wir ein Fahrrad an einem Baum angelehnt, von einer Frau, die

Feldarbeit machte, und plötzlich traten wir alle das Fahrrad kaputt und knickten die Lichter ab, einfach so. Die jüngsten Brüder meines Vaters waren ungefähr so alt wie ich, aber schon so richtige Großstadtkrieger. Die klauten einfach alles aus den Autos raus, auf dem Dorf schloss ja keiner ab.

Die Neffen meiner Oma waren genauso schlimm drauf. Zehn Jungs, die ihren Vater im Krieg verloren hatten, eine unkontrollierbare Bande. »Kommt, wir gehen ein Hühnchen klauen!«, rief Mustafa. Er schlich wie ein Fuchs in das Gehege, schnappte sich ein Huhn und band ihm eine Schnur um den Fuß, das andere Ende machte er an seinem Gürtel fest. Da kam auch schon der Bauer rausgerannt. Wir den Feldweg runter, das Huhn schleifte hinterher.

Bei einem solchen Besuch stürmte Christiane in den Garten, als wir gerade beim Grillen waren, und schrie meinen Vater an, vor allen Leuten, weil einer der Jungs mal wieder irgendetwas verbrochen hatte. Mein Vater stand da wie vom Blitz getroffen und sagte kein Wort. Hinterher ging er zu den Nachbarn und regelte das, brachte die geklauten Sachen zurück und bezahlte die Schäden. Ich glaube, da hat er sich für seine Familie geschämt, aber das hätte er niemals zugegeben.

Onkel Ali brachte uns verschiedene Kampftechniken bei. Er hatte einen Trainingsplan entworfen, so à la Jackie Chan. Wrestling, Boxen, Karate, Ringen. Er machte auch Turniere mit uns und führte Buch über die Runden: Immer Gewinner gegen Gewinner, bis alle heulten, weil sie eins aufs Auge gekriegt hatten. Die Älteren wollten, dass wir kämpfen, um uns abzuhärten. »Hört auf zu heulen, ihr seid doch keine Schwuchteln!« – das war so einer ihrer Sprüche.

Ich war gerade zehn Jahre alt geworden, als ich zum ersten Mal schoss. Es war Silvester, und mein Vater hatte Besuch von einem Freund aus Beirut. Um Mitternacht gingen die beiden in den Garten und feuerten mit Pistolen in die Sterne. Die Männer lachten und umarmten sich. Ich stand mit offenem Mund daneben, so hatte ich meinen Vater noch nie gesehen. Als er ein Magazin leer geschossen hatte, füllte er die Patronen auf und bückte sich zu mir. »Hier, jetzt du«, befahl er. Die Pistole war kalt und schwer, ich bekam eine Gänsehaut vor Neugier und Angst. Mein Vater hielt meinen Arm in die Luft. »Schieß!«

Ich drückte ab. Der Knall hallte in meinen Ohren, mein Vater klopfte mir auf die Schulter. »Die Kinder dürfen keine Angst haben, sie sollen sich verteidigen können, wenn mal was ist«, sagte er zu seinem Freund. Ich dachte an die großen Jungen im Schulbus und ob die wohl noch so laut singen würden, wenn sie wüssten, dass mein Vater eine Knarre hatte.

Deutsche Staatsbürger auf Heimaturlaub

In den nächsten Sommerferien geschah etwas Großes: Wir fuhren zum ersten Mal in den Urlaub. Im Leben meines Vaters waren zwei wichtige Dinge hintereinander passiert: Im Libanon war endlich ein Friedensvertrag geschlossen worden – und wir hatten die deutsche Staatsbürgerschaft bekommen. Sieben Papiere mit Adler, Wasserzeichen und Stempel machten uns zu Bürgern der Bundesrepublik Deutschland. Mit den neuen Ausweisen konnten wir in den Libanon reisen. Mein Vater hatte seine Verwandten, die dageblieben waren, zwölf Jahre lang nicht gesehen. Um Geld zu sparen und ihnen so viel wie möglich aus Deutschland mitbringen zu können, hatte er entschieden, meine Mutter und die beiden Kleinen ins Flugzeug zu setzen und mit Amir, Momo und mir im Auto hinterherzukommen.

Zwischen uns und Beirut lagen 4000 Kilometer und sechs Länder. Mein Vater war wochenlang damit beschäftigt, die nötigen Visa zu besorgen und tütenweise Duschgel, Parfüm und Zigaretten zu kaufen. Ich verstand erst nicht, was er damit wollte, so viel brauchte selbst eine Großfamilie nicht. Aber an den Grenzen kapierte ich es: Wenn die Soldaten die Tüten sahen, wurden sie gleich viel freundlicher. In Serbien verbrauchten wir viel Duschgel und Zigaretten. Auf einem Feld sahen wir Panzer rollen.

Wir waren tagelang unterwegs, obwohl mein Vater wenig Pausen machte. Morgens legte er sein Jackett auf den Boden, holte seinen Kompass aus der Tasche und richtete sich nach Osten, gen Mekka. Nach dem Gebet drückte er das Gaspedal durch. Die vier anderen Gebete holte er am Abend im Hotel nach. In der Türkei aßen wir Hammelsteaks vom Grill und schauten aufs Meer. In Syrien legten wir die letzte Übernachtung ein. Ein Verwandter hatte meinem Vater die Adresse von einem anderen Verwandten gegeben, beziehungsweise einen Namen und eine Stadt. In der Stadt ging er in ein Café und fragte nach dem Namen. Der Cafébesitzer kannte einen, der einen kannte, der einen kannte, der wusste, wer unser Mann war. In dem Ort sahen wir zum ersten Mal Kamele und Männer mit Pistolen am Gürtel. Mein Vater war irritiert: »Was ist hier los, warum sind alle bewaffnet?« Unser Gastgeber lachte blöd und antwortete: »Das sind nur Wasserpistolen.«

Der syrische Geheimdienst war damals überall. Von all den Kriegsparteien hatte Syrien am Ende gewonnen und die Kontrolle im Libanon übernommen. Am Grenzübergang bekam mein Vater richtig Ärger. Die Soldaten am Grenzposten wollten uns nicht rüber lassen. Duschgel, Parfüm und Zigaretten reichten nicht mehr, er musste ein Bündel Scheine zücken.

Wir blieben die ganzen Sommerferien. In dieser Zeit verstand ich ein paar Dinge. Die älteste Schwester meines Vaters war schon verheiratet gewesen, als die Familie nach Deutschland ging, und in Beirut geblieben. Sie wohnte im 12. Stock. Es gab zwar einen Aufzug, aber keinen Strom, also mussten wir die Treppe nehmen. Eine Granate war in ihre Küche geflogen, und da war einfach so ein Loch in der Wand. Im Balkon war auch ein Loch, davor hatte sie ein Seil gespannt, damit wir nicht durchfielen. Aus den Wasserhähnen kam nichts raus. Die Tante schickte uns morgens mit Plastikkanistern zur Wasserausgabestelle, wo schon eine Menschenmenge wartete. Die vollen Kanister schleppten wir die zwölf Treppen hoch. Das Wasser war sehr kalt. Die Frauen machten es auf dem Gasherd warm, und dann wurde »geduscht«.

Da kapierte ich, warum meine Großeltern in Berlin so komisch drauf waren. Wenn wir Kinder bei ihnen übernachteten, setzte meine Oma einen Kessel auf, stellte uns der Größe nach im Bad auf und goss jedem ein bisschen warmes Wasser über den Kopf. Dann füllte sie uns Shampoo in die Hände, rubbeln, rubbeln, rubbeln, bis die Haare schäumten, und dann kriegten wir wieder einen Schuss Wasser über den Kopf. Die Dusche ignorierte sie komplett. Mein Opa dagegen drehte aus dem Deckenleuchter mit fünf Glühbirnen vier wieder raus, wenn sich ein Besuch verabschiedet hatte. Wasser und Strom waren sehr, sehr kostbar für sie.

Die Verwandten in Beirut guckten uns an wie Aliens. Wir sprachen ja auch quasi eine andere Sprache. Ständig rutschten uns deutsche Wörter in die arabischen Sätze. Alle fragten uns nach Deutschland: »Wie ist es da so?« – als ob wir nur kurz im Urlaub gewesen seien. Ich kannte ja nichts anderes als Deutschland, was sollte ich darauf antworten?

Was ich vom Libanon sah, gefiel mir nicht besonders. Die Stadt war Schrott, und das Land bestand aus vielen Felsen und ein paar Bäumen. In Beirut gab es noch immer sehr viele Checkpoints. Ständig mussten wir an irgendwelchen Wachposten halten und Fragen beantworten. Der syrischen Armee, dem syrischen Geheimdienst, der libanesischen Polizei, dem libanesischen Geheimdienst, den Muslimen, den Christen, den… schieß mich tot.

Mein Vater wollte unbedingt seinen ehemaligen Chef besuchen, den christlichen Architekten, der ihm so viel geholfen hatte, und sich bei ihm bedanken. Der Architekt hatte sich in die Berge verzogen. Um dahin zu kommen, mussten wir durch ein Schiitengebiet fahren. Es war *Aschura*, die Trauerzeit bei den Schiiten. Zu dieser Zeit dürfen Frauen nicht geschminkt sein, weil das als Zeichen der Freude gilt und als Beleidigung verstanden werden könnte. Das fiel meinen Eltern allerdings zu spät auf.

Auf einer Landstraße kam uns ein Jeep entgegen, der Trittbretter an den Seiten hatte, auf denen Männer mit Maschinengewehren standen. Einer von denen starrte uns an und schrie »Stoooppp!« Mein Vater zögerte keine Sekunde. Er drückte das Gaspedal durch und heizte los wie ein Irrer. Meine Mutter rubbelte sich panisch die Schminke aus dem Gesicht. Die Typen verfolgten uns zum Glück nicht weiter. Ich weiß nicht, was sonst passiert wäre.

Falls mein Vater diese Reise geplant hatte, um zu gucken, ob endlich der richtige Zeitpunkt gekommen war, um in den Libanon zurückzukehren, verabschiedete er sich spätestens in diesem Moment von seinem Traum. Es gab bestimmt eine

Menge aufzubauen, aber er war lange aus seinem Beruf raus, sein alter Chef im Ruhestand, und für uns Kinder wünschte er sich wahrscheinlich auch ein sichereres Umfeld.

Im Libanon gab es Waffen ohne Ende, das Zeug lag da quasi nur so rum. Meine Cousins konnten alle schießen. Am liebsten ballerten sie mit Schrot auf kleine Vögel und grillten sie. Sie pulten die Kugeln aus dem Fleisch und kauten die kleinen Knochen ab. Ich aß dieses Vogelzeug nicht. An einem Tag nahmen mich zwei mit zum Schießtraining auf einen Berg außerhalb von Beirut. Da stand ein verlassenes Haus mit Betten und Waffenkisten drin, wahrscheinlich ein PLO-Lager. Meine Cousins wollten, dass ich sie fotografiere. Sie schnallten sich Gürtel mit Handgranaten um die Hüften, hielten eine AK-47 hoch und machten das Victory-Zeichen. Die waren vielleicht zwölf, dreizehn Jahre alt, kaum älter als ich, und drückten mir ein riesiges Maschinengewehr auf. Es war nicht so schwer, wie ich dachte, aber ich hatte übertrieben Respekt davor. Das MG hatte einen langen Patronengürtel und zwei Füße, die sie auf einem Felsen positionierten. Einer zeigte mir, wie ich es anfassen sollte, und der andere packte mich an den Schultern, damit ich nicht nach hinten flog durch den Rückstoß. Und dann ballerte ich los, einfach so ins Tal.

Das geilste Gefühl ever

Nach den Sommerferien fasste ich einen Entschluss: Ich würde mir nichts mehr gefallen lassen. Der Erste, der mich provozierte, würde Schläge kriegen. Als ich das nächste Mal in den Schulbus stieg, fing einer der Großen in der letzten Reihe wieder an: *Allah ist mächtig / Allah ist groß* … Ich marschierte direkt nach hinten, holte aus und zielte mitten in sein Gesicht. Meine Faust schlug ein wie eine Bombe, der Junge hatte keine Nase mehr. Ich dachte »fuck, was für eine Kraft hab ich eigentlich??!!« Es war das geilste Gefühl ever.

Der Junge war zwei Klassen über mir und der Sohn einer Lehrerin von unserer Schule. Mein Vater kriegte eine Schadensersatzforderung von ihrer Krankenkasse und ich eine Strafarbeit vom Direktor. Die machte ich nicht. Ich sollte mich im Sekretariat melden, das machte ich auch nicht. Irgendwann stand der Direktor vor mir in der Klasse. »Wo ist die Strafarbeit?«, herrschte er mich an. »Hab ich vergessen«, antwortete ich und grinste. »Der kann mir gar nichts«, dachte ich. In diesem Moment schlug er mir mit der Faust auf den Kopf, zog mich an den Haaren vor die Tür und haute mich so heftig gegen die Wand, dass ich mich einpisste. Er prügelte mich windelweich, und der Lehrer guckte zu, die anderen Kinder guckten zu, und keiner machte was. Da kriegte ich richtig Hass. Dieses antiautoritäre Gelaber von wegen Gewaltfreiheit und »Du hast Rechte« und so war auch nur ein Bluff, dachte ich. Recht hatte immer der Stärkere.

Der Direktor war untouchable. Es gab dann noch ein Elterngespräch mit ihm und einem Lehrer, meine Mutter ging hin und beschwerte sich, aber sie konnte kein Deutsch und verstand nichts, und die verstanden auch nichts. Es richtete nichts aus. Meinem Vater war das egal. Im Libanon war ein Lehrer hoch angesehen, der wurde nicht hinterfragt, und die Prügelstrafe stand bei uns ja sowieso auf der Tagesordnung.

Amir, Momo und ich kamen langsam in die Pubertät, ohne dass wir gewusst hätten, was Pubertät ist. Mit meinen Eltern über solche Themen zu reden war undenkbar. Alles, was irgendwie mit Sex zu tun hatte, war absolut tabu. Was meine

Brüder und ich darüber wussten, hatten wir aus dem Bio-Unterricht und – ich sag mal deutlich anschaulicher – von einem Porno, den ein älterer Cousin mitgebracht hatte. Auf die Hülle hatte er »Jackie Chan« geschrieben, damit unsere Eltern keinen Verdacht schöpften. »Der Hausfrauen-Report« wurde unsere goldene Kassette. Keinen Film, nicht mal »Scarface«, haben wir so oft geguckt.

Ich war zwölf und zum ersten Mal verliebt. Sabrina war die Schönste der Schule. Sie hatte lange, blonde Haare, die in der Sonne leuchteten. Wenn ich sie auf dem Pausenhof sah, war ich elektrisiert. In mir war nur noch Liebe, Love und Herzklopfen, totaler Kurzschluss. Ich wollte unbedingt mit ihr zusammen sein. Beim Dorffest auf der Kirchwiese nahm ich meinen ganzen Mut zusammen. Sabrina stand allein an der Kastanie, und ich sprach sie an. Ich gestand ihr, dass ich sie liebe, und Sabrina sagte: »Ich lieb dich aber nicht.« – »Okay«, sagte ich. Sie ist dann gegangen, und ich habe geweint. Zum Glück war es schon dunkel. Sabrina hatte mir echt das Herz gebrochen.

Bei Denise hatte ich mehr Chancen. Ihre Eltern belieferten Supermärkte mit Backwaren und nahmen immer abgelaufene Lebensmittel mit nach Hause, die angeschimmelten Ecken schnitten sie ab. Ich fand Denise nicht besonders hübsch, und sie roch komisch, aber sie war auch ein Außenseiter, und deswegen waren wir cool miteinander. Am Feldweg hinter unserem Haus gab es ein Gebüsch mit einer Kuhle darunter, in die man sich reinlegen konnte. Da küssten wir uns und machten ein bisschen rum. Auf dem Dachboden bei ihr gab es auch eine Matratze, und einmal waren ihre Eltern nicht da. Wir spielten im Garten und gingen dann hoch. Auf der Matratze mit Denise hatte ich mein erstes Mal. Unsere goldene Kassette war leider doch nicht so praxistauglich, wie ich gedacht hatte. Ich stellte mich ziemlich dämlich an. Meine Brüder hatten auch was mit ihr. Momo und ich stritten hinterher, wer Denise entjungfert hatte. Wir prahlten beide damit rum, aber keiner von uns war sich sicher, was er bei ihr »da unten« überhaupt gemacht hatte. Es war alles sehr schnell vorbei.

Das Ende von Romeo und Julia

In dieser Zeit ließen sich meine Eltern scheiden. Mein Opa hatte recht behalten: Die Familien von Romeo und Julia passten nicht zusammen. Die Libanesen waren High Class, die hatten die Nase oben und liefen so durch die Welt. Aus deren Sicht waren und blieben die Leute meines Vaters Zigeuner. Meine Mutter versuchte, uns von seiner Sippe fernzuhalten. Als wir endlich einen Aufenthaltsstatus hatten, mit dem wir nach Berlin ziehen durften – dorthin, wo alle anderen wohnten –, überredete sie meinen Vater, in dem Dorf zu bleiben. Was sie allerdings nicht verhindern konnte, waren die Besuche der Großfamilie in den Ferien. Für die Frauen bedeutete das, vor Sonnenaufgang aufstehen und bis in die Nacht nur noch kochen, kochen, kochen, putzen, putzen, putzen. Das hält nicht jede aus. Die Mhallami-Frauen waren damit aufgewachsen – die Familie meiner Mutter hatte eine Haushälterin gehabt.

Meine Mutter war einen anderen Standard gewöhnt. Mein Vater versuchte, ihr etwas zu ermöglichen, aber das reichte nicht. Sie war die erste Frau in unserer Familie, die einen Führerschein und ein eigenes Auto hatte. Sie fuhr jetzt öfter weg, und wir wussten nicht, wohin. Mit uns Kindern redete natürlich keiner. Ich glaube, sie floh vor diesem Zigeunerleben. Dass zwischen meinen Eltern etwas kaputtgegangen war, ahnte ich erst, als plötzlich fremde Leute auftauchten und sich unser Haus anguckten.

Mein Vater verkaufte das Grundstück und gab ihr die Hälfte vom Geld. Ich war zwölf Jahre alt, als meine Mutter eines Morgens aus dem Haus ging und nicht mehr wiederkam. Dass sie uns zurücklassen musste, war gesetzt: Bei den Mhallami gehören die Kinder dem Vater, da gibt es nichts zu diskutieren. Meine Frau macht sich manchmal darüber lustig: »Euch Männer interessieren die Kinder nicht, aber wenn es eine Scheidung gibt, wollt ihr sie unbedingt haben.«

Meinen Vater hielt jetzt nicht mehr viel im Dorf. Er brauchte Unterstützung mit uns Kindern und wollte in den Schoß seiner Familie zurückkehren. Am Tag vor dem Umzug gingen Amir und ich in den Wald und ritzten unsere Anfangsbuchstaben in einen Baum. »A. und K. waren hier.« Mein Vater hatte einen Transporter geliehen, in den gerade so alle Möbel und Teppiche passten. Unsere Schritte hallten in den leeren Zimmern, als wir die letzten Kisten raustrugen. Ich guckte in den Rückspiegel und sah zu, wie unser Haus immer kleiner wurde, bis es verschwand.

Später, in unserer Kifferzeit, hatten Momo und ich mal die Idee, zurückzukehren und die Dorfsparkasse auszurauben oder Christiane zu fesseln und in ihrer Scheune Weed anzubauen. Das haben wir dann aber nicht gemacht.

Im Krieg ist klauen erlaubt

Andere Stadt …

Das Erste, was mir in unserer neuen Nachbarschaft auffiel, war ein Typ mit fetter Goldkette, der so breit ging. Ich dachte nur: »Geil! Das will ich auch.« Mitte der Neunziger war es übertrieben schwierig, eine Wohnung in Berlin zu finden, wenn man ein Schwarzkopf mit fünf Kindern war. Mein Vater hatte einem anderen Mhallami mehrere Tausend Mark Ablöse für eine dreckige 2,5-Zimmer-Altbauwohnung gezahlt. Die Dielen knarzten, und es roch entweder modrig oder, wenn man ein Fenster öffnete, nach dem Fett von der Dönerbude im Erdgeschoss. Wir legten die Böden mit Teppichen aus und teilten das Schlafzimmer wie in der Wohnung über der Sparkasse. In die Mitte stellte mein Vater einen breiten Schrank, rechts schlief er, links lagen Momo und ich, Yussra und Walid in Stockbetten. Amir, der Größte, kriegte das halbe Zimmer, die Besenkammer. Der zweite Raum war unser Wohnzimmer.

Mein Vater fand Arbeit auf dem Bau. Bevor er ging, weckte er uns für Schule und Kindergarten. Mittags kam er kurz zurück und »kochte« – Chicken Wings, Chicken Nuggets, Pommes, Pizza und Eistee waren unsere Grundernährung. Abends räumte er auf und putzte. Amir und ich waren für die Wäsche zuständig. Samstags wurde eingekauft, und Sonntag war Familientag bei meinen Großeltern.

Im Flur vor ihrer Wohnung stapelten sich dann schon die Schuhberge. Bei einem gewöhnlichen Familientreffen kamen 20 bis 30 Leute zusammen, zu besonderen Anlässen wie einer Geburt oder dem Opferfest 60 bis 70. Wir waren von so vielen Verwandten umgeben, dass ich mit den Namen durcheinanderkam. Ich lernte Onkel kennen, die jünger waren als ich. Allein mein Uropa, der Vater meiner Oma, hatte drei Frauen und so viele Kinder, dass ich mir nicht alle merken konnte.

Wir frühstückten zusammen, und dann fuhren die Jüngeren mit der U-Bahn zum Kinderunterricht in die Moschee. Mein Vater bestach Amir, Momo und mich mit fünf Mark Dönergeld, damit wir mitgingen. Der Lehrer der Koranschule war ein kleiner dicker Palästinenser, der uns die arabische Schrift beibringen sollte. Uns interessierte das überhaupt nicht. Wir Geschwister sprachen sowieso nur Deutsch miteinander und meistens auch mit unserem Vater, der auf Arabisch antwortete. Der Lehrer schrie viel und hatte einen Stock am Pult liegen, den er aber nie einsetzte. Unsere Nachnamen hatten ihm anscheinend Angst eingejagt: Die Söhne aller großen Clans gingen damals in dieselbe Moschee, und so lernten meine Brüder und ich auf einen Schlag die gesamte Berliner Szene kennen.

Die anderen Jungs nahmen uns gleich mit zum Fußball auf dem Sportplatz. Den teilten sich eigentlich zwei Schulen, an einem Tag war die eine, am nächsten die andere dran. Aber wir konnten immer spielen. Wenn sich jemand beschwerte, riefen die Jungs ihre älteren Brüder, und die klatschten den einfach weg.

Nach der Koranschule fuhren wir zurück zu den Großeltern, wo die Frauen schon wieder dabei waren Essen vorzubereiten. Auf dem Boden lagen Stoffbahnen und Plastikteller. Sie trugen Fladenbrote und riesige Töpfe mit Reis und Huhn auf.

Erst aßen die Männer, dann die Frauen. Wir saßen der Reihe nach im Schneidersitz, und wenn ein Älterer dazukam, mussten wir aufstehen und ihm unseren Platz anbieten.

Nach dem Essen tagte die Familie in zwei Abteilungen, die Männer im Wohnzimmer, die Frauen in der Küche. Die Männer tranken Tee und rauchten und sprachen über das Wetter oder den Krieg und guckten arabische Filme. Ich hätte jeden dieser Abende vorspulen können: Am Ende waren immer die Juden schuld. Wenn das Gespräch auf einen toten Verwandten kam, hieß es: »Den haben doch die Juden umgebracht!«

Die meisten Verwandten waren nach meinen Eltern aus Beirut geflüchtet. Sie hatten noch mitgekriegt, wie Israel in den Libanon einmarschiert war. Immer wieder ging es um Sabra und Schatila, die palästinensischen Flüchtlingslager in Westbeirut, in denen auch Mhallami wohnten und die 1982 von Phalangisten überfallen worden waren. Die christlichen Milizen hatten selbst Alte, Frauen und Kinder massakriert – unter Beobachtung der israelischen Soldaten, die die Lager umstellt hatten und sie machen ließen. Momo ritzte »Tod den Juden« in seinen Tisch und wurde von der Schule geschmissen. Als die Lehrer ihn fragten, warum er das gemacht hatte, antwortete er nur: »Keine Ahnung«. Wir kannten keine Juden, und wir wussten nichts über sie, außer, dass sie den Palästinensern das Land gestohlen hatten und unsere Feinde waren.

In den Männerrunden verkündete mein Vater, dass er wieder heiraten wollte, damit endlich mal wieder jemand für uns kochte und putzte. Aber er liebte meine Mutter noch immer. Er fuhr noch zweimal ohne uns in den Libanon, um sie zurückzugewinnen. Aber als sie dann echt wieder nach Deutschland kam, weil sie es in Beirut nicht aushielt, zog sie zu einem anderen Mann, nicht zu uns. Bald erinnerte ich mich nicht mehr richtig an ihr Gesicht. Sie verblasste wie die alten Fotos im Koffer meines Vaters. Es gab jetzt viele neue Gesichter in meinem Leben.

… andere Sitten

Meine Onkel waren echt anders drauf als mein Vater. Wenn meine Oma sagte, dass sie einen neuen Staubsauger braucht, zogen sie los und klauten einen. Es war nicht so, dass die Eltern ihnen das befohlen hätten, das war einfach so gesetzt. Von islamischen Gelehrten im Libanon hatten sie gelernt, dass klauen im Krieg erlaubt ist, denn erstens war es eine Notsituation, und zweitens waren die Gegner ja Christen, also Ungläubige. Sie übertrugen das auf Deutschland – da waren ja auch alle Ungläubige. In Beirut hatten sie nur Brot gestohlen, da gab es ja nichts mehr, aber Berlin war das Paradies, da gab es alles im Überfluss. Und alles lag einfach so offen rum, ungesichert. Meine jüngeren Onkel nahmen mich mit zu Hertie und schnappten sich einen Staubsauger aus dem Regal. Wir schleppten den Karton zum Ausgang – und eine Verkäuferin hielt uns auch noch die Tür auf! Die Geschichte wurde in meiner Familie noch lange lachend erzählt.

Amir, Momo und ich verbrachten ganze Tage mit den Onkeln bei Hertie oder Karstadt, spielten Videospiele und klauten dann die komplette Konsole. Momo und ich sammelten auch He-Man-Spielfiguren und CDs, die Älteren packten Videokameras für mehrere Tausend Mark in ihre Taschen und verkauften sie über das Anzeigenblatt »Zweite Hand«.

Als in der Moschee einmal das Thema aufkam, fuhr der Imam meine Onkel an, was sie denn da bitte von Krieg schwafelten. Der Krieg sei vorbei, die Deutschen hätten sie aufgenommen, und sie sollten sich gefälligst dankbar zeigen. Die Klauerei sei überhaupt nicht in Ordnung. Ein paar meiner Onkel haben sich das auch zu Herzen genommen, aber ich sag mal, diese Mentalität in meiner Familie war längst gefestigt und das Klauen bereits zur Gewohnheit geworden.

Ich habe auf einer Hochzeit mal einen Schlüssel angeboten bekommen, mit dem man die Automaten in Spielcasinos knacken und das Geld rausholen kann. Das habe ich ein paar Mal gemacht und den Schlüssel bei der nächsten Hochzeit weiterverkauft. Auf unseren Familienfesten kriegt man alle möglichen Sachen angeboten. Neulich hat mich ein Verwandter gefragt, ob ich Gras von ihm kaufen will. »Ey, Khalil, willste Cheese Haze?« – »Digga, ich bin seit 15 Jahren raus aus dem Geschäft!« Er hat nur mit den Schultern gezuckt. Heute ist mir klar, wie irre das eigentlich ist, aber damals war das für mich total normal.

Die erste Riesenfeier erlebte ich kurz nach unserem Umzug, und die war krass: Irgendein Onkel heiratete, und die Mutter der Braut schimpfte, dass wir geizig seien, sie hätten mehr Geschenke vereinbart gehabt. »Ihr habt euer Wort gebrochen!«, schrie sie meine Oma an. Ich sah zu, wie sich plötzlich alle Männer schlugen. Mein Vater, meine Onkel und Cousins, sogar die Alten hauten mit, um unsere Familienehre zu verteidigen. In dem Moment begriff ich, dass diese Leute auch hinter mir stehen würden.

Die alten Traditionen wurden in Berlin weiter gepflegt. Streit wurde mit Fäusten entschieden, und im schlimmsten Fall konnte es zu einem Mord kommen. Es gibt in unserer Kultur zwei Arten von Schlagen. Du kannst einen gleich richtig kaputthauen, oder du verpasst ihm eine letzte Warnung, das nennt man »Markieren«. Du schlägst gezielt zu, sodass er grün und blau wird, aber dann ist Schluss. Das Markieren ist eine Nachricht: »Pass auf. Beim nächsten Mal gibt es kein Halten mehr.«

Was Markieren bedeutet, lernte ich, als Onkel Said sich von seiner Frau scheiden ließ. Es hieß, Oumaima sei fremdgegangen. Said rannte dem anderen Mann mit einer Machete hinterher, die gesamte Karl-Marx-Straße runter, aber er kriegte ihn nicht. Dann verstieß er seine Frau. *Talaq* ist die Verstoßung: Wenn ein Mann dieses Wort drei Mal hintereinander sagt, ist die islamische Ehe aufgelöst. Die Frau muss nicht einmal dabei sein, sie muss nur irgendwann mitkriegen, dass er sie verstoßen hat.

Die Scheidung drohte zwei Zweige unserer Familie in eine Blutfehde zu treiben, und der Riss ging mitten durch meine Großeltern. Mein Onkel hatte nämlich seine Cousine geheiratet, meine Oma war die Tante seiner Frau. Die Brüder meiner Oma wollten, dass die Kinder bei der Mutter bleiben, aber mein Opa blieb hart: Er bestand darauf, dass die Kinder zum Vater gehen, wie es die Sitte war. »Ihr wollt unsere Söhne haben? Dann fließt Blut!«, warnte er seine Schwager.

Onkel Said nahm die Kinder zu sich, aber eines Mittags holten die Brüder meiner Oma sie einfach von der Schule ab und versteckten sie bei sich. Unsere Männer schwärmten aus, um sie zu finden. Als Said mit meinem Vater die Straße runter lief, hielt auf einmal ein Auto neben ihnen. Die Brüder meiner Oma – also ihre eigenen Onkel – sprangen raus, griffen sich Said und markierten ihn. Als mein Vater eingreifen wollte, bekam er einen Schlag ab.

Mein Vater rief sofort seine Brüder an. Sie erwischten die Onkel noch, als die gerade wegfahren wollten. Mit Eisenstangen und Totschlägern schlugen sie auf das Auto ein. Als Amir, Momo und ich ankamen, wurde die Straße gerade von Bullen umstellt. Wir flohen durch einen Fahrradkeller in die Parallelstraße und trafen uns bei den Großeltern wieder. Alle glühten vor Wut. Sie hatten es gewagt, auch noch meinen Vater, den ältesten Bruder, anzufassen. Das musste gerächt werden! Meine Onkel holten ihre Pistolen raus, und meine Oma kriegte Panik. »Ich lass nicht zu, dass ihr meine Brüder umbringt!«, schrie sie. Sie ging sogar so weit, die Polizei anzurufen, aber sie konnte kein Deutsch, und dieses Mal übersetzten wir nicht für sie. Alle schrien durcheinander, und dann trafen auch noch Abordnungen anderer Mhallami-Familien ein, so schnell hatte sich die Sache in der Stadt herumgesprochen. »Ihr seid Verwandte, hört auf damit!«, setzte der Erste an, da rastete mein Opa völlig aus. Seine kleinen Augen waren weit aufgerissen. »Wir vertragen uns nicht, es wird Blut fließen!«, brüllte er. Meine Oma weinte hysterisch. Meine Onkel, die Cousins, meine Brüder und ich sprangen in die Autos und fuhren das Viertel ab. Hätten wir einen von denen gefasst, hätte der Tag blutig geendet.

Die Gemüter kühlten ab, als ein paar Tage später Scherif aus Recklinghausen bei uns eintraf. Scherif war ein Neffe meiner Oma. Er hatte den Streit mitgekriegt, weil die Frau meines Onkels seine jüngere Schwester war. Er war in beiden Familienzweigen angesehen und galt als neutral genug, um zwischen ihnen zu vermitteln. Scherif verhandelte mit allen Parteien und beendete den Streit: Er entschied, dass die Tradition eingehalten werden müsse und die Kinder an meinen Onkel gingen. Oumaima sollte dafür eine finanzielle Entschädigung bekommen.

Scherif war das, was Politiker und Medien als »Friedensrichter« bezeichnen. Ich finde, das ist das falsche Wort. Es klingt, als gebe es bei uns ein festes System mit einer bestimmten Anzahl Richter. Das ist nicht so. Meistens verhandeln die Ältesten der Familie, die Familienoberhäupter. Oder eine Person, die Respekt in der Community genießt. Im Prinzip kann jeder einen Streit schlichten, der einen guten Ruf besitzt. Jede Community hat ihre eigenen Leute. Die Palästinenser, Libanesen und Kurden klären ihre Angelegenheiten alle unter sich. Und wenn es zwischen den verschiedenen Gruppen Streit gibt, dann treffen sich Gesandte und klären das.

Diese Leute sorgen dafür, dass kein Krieg ausbricht. Aber bei dem Wort »Friedensrichter« gehen alle an die Decke. Ich würde sie eher als Mediatoren bezeichnen, die gibt es in Deutschland ja schließlich auch: Leute, die eine außergerichtliche Einigung zwischen zwei Konfliktparteien erzielen. Das ist das Einzige, was ich noch vernünftig finde an dieser Tradition. Ohne »Friedensrichter« ginge es auf der Straße viel schlimmer zu.

In der Brennpunktschule

Berlin war einfach nur heftig. Meine neue Schule war das komplette Gegenteil von der alten auf dem Dorf. Das Gebäude wirkte so richtig gettomäßig heruntergekommen: Die Toiletten hatten keine Brillen, es gab kein Klopapier, und die Wände waren mit Graffiti vollgesprüht. Auf dem Dorf hörten alle zu, hier quatschten alle dazwischen. Schon in meinen ersten fünf Minuten ging es ab. »Geh raus!«, befahl der Lehrer einem lauten Mädchen. »Geh du doch raus!«, antwortete sie. Ich war beeindruckt.

Was gleich war, war die Rollenverteilung: Es gab den Klassenclown, die Schwänzer, die Harten, die vor dem »Rauchen verboten«-Schild rauchten, und ein paar Außenseiter, die sich in den Pausen verdrückten, damit sie keiner verprügelte. Im Prinzip gab es nur zwei Gruppen: Täter und Opfer. Ich war im Winter, mitten im Schuljahr, eingeschult worden, da war man automatisch der Außenseiter. Es galt also gleich klarzustellen, dass ich nicht zu den Opfern gehören würde. In der Pause veranstalteten die Zehntklässler eine Schneeballschlacht. Ein Wurf streifte meinen Ärmel. Ich ging direkt zum Anführer, riss ihn auf den Boden und rieb ihm eine Ladung Schnee in die Fresse. Der gesamte Schulhof glotzte mich an. Ein Siebtklässler hatte einen Zehntklässler umgehauen – ich hatte mir direkt einen Namen gemacht. Der andere traute sich nicht, es mir heimzuzahlen. Das war auch besser für ihn, sonst wären noch am selben Tag meine Onkel mit zwei, drei Autos losgefahren und hätten ihn gesucht.

Meine Klassenlehrerin hieß Frau Müller. Frau Müller sah sexy aus, war immer gut gekleidet, und alle standen auf sie. Ich wollte unbedingt ihre Aufmerksamkeit gewinnen, aber ich kriegte sie nicht. Ihre Lieblinge waren zwei deutsche Jungen. Als sich einer von denen zu mir setzen wollte, sagte sie: »Setz dich nicht neben Leute, die es hier eh zu nichts bringen werden.« Das saß tief. Ich war ein schwieriges Kind und machte ihr wahrscheinlich das Leben zur Hölle, aber sie gab mir auch keine Chance. Wenn ich mal was verstanden hatte und mich meldete, nahm sie mich einfach nicht dran. Die beiden Jungen kamen immer zuerst. Mit denen lachte sie, mit mir war sie ernst. Wenn ich einen Witz machte, sagte Frau Müller: »Beim nächsten Mal gibt es einen Tadel.« Ich fühlte mich provoziert. Ich wollte ihr zeigen, dass ich hier die Macht hatte, nicht sie. Wenn ich sagen würde »haltet die Schnauze«, würden alle die Schnauze halten.

Durch die Schneeballgeschichte hatte ich einen richtig dreckigen Ruf weg. Das Problem mit einem Ruf ist: Er schützt, muss aber auch verteidigt werden. Jeden Tag gab es Kloppereien, und die Rangordnung wurde neu ausgehandelt. Es reichte ein schiefer Blick, wie bei Hunden, denen darfst du auch nicht in die Augen schauen. Einer guckte mich an, ich guckte zurück. Er guckte nicht weg. Wir starrten uns an. Irgendwann sagte er: »Wieso guckst'n so?«, und ich explodierte. Die, vor denen ich früher Angst hatte, verprügelte ich jetzt. So wurde ich der Chef der Schule.

Auf dem Hof sammelten sich alle um mich: Ramyar, ein kurdischer Alewit und Kiffer, der im gleichen Haus wohnte wie ich. Ziad, ein Libanese, war schon ein paar Mal sitzen geblieben und kam mit dem Auto zur Schule. Zlatko, der Zigeuner, hatte immer Geld und Zigaretten. Tarkan, ein Türke, war bei jeder Schlägerei dabei, aber ein Charakterschwein, er traute sich immer nur die Schwachen zu treten. Dann waren da noch ein paar Palästinenser und mein Bruder Momo. Die Harten waren alle Ausländer. Die Deutschen waren für uns Opfer. Sie wehrten sich nicht, sie guckten weg, wenn man sie anguckte, und wenn man zu einem Deutschen gesagt hätte: »Ich fick deine Mutter!«, hätte der auch noch geantwortet: »Mach doch!«

Einmal kam ein kleiner Palästinenser zu mir gelaufen und sagte, dass ein deutscher Junge ihn geschlagen habe. Wir gingen gleich zu ihm, Ziad hielt eine Gaspistole an seinen Kopf und sagte: »Ab heute gelten hier andere Gesetze!« Unsere Gesetze. Der Junge wurde kreidebleich und zog für immer den Schwanz ein.

Die Harten trugen Diesel-Jeans und Nike Air Max und rauchten bei den Betonpfählen in einer Ecke am Ende des

Schulhofs. In unserer Nähe scharten sich immer ein paar Eierträger, die Botengänge für uns machten: »Hol mal Kippen« – »Hol mal Trinkpäckchen« – Hol mal dies, hol mal das. Tarkan nahm den Rich Kids ihr Essensgeld und die Zigaretten ab. Manche kamen auch von alleine und boten uns Kippen an oder fragten, ob sie unsere Hausaufgaben machen sollten, um sich bei uns einzuschleimen. Ich nahm das nie an. Wenn ich etwas abgegeben hätte, hätten die Lehrer eh nicht geglaubt, dass das von mir war. Ich machte nie Hausaufgaben.

Ein Chef ließ sich von niemandem etwas sagen, schon gar nicht von den Lehrern. Ich schaffte es, Frau Müller zum Weinen zu bringen, und spuckte auf die, die ich nicht leiden konnte. Es gab so eine Art zu spucken mit der Zunge: Wenn ein Lehrer an uns vorbeilief, schnippten wir kleine Tropfen Speichel auf seinen Rücken oder die Beine. Er merkte das gar nicht, aber du warst der Star vor den anderen.

Im Unterricht spielten Ramy und ich Gotcha: Wir schnitten den Boden alter Filmdosen ab, machten Luftballons dran, Papierkügelchen rein und beschossen die Lehrer mit unseren Kanonen. Immer wenn sich einer zur Tafel umdrehte, zielten wir – zack! – in seinen Nacken. Der King war der, der dem Lehrer ins Gesicht schoss, wenn er gerade etwas vorlas. Dr. Dach, der Erdkundelehrer, rastete völlig aus und schrie nur noch rum: »Das wird Konsequenzen haben!!!«

Ich nahm das überhaupt nicht ernst. Womit drohten die mir denn? Mit einem Tadel? Mit einem Brief an meine Eltern? Das interessierte die doch eh einen Scheiß. Mein Vater war nur noch fertig, resigniert irgendwie. Abends fragte er: »Wart ihr in der Schule?« Wir nickten, und das war's. Seit meine Mutter weg war, schlug er uns auch nicht mehr. Also, es setzte mal eine Respektschelle, aber es gab keine Prügel mehr. Vielleicht war er nachsichtiger geworden, weil er dachte, dass uns unsere Mutter fehlte. Oder er war einfach zu müde von der schweren Arbeit und dem Haushaltskram. Die Lehrer konnten mir jedenfalls gar nichts. Konsequenzen waren für mich körperliche Gewalt. Die Mittel, die sie hatten, machten sie zur Lachnummer für mich.

Wir hatten unsere eigenen Konsequenzen. Am letzten Schultag vor den Ferien war Payday – Abrechnungstag. Dann wurden Schulden beglichen. Wenn Jungs von einer anderen Schule Ärger gemacht hatten, gingen wir zu deren Schule und schlugen sie zusammen, oder umgekehrt. Meine Cousins Seifo und Tarik waren auf einer Schule in der Nähe vom Kotti in Kreuzberg. Auf die gingen viele Jungs von den 36 Juniors, das war sozusagen die Nachwuchsmannschaft der 36 Boys. Die 36 Boys war eine der ersten Straßengangs von Berlin, wie die Black Panthers im Wedding oder die Araber Boys in Moabit. 36 stand für den alten Postbezirk SO36, ein Rechteck zwischen Oranienplatz, Görlitzer Bahnhof, Spree und Landwehrkanal. Ich hing ein bisschen mit den Araber Boys rum, weil da auch ein paar Jungs aus unserer Moschee mit drin waren, aber nicht ernsthaft. Eine Gang war nichts, wofür ich mein Blut gegeben hätte – meine Brüder und ich waren nur mit der Familie.

Gangs of Berlin

Die meisten Gangs hatten Türken gegründet. Zwischen den türkischen und arabischen Jugendlichen herrschte Konkurrenz. Die Türken waren früher nach Berlin gekommen, teilweise waren sie schon hier geboren und hatten das Platzrecht.

Aber dann kamen die Araber, und die waren verrückt, sie kamen aus dem Krieg und waren hart drauf. Die Türken hatten bisher nur mit den weich gekochten deutschen Männern zu tun gehabt, die vor ihnen wegrannten. Die Araber rannten nicht weg – die rannten denen hinterher.

Die 36 Boys waren echte Gangster, sie hatten einen Namen und Macht. Wenn es hieß: »Da kommen die 36 Boys!«, gingen die Leute in Deckung – aber nicht wir. Tarik war mit dem Anführer der 36 Juniors aneinandergeraten. Am Abend vor dem letzten Schultag rief er mich an: »Es gab Streit auf der Schule, kommt morgen mit uns!« Ich stieß mit meinen Brüdern und ein paar Onkel zu meinen Cousins. Wir hatten Stöcke und Messer dabei und warteten draußen vor dem Gelände auf die Glocke, die den Schulschluss einläutete. Die 36 Juniors hatten wohl nicht mit uns gerechnet. Als sie rauskamen und sahen, dass sie weniger waren als wir, rannten sie in alle Richtungen. Wir jagten hinterher. Onkel Suleiman und ich erwischten einen in der U-Bahn und gaben ihm fünf, sechs Bomben. Der Typ hatte einen Cut über dem linken Auge, und das andere wurde direkt dick. Ich beugte mich zu ihm runter und sagte: »Ihr fasst unseren Cousin nie wieder an! Geh und erzähl es deinen Leuten.«

Die 36 Juniors haben nie wieder einen von uns angegriffen. Sie hatten Informationen über uns und wussten, dass ich mit ein, zwei Anrufen die ganze Familie zusammenkriegte. Die Türken hatten vielleicht zwei, drei Kinder, und das galt bei denen schon als Großfamilie. Gegen uns konnten sie nur Freunde zur Verstärkung ranholen, aber Freunde sind anders als Familie: die rennen, wenn es zu heiß wird. Ein Bruder schmeißt sich auf dich, um dich zu beschützen. Es gibt kein Rennen bei uns. Wo willst du denn hin? Dein

Name bleibt dein Name, und vor dem kannst du nicht weglaufen.

Die Leute im U-Bahnhof starrten uns an, keiner traute sich dazwischenzugehen. Aber einer hatte anscheinend die Bullen gerufen, draußen heulten schon die Sirenen. Ich drehte meine Bomberjacke auf links, die außen grün war und innen orange, und zog meine Kapuze über den Kopf. Das machten wir immer so nach Schlägereien, oder wir tauschten die Klamotten untereinander, dann passte die Personenbeschreibung schon nicht mehr. Wir versteckten uns ein paar Stunden in einem Gebüsch und warteten, bis die Bullen die Suche aufgaben.

Ich war gerade erst 14, also strafmündig geworden, als ich das erste Mal vor dem Jugendgericht stand. Ich hatte einen Rivalen auf dem Schulhof mit einem Messer bedroht. Der Richter thronte über mir, und ich fühlte mich klein. Da hatte ich noch Schiss: Was würde jetzt mit mir passieren? Doch das Verfahren war ein Witz. Ich kriegte nur eine Ermahnung vom Richter: »Seh ich dich noch einmal hier im Saal, dann gibt es richtig Ärger, dann wird es nicht so einfach ausgehen für dich... bla bla bla.«

Das zweite Mal war auch wegen irgendeiner Schlägerei. Da hatte ich dann wirklich Angst, jetzt würde es schließlich ernst werden, glaubte ich. Aber dann kam ein anderer Vorsitzender rein, der mich noch nicht kannte, und gab mir wieder nur eine Ermahnung. Richter, dachte ich, waren auch nur Lutscher. In 99 Prozent der Fälle wurde ich gar nicht erst erwischt, und wenn doch, wurden die Verfahren meist eingestellt. Ich sammelte schnell ein gutes Dutzend an, kriegte aber höchstens mal ein paar Stunden Freizeitarbeit, den Kirchhof fegen, Omas im Rollstuhl herumschubsen, solche Sachen. Pillepalle.

Auf der Straße ging man härter ins Gericht. Egal ob auf dem Schulhof, dem Fußballplatz, im Jugendclub oder in der S-Bahn, überall lauerten Situationen, in denen man das Gesicht verlieren konnte. In den wilden Nineties hatte jeder eine Waffe dabei. Meine Brüder und ich deckten uns auf dem Polenmarkt bei Frankfurt Oder ein, da konntest du die verrücktesten Messer kaufen: Einhandmesser und Butterfly, klar, aber auch Rambomesser, deren Klinge man um 90 Grad kippen und wie eine Pistole halten konnte. Am Hermannplatz in Neukölln gab es auch Typen, die Macheten verkauften. Die deponierten wir in den Büschen vorm Jugendclub, als wir Wind davon kriegten, dass eine andere Gang unseren Club überfallen wollte.

Im Jugendclub war ich auch der Chef, eine hart umkämpfte Position. Es gab da noch einen, der dachte, er sei der King. Der Junge machte sich in der Sitzecke breit und fixierte mich. Er dachte wohl, wenn er mich schief anguckte, würde ich abkacken und den Schwanz einziehen. Das hätte seine Machtstellung gefestigt, und das konnte ich nicht zulassen, also warf ich einen Stuhl auf ihn und zückte mein Messer. Zu mehr kam ich nicht, weil sich gleich alle Betreuer auf mich stürzten. Der Bezirksstadtrat persönlich erteilte mir lebenslanges Hausverbot.

Ich trug immer ein Springmesser im Schuh.Wenn mir jemand an die Kehle ging, ich unten lag und spürte, wie mir die Luft wegblieb, ging es: zack – zack – zack – und ich stach ihm in die Beine oder in den Arsch. Ich durfte auf keinen Fall verlieren. Was mit den Schwachen passierte, wusste ich aus unseren Familiengeschichten, und was drohte, wenn man sich nicht wehrte, konnte man an einem Trottel aus Unbesiegbar beobachten, der seinem Namen nicht gerecht wurde.

Der wurde nur verarscht. Auf einer Hochzeit verknoteten sie ihm die Schnürsenkel, sodass er sich vor allen Gästen auf die Fresse legte. Selbst meine kleine Schwester lachte über ihn.

Ich trug einige Narben davon, aber wie durch ein Wunder wurde ich nie lebensgefährlich verletzt. Nur einmal wurde es ernst, als mein Cousin Tarik, der Idiot, einen Jungen abstach. Er und Momo waren vor einer Disco von vier Leuten angemacht worden und hatten hart auf die Fresse gekriegt. Wenige Tage später chillten Momo, Jihad, Tarik und ich auf dem Platz vor unserem Block, da rief mein Bruder plötzlich: »Da hinten sind die Hurensöhne!« Sie kamen zufällig an uns vorbeigelaufen, und diesmal waren Momo und Tarik nicht mehr in der Unterzahl. »Kommt ma her!«, brüllten sie, und dann stürmten auch schon alle aufeinander los.

Momo zog sich an mir hoch und schlug dem Ersten mit der Faust auf den Kopf. Ich gab einem Typen gerade ein paar Schellen, als ich sah, wie mein Cousin sein Messer rausholte und einem Jungen in den Rücken stach. Und raus bist du. Ich erstarrte mitten im Gefecht, als hätte jemand die Pausetaste gedrückt.

Aber der Junge stand noch und guckte normal, und ich dachte, ich hätte mich versehen. Ein paar Minuten später waren alle aus der Puste, und die anderen zogen wieder ab. Der Junge hatte ein weißes T-Shirt an, und als er sich umdrehte, sah ich nur noch Rot. Fuck! Ich lief ihm hinterher und sagte: »Ey, guck mal, mach keine Anzeige, okay?« Er: »Ach wieso, war doch nichts.« Ich: »Na ja, du blutest am Rücken...« Die Freundin des Jungen guckte nach und fing sofort an zu schreien – und dann fiel der einfach um. Wir rannten weg und versteckten uns im Park. Bald kamen auch schon die ersten Anrufe aus dem Jugendclub: »Die suchen euch, passt auf!«

Wir hockten im Gebüsch und schwiegen. Nach einer Weile fragte Tarik: »Was, wenn der Junge tot ist?« Die anderen guckten mich an. Ich war der Älteste und musste eine Entscheidung treffen, aber mein Kopf war leer, ich wusste nicht weiter. Als es dunkel war, schlichen wir nach Hause, und ich beichtete meinem Vater, was passiert war. Mein Vater rief sofort einen Anwalt an und brachte Tarik, Momo und mich zur nächsten Polizeiwache. Wir stellten uns noch in derselben Nacht, nur Onkel Jihad ließen wir außen vor. Ich wusste, wenn wir seinen Namen verrieten, würde meine Oma uns umbringen. Jihad war der Jüngste und ihr Liebling. Nach einer anderen Schlägerei war die Polizei mal zu uns ins Haus gekommen und hatte uns mitnehmen wollen, da schlug sie den Bullen auf die Hände und schrie: »Haut ab! Lasst meinen Sohn in Ruhe!« Sie kriegte sich gar nicht mehr ein.

Die Bullen steckten uns in die Gefangenensammelstelle und führten uns ein paar Stunden später zur Gegenüberstellung. Es war echt wie im Film: Wir standen mit dem Rücken zur Wand, vor uns eine Scheibe, durch die wir nicht durchgucken konnten, aber die Zeugen auf der anderen Seite schon. Über den Anwalt hatten wir inzwischen erfahren, dass der Junge lebte, und waren völlig überdreht vor Müdigkeit und Erleichterung. Jeder von uns kriegte eine Nummer. Wir alberten herum und tauschten die Nummern hin und her, aber die Bullen checkten das natürlich und machten eine Ansage durch den Lautsprecher. Wir lachten uns kaputt und zeigten den Mittelfinger Richtung Scheibe. Da kam ein Bulle rein. »Ihr lacht noch und wisst gar nicht, dass ihr wegen versuchten Mordes angeklagt werdet.« Jetzt lachte keiner mehr von uns. Ich guckte zu Tarik, der den Jungen abgestochen hatte. Mann, das war völlig unnötig gewesen. Die anderen waren nicht mal bewaffnet. Die hätten zwei, drei deftige Ohrfeigen gekriegt, und es wär' gut gewesen. Aber mein Cousin hatte unbedingt noch eins draufsetzen müssen.

Am Morgen ließen sie uns laufen. Der Bulle hatte sich einen Scherz erlaubt und uns einen Schreck eingejagt, damit wir die Sache ernst nahmen. Aber es wurde gemeinschaftliche Körperverletzung draus, und ich bekam mal wieder eine nicht ernst zu nehmende Maßnahme. Tarik dagegen galt als Ersttäter und kriegte bloß eine Bewährungsstrafe.

Der Richter fand, ich müsse ein Anti-Gewalt-Training besuchen. Da saßen dann alle im Kreis und redeten. Der Trainer sagte Sachen wie: »Wenn einer aggressiv zu dir ist, dann sieze ihn, das schafft Distanz.« Aber ich mein, wenn dir jemand auf die Fresse hauen will, sagst du doch nicht: »Entschuldigen Sie, können Sie das bitte lassen?« Der hatte echt keine Ahnung.

Im wilden Osten

Die Neunziger waren eine eklige Zeit, und der Osten war kein safer Ort für Kanaken wie mich. Es kam damals öfter vor, dass Afrikaner aus der S-Bahn geschmissen wurden. Meine Geschwister und ich mussten auf dem Nachhauseweg an einer Ausbildungsstätte für Bauarbeiter vorbei, wo nur Ossis waren. Wenn sie gerade Schluss hatten, standen wir mit 200 von denen auf dem Bahnsteig, und dann kam es öfter zu Situationen, in denen Distanz schaffen überlebensnotwendig war, aber sicher nicht durch Siezen.

An einem Nachmittag fuhr ich zurück von einem Besuch bei einer Tante, die in Brandenburg wohnte. Es fehlten nur noch wenige Stationen bis zur Stadt, als in einem Dorf plötzlich 30 Glatzen einstiegen. Sie trugen die typische Ossi-Nazi-Montur: Fred-Perry-Jacken, Springerstiefel und Sneaker von New Balance, mit dem Markenlogo »NB«, was man auch als Kürzel für »Nationale Bewegung« interpretieren konnte. Die Glatzen marschierten wie Kontrolleure durchs Abteil, und die Leute zeigten sofort typisches Opferverhalten: Sie guckten auf den Boden und machten sich klein. Ich durfte jetzt keinen Fehler machen. Wenn ich Schwäche zeigte, würde ich auf den Gleisen landen.

Einer von den Wichsern nahm mich ins Visier. Ich guckte ihm eiskalt in die Augen. »Was guckst'n so?«, fuhr er mich an. Ich lachte ihn aus. »Hör auf zu lachen, oder ich schieß dir 'n paar!« Die Leute schauten angestrengt in die andere Richtung, als der Nazi mir eine Ohrfeige verpasste. Ich lachte wieder. »Was'n das für ne Kinderohrfeige?« Er packte mich am Kragen. »Schöne Jacke!« Ich: »Ja? Willste die haben?« Von hinten kam ein Typ dazu, der aussah wie Meister Propper, und brüllte: »Ey, lass den aus der Bahn schmeißen!« Der andere verpasste mir wieder eine, diesmal mit Wucht. Ich bückte mich, zog blitzschnell das Messer aus meinem Schuh und steckte es in meine Jackentasche. Die beiden Nazis grölten »Ausländer raus! Ausländer raus!«, und ich hielt die geöffnete Klinge in meiner Tasche bereit.

Mit den beiden Glatzen würde ich fertigwerden, aber ihre Kumpel würden mich überrennen. Besser gleich eskalieren? Zustechen und gucken, dass ich im ersten Tumult entkommen und aus der Bahn springen kann? Oder lieber noch abwarten, was sie als Nächstes machen? Ich hatte Glück, die nächste Station war ihre. Sie gaben mir noch eine Schelle und zogen ab.

So ging es zu im Wilden Osten. Natürlich ließen wir es uns nicht bieten, dass diese Spasten uns fertigmachten. Wenn uns langweilig war, klauten wir die Autoschlüssel unserer Väter und gingen auf die Jagd. Mein Vater trug seinen Schlüssel immer in der Hosentasche, die Hose hing über einem Stuhl neben seinem Bett, und er hatte einen tiefen Schlaf. Das Fahren hatte er mir schon in Süddeutschland nach unserer Reise in den Libanon beigebracht. Ich hatte so lange gebettelt, bis er mit mir auf einen Waldweg fuhr und mir die Basics zeigte. Mit 15, nachts auf den Straßen von Berlin, verfeinerte ich meinen Fahrstil.

Die erste Jagd war eine spontane Idee. Momo, Ramy, ich und Ibo, ein Cousin von meinem Cousin Tarik, hingen auf der Straße rum und langweilten uns. »Was machen wir jetzt?«, fragte ich. »Nazis klatschen«, sagte Ramy einfach so aus der Luft. An dem Abend hatte er das Auto von seinem Vater geklaut, einen alten Audi 100. Wir fuhren Richtung Teltow, die nächstgelegene Stadt im Osten. Der Osten sah noch krass nach DDR aus. Die Straßen waren kaputt, die Laternen waren kaputt, die Häuser waren kaputt, und die Leute sahen aus wie Kanarienvögel in ihren bunten Klamotten. Die Ossiweiber hatten hautenge Sachen an und übertrieben blondierte Haare, und die Typen waren Penner oder Nazis.

Auf einer Dorfstraße sahen wir vier von ihnen laufen. Glatzen, Bomberjacken, Springerstiefel. Ramy riss das Lenkrad nach rechts, zog die Handbremse und schnitt ihnen den Weg ab. Wir sprangen aus dem Wagen. »Na, wen haben wir denn da? Ein paar Nazis!«, rief Ramy. Die Glatzen machten sich fast in die Stiefel. »Nein, nein, nein, wir sind keine Nazis!«, beteuerten sie. Wir brachen in Gelächter aus.

Ramy war ein echter Dramatiker. Er befahl den Glatzen sich hinzuknien und die Hände hinter dem Rücken zu falten, und dann hielt er eine Rede. »Ihr feigen Nazis greift uns nur an, wenn wir alleine sind. Ihr seid hinterlistig, ihr kämpft nicht wie Männer! Ihr denkt, ihr könnt unsere Frauen schlagen, und greift unsere Mütter an, nur weil sie Kopftuch tragen …«

Meine Mutter hatte noch keiner angegriffen und seine wahrscheinlich auch nicht, aber man hatte so Geschichten gehört, von Tante X oder Cousine Y, der ein Deutscher im Fahrstuhl oder im Bus den Hidschab vom Kopf gerissen hatte.

»… Ihr seid keine Männer, ihr seid Frauen, ihr seid Dreck …« Ramy quatschte und quatschte, und die Glatzen zitterten. Nach einer Minute guckten die Jungs und ich uns an: Ey, wir wollten die doch nur schlagen, was macht Ramy da eigentlich? Ibo hielt es nicht mehr aus. Während Ramy weiter laberte, nahm er Schwung mit dem rechten Bein, drehte sich um die eigene Achse und trat einem Nazi von der Seite in die Fresse. Wumm, da waren es nur noch drei. Momo und ich holten nacheinander aus. Der vierte, der noch nicht k. o. auf dem Pflaster lag, bettelte uns an: »Bitte hört auf, bitte hört auf, bitte!« Wir gaben ihm noch ein paar Tritte, und dann hauten wir ab, rein ins Auto und zurück nach Berlin, lachend, feiernd, einander verarschend. »Ramy, was redest du für eine Scheiße?« – »Haste gesehen, wie die gezittert haben?« Wir waren high vor lauter Adrenalin.

Ramys Reden wurden von Mal zu Mal besser. Er war ein Junge mit vielen Leidenschaften und Interessen. Einen Tag war er mit den kurdischen Kommunisten, den nächsten mit den schiitischen Dschihadisten. Mal war er super gläubig, mal ein richtiger Rocker. In einem anderen Leben hätte er vielleicht Politiker werden können. Jahre später habe ich ihn mal vorm Jobcenter getroffen und mich nicht getraut zu fragen, was er so macht – wahrscheinlich nix. Aber damals fühlten wir uns groß, wie die Rächer der Geknechteten oder so etwas.

Auf unseren Ausflügen durch Dunkeldeutschland hielten wir gezielt Ausschau nach Glatzen. Die waren nicht besonders schwer zu finden. Im Osten gab es ja nur Ossis oder Nazis – wobei wir keine Unterschiede in deren Einstellung ausmachten: Die hassten uns alle.

Frau Müller war auch aus Ostdeutschland. Ich glaube, Ramy spürte genau wie ich, dass wir bei ihr keinen Fuß in die Tür kriegen würden, und wollte deswegen ständig schwänzen. Wenn mein Vater mich morgens weckte, lief ich eine Etage runter und klingelte ihn raus, wir verzogen uns in den Park und rauchten erst mal fünfzig Tüten. Alkohol tranken wir so gut wie nie, das war *haram*. Gras zwar eigentlich auch, aber das Kiffen hatten wir importiert. Unsere Väter hatten schon im Libanon gekifft, bei der PLO wurden Joints geraucht wie Zigaretten. Auch das war so eine Schneise im Krieg gewesen: Die Christen tranken, die Muslime kifften.

Musterschüler

In die Schule gingen wir eigentlich nur noch, um Freunde zu treffen. Die Tochter des Hausmeisters ging in meine Klasse, und die hatten eine Wohnung auf dem Schulgelände. Chantal stand auf mich und gab mir ihren Schlüssel. Ramy und ich hingen in der Wohnung ab, kifften, quatschten, aßen deren Essen weg und schlugen die Zeit tot. Manchmal nahmen wir auch Mädchen mit und hatten Sex im Schlafzimmer des Hausmeisters. Die Mädchen mochten mich. Sie nannten mich »AJ« wie einen von den Backstreet Boys. Ich war so eine Mischung aus Sonnyboy und Guck-mich-nicht-an-sonst-hau-ich-dir-auf-die-Fresse. »Du bist nicht der typische Araber«, sagte

Özlem, die in meine Klasse ging und mir unterm Tisch einen blies. »Die Araber sind so eklig und aufdringlich, aber du bist ganz süß.« Ich machte halt nie Hündchen und lief den Mädchen hinterher wie die anderen Jungen, das provozierte sie wohl. Außerdem konnte ich gut reden. Bei Chantal zog das allerdings nicht mehr, nachdem Ramy und ich die Schränke ihrer Mutter durchgeguckt und die Silberketten mitgenommen hatten.

Mit meinen Brüdern und Cousins hatte ich eine Masche auf unseren Partymarathons. Amir hatte einen alten Fotoapparat, der kaputt war, aber noch blitzte. Damals gab es ja noch keine digitalen Kameras, die gleich die Bilder anzeigten. Mit dem leeren Fotoapparat zogen wir durch die Bars und blitzten die Weiber. Ich erzählte ihnen, wir seien Scouts für eine Modelagentur. Wir hatten uns sogar Visitenkarten drucken lassen, die wir großzügig verteilten. Das war echt eine fiese Nummer, aber, was soll ich sagen, sie funktionierte sehr gut.

Den Fotoapparat schmiss ich weg, als Ibo mich in dem Puff vorstellte, in dem er Geld eintrieb und Gras vertickte. Im Puff lief es so ab: Du gingst rein, die Puffmutter führte dich in einen Raum mit abgedunkelten Fenstern, Sofas und so kunstmäßigen Malereien an den Wänden. Die Frauen stöckelten nacheinander auf ihren High Heels rein, sagten ihren Namen, drehten sich einmal um und stöckelten wieder raus. Dann kam die dicke Puffmutter wieder und sagte: »Na, Süßer, haste dir eine ausjesucht?« – »Ja, ich will Luisa haben.« – »LUISA, KOMM MA! Der Schnuckel hier hat sich für dich entschieden.« Dann gingst du aufs Zimmer, bezahltest für 20 Minuten, und im besten Fall musstest du nicht verlängern.

Ich ging immer zur ersten Stunde hin. Der Puff machte um zehn Uhr auf, und morgens waren die sexy deutschen Hausfrauen da, mit denen konnte man sich verständigen, und sie waren sauber, im Gegensatz zu den Russinnen von der Abendschicht. Luisa war bestimmt schon über 40, aber sie hatte eine krass gute Figur. Beim ersten Mal merkte sie wohl, dass ich ein bisschen von ihr eingeschüchtert war. Sie war nett und bot mir erst mal was zu trinken an. Danach fragte ich immer nach ihr.

Alle gingen in den Puff, nur Onkel Suleiman nicht, der ging in den Unterricht. »Deine zukünftige Frau wird statt Sperma Spinnweben sehen«, verarschten wir ihn. Vom Puff nahm ich den Bus zur Schule und schloss mich den anderen in der großen Pause an. Einmal fuhr ich mit Suleimans Wagen hin. Ich wollte angeben und parkte auf dem Lehrerparkplatz. Dr. Dach platzte vor Wut und schrieb einen Brief an meinen Vater: »Unsere Schule hat Projektwochen, und Ihr 16-jähriger Sohn fährt im Auto vor, aber denkt gar nicht erst daran, an den Gruppenarbeiten teilzunehmen.«

Das war nur einer aus der Serie von Briefen, die mein Vater in seinen alten Koffer legte, ohne je darauf zu antworten. Die Briefe und Zeugnisse, die ich noch finden konnte, geben meine Schulkarriere kurz und schmerzlos wieder:

18.1.1996

Sehr geehrter Herr O.,

leider müssen wir Ihnen mitteilen, daß Ihr Sohn Khalil am 17.1.96 gegen das Rauchverbot an der Schule verstoßen hat.
Er ist beim Rauchen innerhalb des Schulgeländes angetroffen worden.
Wir weisen darauf hin, daß Rauchen der Entwicklung Ihres Kindes schadet und die Gesundheit gefährdet.

Bitte wirken Sie auf Ihr Kind ein, damit es nicht weiterhin ein schlechtes Vorbild für seine Mitschüler ist. (…)

9.6.1996

Zeugnis für O., Khalil, Klasse 7

Allgemeine Beurteilung:
Khalil ist ein aufgeschlossener Schüler. Er arbeitet sporadisch und interessenabhängig. Immer wieder läßt er sich ablenken. Schriftliche Aufgaben fertigt er selten an. Seine Arbeitsmaterialen sind oft unvollständig. Er muß seine gesamte Einstellung zur Schule und zum Lernen verbessern, um seine Leistungsfähigkeit voll auszuschöpfen. Sein Verhalten gibt häufig Anlaß zur Beschwerde. Kritik nimmt er selten an. Oft reagiert er uneinsichtig und frech. (…)

5.6.1997

Sehr geehrter Herr O.,

leider müssen wir Ihnen mitteilen, daß Ihr Sohn Khalil laut Beschluß der Zensurenkonferenz vom 5.6.1997 das Klassenziel nicht erreicht hat und deshalb nicht versetzt werden kann.
Ausschlaggebend waren die folgenden unzureichenden Leistungen:

Deutsch: 5	Geschichte: 6
Erdkunde: 5	Englisch: 6
Mathematik: 6	Physik: 5
Chemie: 5	Musik: 5
Bildende Kunst: 5	Arbeitslehre: 5 (…)

18.06.1997

Zeugnis für Khalil O., Klasse 8

Allgemeine Beurteilung:
Khalil konnte aufgrund ständiger Fehlzeiten weder gleichmäßig noch ausdauernd arbeiten, um ausreichende Leistungen erzielen zu können. In den Zeiten, in denen er die Schule besuchte, war er zumeist abgelenkt, störte auch andere beim Lernen und verstieß oft gegen die Schulordnung. Ermahnungen zeigten wenig Wirkung.
Bemerkungen: Khalil erhielt einen Tadel
Versäumte Tage: 46
Davon unentschuldigt: 43
Versäumte Einzelstunden: 8
Davon unentschuldigt: 6
Verspätungen: 6
Nicht versetzt in Klasse 9 (...)

4.11.1997

Sehr geehrter Herr O.,

ich bedaure, Ihnen mitteilen zu müssen, daß Ihr Sohn Khalil am 3.11.97 einen Tadel erhalten hat, weil er ständig unentschuldigt fehlt und zu spät kommt. Khalil hat auch am Mo, d. 3.11.97 gefehlt, hielt sich jedoch in der Schule auf. Da wir dieses Verhalten und die Arbeitsentwicklung nicht mehr akzeptieren können, werde ich eine Klassenkonferenz einberufen, um mit den anderen Kollegen weitere Maßnahmen zu beschließen.
Bitte senden Sie diesen Brief mit Ihrer Unterschrift versehen durch Ihr Kind an uns zurück! (...)

24.11.1997

Sehr geehrter Herr O.,

zu meinem Bedauern muß ich Ihnen mitteilen, daß die Klassenkonferenz der Klasse 8/4 am 13.11.1997 beschlossen hat, der Gesamtkonferenz zu empfehlen, für Ihren Sohn Khalil beim zuständigen Schulaufsichtsbeamten die Androhung der Umschulung in eine andere Schule zu beantragen.

Begründung:
Khalil

- verhält sich diskriminierend, drohend und einschüchternd anderen Klassenkameraden gegenüber,
- reagiert Lehrern gegenüber uneinsichtig und zum Teil aggressiv,
- fehlt unentschuldigt in Randstunden und ganzen Unterrichtstagen,
- kommt sehr häufig zu spät zum Unterricht,
- kommt oft ohne Arbeitsmaterial zur Schule und hat äußerst selten Hausaufgaben,
- arbeitet nur sporadisch mit. (...)

30.1.1998

Zeugnis für Khalil O., Klasse 8

Allgemeine Beurteilung:
Khalil war ein aufgeschlossener Schüler, der jedoch nicht immer Interesse am Unterrichtsgeschehen zeigte. Seine mündliche Mitarbeit war großen Schwankungen unterworfen. Wenn ihn ein Thema interessierte, nahm er jedoch aktiv am

Unterricht teil. Schriftliche Arbeiten fertigte Khalil nur nach mehrmaliger Aufforderung an, Hausaufgaben wurden so gut wie nie erledigt. Außerdem fehlten oft die Arbeitsmaterialien. Khalil hat Schwierigkeiten, Autoritäten zu akzeptieren und Widerspruch zu ertragen. Er verstieß häufig gegen die Schulordnung. Ihm fiel es schwer, sich in die Klassengemeinschaft einzufügen. Sein Verhalten gegenüber den Mädchen war oft diskriminierend. Auffallend war sein häufiges unentschuldigtes Fehlen.
Bemerkungen: Bei gleichbleibenden Leistungen ist die Versetzung ausgeschlossen. ...
Khalil erhielt vier Tadel. (...)

Das einzige Schreiben, auf das mein Vater reagierte, war die Einladung zur Klassenkonferenz. Im großen Lehrerzimmer herrschte eine Stimmung wie in einem Tribunal. Frau Müller legte los, und die anderen legten nach. Sie zählten den ganzen Mist auf, den ich gebaut hatte, bis ins letzte Detail. Manche Lehrer hatten sich echt mit einem Fernglas ans Fenster gestellt und observiert, wer auf dem Schulhof raucht. Ich hatte das Gefühl, es ging ihnen nur darum, mich vor meinem Vater schlecht darzustellen. Keiner erzählte die guten Sachen, dass ich anfangs schon versucht hatte, mich zu beteiligen, zum Beispiel. Oder dass ich nie einer der Typen war, die sich den Schwächsten schnappten und unterdrückten. Nur der Klassensprecher sagte, dass ich beliebt sei, aber er war keiner, bei dem es mir etwas bedeutet hätte, dass er gut über mich redete.

Selbst mein Vater ergriff nicht Partei für mich. Sie sollten Geduld haben und mir bitte noch eine Chance geben, sagte er in seinem peinlichen Deutsch. Wahrscheinlich versuchte er, die Situation zu retten, aber ich nahm das als Betteln wahr und ich wollte auf keinen Fall betteln, schon gar nicht vor Frau Müller. Die Direktorin erteilte mir dann noch das Recht, mich zu verteidigen, aber dafür war ich zu stolz. »Ich will nichts sagen«, antwortete ich.

Sie schoben mich in die Parallelklasse ab. Die nächsten drei Tadel hatte ich schnell zusammen. Es folgte die zweite Klassenkonferenz, auf der sie mir mit dem Schulverweis drohten, aber den mussten sie gar nicht mehr wahr machen: Das Schuljahr ging zu Ende, ich blieb zum zweiten Mal sitzen, und damit hatte ich meine zehn Pflichtschuljahre rum. Die Schule sagte »Keine Berliner Schule muss dich mehr nehmen (Gott sei Dank), hier ist dein Abgangszeugnis und tschüss!«

26.6.1998

Sehr geehrter Herr O.,

da Khalil seine 10jährige Schulpflicht erfüllt hat, wird er am 8.7.1998 aus der Schule entlassen.
(...)

Ein paar von den Abgängern machten nach den Sommerferien noch einen dritten Anlauf und schleppten mich mit. Auf einer Loser-Schule sollten wir den Hauptschulabschluss in Kombination mit einer praktischen Fachrichtung hinkriegen, meine hieß »Metall«. Ich kiffte so viel, dass ich nichts behielt, außer wie man Metall bohrt und lötet, das konnte später noch nützlich werden. Die Prüfung schaffte ich trotzdem, die Ansprüche waren nicht besonders hoch. Danach sollte eine Ausbildung folgen, aber ich brach dann ab.

Wozu man Zeugnisse brauchte, konnte mir eh keiner erklären. Die meisten, die ich kannte, waren nur geduldet und kriegten sowieso keine Arbeitserlaubnis – aber Kohle vom Amt. Und die, die Zeugnisse und eine Arbeitserlaubnis hatten, kriegten trotzdem keine guten Jobs – siehe mein Vater. Selbst Onkel Suleiman, der einen sehr guten Abschluss hatte und IT-Fachmann werden wollte, bekam am laufenden Band Absagen. Der Einzige, der ihn anstellte, war ein Türkenladen.

Du wusstest einfach, für dich gibt es gewisse Grenzen, auch wenn das keiner offen sagte. Wir sahen keine Vorbilder auf der Straße, Leute wie wir, die was erreicht hatten. Damals gab es nicht mal Schwarzköpfe unter den Busfahrern oder bei der Müllabfuhr. Die städtischen Angestellten, die Lehrer, alle Deutschen, mit denen man irgendwie zu tun bekam, wirkten auf mich wie eine undurchdringbare Einheit. Als würden sie im Kreis stehen und mir den Rücken zudrehen. Niemand wollte mich haben.

Bei meiner Musterung für den Wehrdienst hatte ich ein Gespräch, in dem ich mir alle Mühe gab, damit sie mich nicht einzogen. Ich machte auf dumm und laberte irgendwas von wegen »Gebt mir ne Knarre, ich will sofort kämpfen!« Aber dann merkte ich, dass ich mich überhaupt nicht hätte anstrengen müssen. Ich saß vor einem breiten Schreibtisch, dahinter eine Deutschlandfahne und ein älterer Mann in Uniform. Der Bundeswehroffizier beugte sich zu mir rüber und sagte in einem verschwörerischen Tonfall: »Herr O. was wollen Sie denn hier, das ist doch sowieso nicht Ihr Vaterland. Gehen Sie einfach nach Hause.«

Es war, wie Frau Müller gesagt hatte: Aus mir würde in diesem »hier« wohl nichts werden, jedenfalls nicht im klassischen Sinne. Aber für alternative Karrieren gab es in meiner

Familie Vorbilder genug, und ich hatte bereits begonnen, etwas aus mir zu machen. Ich war noch nicht mal volljährig und hatte schon mehr Geld in der Tasche, als mein Vater auf dem Bau verdiente.

Wer sich schämt, verdient nix

Lehrjahre

Dass Atatürk den arabischen Familien neue Namen aufgedrückt hatte, erwies sich 70 Jahre später in Deutschland als Vorteil. Unser Nachname existierte in zig Varianten: Einer türkischen, einer französischen aus der Besatzungszeit im Libanon und in den uneinheitlichen deutschen Übertragungen aus dem Arabischen. Mal machten die Ämter aus einem Y ein I, mal aus einem A ein E, O wurde zu U oder umgekehrt. Es war ein totales Durcheinander, perfekt geeignet, um die Behörden über den Tisch zu ziehen.

Ein paar Füchse hatten bemerkt, dass man sich unter unterschiedlichen Namen in mehreren Bezirken anmelden und die Sozialhilfe doppelt und dreifach beziehen konnte. Solche Tricks sprachen sich in der Community schnell herum, genau wie die Adressen bestimmter Ärzte, die einem alles verschrieben.

Eins der ersten Dinger, das ich mit meinen Brüdern drehte, war Medikamentenbetrug. Pepdul und Antra waren Mittel gegen Magenschmerzen, die ohne Zuzahlung von der Krankenkasse 500 DM die Packung kosteten. Wir erfanden eine Story von armen Verwandten im Libanon, die in Trümmern lebten und kurz vorm Magendurchbruch standen, und gingen auf Mitleidstour bei den Ärzten. »Das Medikament bekommen die da nicht … ihnen geht es wirklich sehr schlecht … sie haben im Krieg alles verloren … wenn wir ihnen nur etwas schicken könnten …«, bla, bla, bla. Die Rezepte brachten wir zu einer Apothekerin, über die man sich erzählte, dass man mit ihr Geschäfte machen konnte. Das funktionierte so: Wir gaben ihr ein Rezept, aber sie behielt das Medikament und verkaufte es stattdessen dem nächsten Kunden, der es tatsächlich brauchte. So konnte sie eine Packung doppelt bei der Kasse abrechnen. Die Apothekerin machte 500 DM Gewinn, und wir durften uns im Gegenzug für 300 DM Sachen aus ihren Regalen mitnehmen.

Ich deckte mich mit Deo, Shampoo und tonnenweise Kokoswachs ein, mit dem ich meinen neuen Schnurrbart pflegte und die Locken glättete. Irgendwann sagte die Apothekerin, dass sie uns auch Sachen aus dem Otto-Katalog bestellen könnte. Ich kannte Familien, die ihre komplette Wohnung auf diese Weise eingerichtet hatten. Amir, Momo und ich zogen bald mit den Krankenkassenkarten von allen Verwandten durch die Praxen. Das Ganze ging ein halbes Jahr lang gut, bis die Ärzte Post von der Krankenkasse bekamen, die ihr Budget einschränkte und sie auf billigere Medikamente hinwies – und die Apothekerin mit unserer Kohle abhaute.

Eine andere Methode, Leute abzuziehen, war EC-Karten-Betrug. Es ist ja so mit EC-Karten: Wenn du mit Lastschrift, also mit Unterschrift bezahlst, checken die erst später, dass das Konto schon überzogen ist. Du kannst am Freitag, am Samstag und wenn du Glück hast auch noch am Sonntag damit bezahlen. Wir probierten das mit einem Nachbarjungen aus, der mit seinem Hündchen Gassi ging und nicht die hellste Kerze auf der Torte war. Den schnappten wir uns und nahmen ihn mit auf Deutschlandtour. Wir fuhren die gesamte

A2 runter. Hannover, Bielefeld, Dortmund, Bottrop. Real, Kaufhof, C&A, Peek & Cloppenburg. Der Junge zahlte mit seiner Unterschrift für Parfüm, Klamotten, Lautsprecher und Laptops. Er hatte die Hosen so voll, dass er gar nicht auf die Idee kam wegzurennen. Auf dem Rückweg legten wir einen Boxenstopp in Braunschweig ein, wo gerade eine Trauerfeier von irgendwelchen entfernten Verwandten lief, und konnten direkt was aus dem Kofferraum verticken.

Wir waren vielleicht dumme Hauptschüler, aber unsere Möglichkeiten schienen unbegrenzt. Oder wie der Mafiaboss Tony Montana in unserem Lieblingsfilm »Scarface« sagte: »Die Stadt ist eine schöne, große Pussy, die nur darauf wartet, gefickt zu werden.«

Morgens lauerten wir dem Postboten auf, und wenn er in einem Hauseingang verschwand, fuhren wir mit seinem Fahrrad weg. Die Post durchsuchten wir nach Briefen von der Bank. Wenn wir eine EC- oder Kreditkarte fanden, stellten wir uns in den nächsten Tagen an der dazugehörigen Adresse auf und fischten das Schreiben mit der PIN aus dem Briefkasten, das immer kurz nach der Karte verschickt wurde.

Eine Zeit lang nannte man mich auch »der arabische Pole«, weil ich besonders geschickt darin war, Portemonnaies aus Taschen zu ziehen. Die Kreditkarten brachte ich zu einem Laden auf dem Ku'damm. Der Laden gehörte einem Türken, der alles annahm, Geldkarten, Handys, Laptops, obwohl er wusste, dass sie geklaut waren. Ich ging rein, wartete, bis die Kunden weg waren, und dann fragte der Verkäufer: »Bruder, was hast du?« – »Zwei Kreditkarten.« – »Was willst du?« – »Zwei, drei Telefone.« Er zog eine der Karten zwei Mal durch und gab mir zwei Handys. Als ich ging, zog er die Karten noch ein paar Mal mehr durch, bis sie gesperrt wurden.

Ich nahm vorzugsweise Motorola-Handys, die man aufklappen konnte, die kosteten 1200 DM das Stück. Mit den Handys zog ich durch die Cafés am Kotti und in der Sonnenallee und quatschte die Gäste an: »Abi, Bruder, brauchst du ein Telefon?« – »Ah ja, komm mal her.« Und schon hatte ich ein paar Hunderter Cash in der Hand. Man musste einfach nur hingehen und fragen. Wer sich schämt, verdient nix.

Am Wochenende gingen alle zum Ku'damm zum Partymachen. Der Ku'damm war krass damals, so nach dem Motto »Wer traut sich da hin?« Die Black Panthers aus dem Wedding hauten die 36 Boys aus Kreuzberg kaputt oder umgekehrt, und an der Gedächtniskirche herrschte eine übertrieben schlimme Dealerei. Da standen 20, 30 Libanesen, die alle für ein oder zwei Hintermänner arbeiteten. Es war wie am Hermannplatz, wo die Leute zischten »Haschisch, Haschisch?«, wenn du an ihnen vorbeiliefst. Nur gab es an der Kirche krasseres Zeug. Junkies gingen dahin, die Kinder vom Bahnhof Zoo und so.

Die Stadt hatte extra einen Sicherheitsdienst eingestellt, der auf dem Ku'damm Patrouille lief. Die Streifen kannte ich alle, denn die waren auch Mhallami. Manchmal lief ich mit ihnen mit, und so lernte ich alle Türsteher in der Gegend kennen. Wenn ich und meine Leute in einen Club gingen, hieß es: »Ey, ihr seid doch die und die!« Wir kamen überall rein.

Damals war die Techno-Welle richtig groß, Love-Parade, Raves und so weiter und natürlich Ecstasy. Am Zoo gab es eine Techno-Disco,, das Linientreu, wo viele Ostpocken hingingen. In der Dönerbude nebenan klauten wir Süßstoff und verkauften ihn den Ossis als Ecstasy-Pillen, ein Teil 25 DM, zwei Teile für 40. Irgendwann sprach sich zwar rum, dass wir nur Mist verkauften, aber es traute sich auch keiner, sein Geld zurückzufordern.

Vorm Linientreu traf ich auch die Glatzen aus dem Zug wieder. Nicht die ganze Truppe, aber den einen, der mir die Schellen verpasst hatte. Was soll ich sagen, es wurde kein schöner Abend für ihn. Ich lachte und dankte Allah, dass er ihn mir vor die Füße gebracht hatte. Und das, obwohl ich längst nicht mehr in die Moschee ging. Auf das Dönergeld von meinem Vater war ich ja nicht mehr angewiesen.

Ein Cousin hatte mir einen Job an der Tür einer türkischen Disco verschafft. Der Chef wollte keine Albaner in seinem Laden. Ich wies sie eiskalt ab, und einem schmeckte das überhaupt nicht. Der kam wieder und sagte: »Ey, können wir kurz mal reden?« Und ich Anfänger war auch noch so dumm und ging mit ihm ein Stück zur Seite. Der Albaner holte direkt sein Messer raus und stach zu. Alles ging so schnell, dass ich gar nichts merkte, bis ich die Klinge in meiner Brust stecken sah.

Für den Job musste ich aufrüsten. Ich kaufte eine Knarre bei dem Mann meiner Cousine, der einem alles besorgen konnte. Schießereien waren damals an der Tagesordnung. Der Club lag in einer 30er-Zone, und du merktest schon, dass was nicht stimmte, wenn ein Auto sich an die Geschwindigkeitsbegrenzung hielt. Auf einmal gingen die Fenster runter und TATATATATA! – da waren wir schon reingesprungen und hatten die Metalltür zugeschlagen. Nach einer Salve stürmten wir raus und gaben den Angreifern noch ein paar Schüsse hinterher. Die Backsteine um die Tür waren durchlöchert.

An der Tür lernte ich Menschen unterscheiden: Es gab die, deren Lippen beim Sprechen wackelten, weil sie voller Adrenalin pumpten – das waren die Ungefährlichen. Und es gab die, die völlig ruhig redeten, ohne jede Emotion – das waren die Gefährlichen, die kamen wieder.

Start-up

Der Junge am Teich war einer, der nicht wiederkommen würde, das spürte ich bei unserer ersten Begegnung. Hinter unserem Haus gab es einen Park mit einem chemiegrünen See, an dem ein kleiner Türke Gras und Hasch vertickte. Momo und ich wussten, dass er niemanden hinter sich hatte, und quatschten ihn an, ob er mit uns feiern gehen will. Auf dem Weg schlugen wir ihn zusammen. Wir zwangen den Jungen, uns seinen Bunker in den Büschen zu zeigen, und nahmen ihm sein ganzes Gras ab. Das war unser Startkapital. Es war ganz einfach: Am nächsten Tag standen wir am Teich, und die Leute wussten, dass wir übernommen hatten. Mit unserer Familie wollte sich keiner anlegen.

Im Sommer hockten wir am Teich, im Winter auf der Wärmefläche, so nannten wir die Gitter im Hof, aus denen warme Abluft strömte. Ich war der Chef und für den Verkauf zuständig, Momo war der Finanzminister, er führte die Gemeinschaftskasse. Momo und ich standen uns am nächsten in der Familie, wir waren nur ein Jahr auseinander und traten überall zusammen auf. Momo war eine extreme Mischung aus Amir und mir: Er war geizig wie Amir und aufbrausend wie ich. Als ein Stammkunde mal nicht flüssig war, sagte ich »Is okay, beim nächsten Mal« – und Momo flippte aus: »Wie kannst du so was sagen, die gewöhnen sich daran!« Mein Bruder liebte das Geld. Er hatte alle Summen bis auf die letzte Stelle hinterm Komma im Kopf. Wenn ihm jemand etwas schuldete, kannte er keine Gnade: »Du bringst mir das heute, is mir scheißegal wie!« Mit Momo war echt nicht zu spaßen.

Das Problem war, an Nachschub zu kommen. Unser Angebot wurde knapp, und die Nachfrage war groß. Wir probierten alles Mögliche aus. Erst mal quatschten wir andere Dealer an, die wir vom Sehen kannten. Ich ging zu dem Typen mit der fetten Goldkette, der mir bei unserem Einzug aufgefallen war, und kaufte ihm etwas ab. Momo ging in eine Klasse mit dem kleinen Bruder eines türkischen Großdealers, und so kriegten wir immer ein paar Hundert Gramm zusammen, allerdings für einen dreckigen Kurs: 8000 DM für ein Kilo – ein Gramm verkaufte man damals für maximal 15 Mark, da blieb nicht sehr viel Gewinn übrig.

Die bessere Variante war natürlich abziehen. Ramy, der Kiffer, kaufte ab und zu bei einem Jungen am Stadtrand und wusste, dass der sein Fenster immer offen stehen ließ. Dessen Vater war bei den Hells Angels, aber das schreckte uns nicht ab. An einem Morgen, als keine Motorräder in der Einfahrt parkten, drückte Ramy das Fenster auf und stieg ein, ich hielt draußen Wache. Fünf Minuten später reichte er mir einen großen Stoffbeutel an und sagte: »Ich bring noch zwei«. Ramy, der Fuchs, hatte eine Kamera eingepackt, eine Playstation, Tupperdosen mit fetten Haschriegeln drin, insgesamt bestimmt zwei Kilo, ein bisschen Gras und Bargeld. Später hörten wir, dass die Hells Angels uns mit Pump Guns suchten.

Doch wir hatten immer noch dasselbe Problem: Wir waren zu viele Zwischenhändler von der Quelle entfernt. Richtig ins Geschäft kamen wir erst, als ich mich traute, den Mann meiner Cousine anzusprechen. Ich wusste, Tamir hatte Connections, aber ich zögerte, weil ich Schiss hatte, dass meine Cousine quatschen und mein Vater erfahren würde, was wir machten. Aber dann gab ich mir einen Ruck – wie gesagt: Wer sich schämt, verdient nix.

Tamir öffnete die Tür. Er und Sarah hatten sechs Kinder und eine Vierzimmerwohnung in einer Sozialbausiedlung in

Neukölln, die Spinne genannt wurde, weil die Häuser wie ein Netz angeordnet waren. In der Spinne wohnten nur Araber. Das Wohnzimmer von Tamir und Sarah bestand aus Bergen von Klamotten, dazwischen Männer, Frauen und Kinder, die die Berge durchwühlten. Tamir klaute bei C&A Hosen, Pullis und T-Shirts jeglicher Größe. Er ging mit zehn Leuten rein, die luden sich so viel auf, wie sie tragen konnten, einer wartete draußen und haute dem Security-Mann mit einem Stock auf den Kopf, der schrie rum und alle raus und weg. Die Sachen verkauften Tamir und Sarah in ihrer Wohnung zum halben Preis. Jeder in der Familie wusste das. Wer neue Klamotten für die Kinder brauchte, rief erst mal Tante Sarah an.

Tamir haute direkt ein ganzes Kilo auf den Tisch, ein fetter Batzen Gras, vakuumverpackt. »Reicht das fürs Erste?« Ich bemühte mich, cool zu bleiben, und nickte nur kurz.

Die Nacht verbrachten Momo und ich mit unserer Feinwaage im Keller. Wir teilten den Haufen und packten ihn in Plastiktütchen ab, zu ein, drei oder fünf Gramm, bestimmt 700 Dinger insgesamt. Tamir gab uns das Kilo zum Familienpreis, für 6 500 DM. Wenn wir 15 DM für ein Gramm nahmen, machten wir 8,5 DM Gewinn, also 8 500 DM insgesamt. Und das Beste war, er gab uns die Ware auf Kombi. Wenn er eine Lieferung von 30 Kilo kriegte, wollte er die nicht lange bei sich liegen haben, wäre blöd, falls die Bullen mal vorbeischauten. Ein Dealer nahm 15 Kilo ab, ein anderer zehn, die restlichen fünf musste er auch noch schnell loswerden, also gab er sie uns umsonst, und wir durften die Kohle später zahlen, wenn wir das Gras umgesetzt hatten.

Momo und ich gründeten unser erstes eigenes Business und stellten Läufer an, kleine Jungs aus der Nachbarschaft, die sich für uns an den Teich stellten. Wenn es gut lief, machten wir 5 000 DM die Woche – so viel kriegte mein Vater vielleicht in einem Monat zusammen.

An einem Abend kamen mein Bruder und ich nach Hause, da saß er auf unserem Bett. Momo und ich erstarrten im Lauf. Unser Vater hielt uns ein Plastiktütchen entgegen. »Was kostet das, wenn ich das bei euch kaufe?« Mir fiel das Herz in den Magen. Er hatte unseren Vorrat unter dem Teppich gefunden, bestimmt 150 Dinger. Weder ich noch Momo sagten etwas. »WAS KOSTET DAS???«, brüllte er. Ich hielt seinem Blick nicht stand und senkte den Kopf. Momo ging als Erster unter den Schlägen nieder. Als er mit uns fertig war, befahl er uns, ihm ins Bad zu folgen. Vor unseren Augen riss er jedes einzelne Tütchen auf und schüttete das Gras ins Klo. Ich schämte mich zu Tode. Drogen waren *haram* und dealen – das kam für meinen Vater einer Todsünde gleich.

Von da an standen wir unter Beobachtung. Mein Vater fuhr jetzt oft am Teich entlang und hielt nach uns Ausschau, das schreckte die Kunden ab. Ungefähr zur gleichen Zeit wurde Momo auch noch von den Bullen erwischt. Die suchten ihn, weil er irgendwen geschlagen und der ihn angezeigt hatte. Die Bullen waren erst zur Schule gefahren und wollten ihn da cashen, aber sie fanden ihn nicht, weil Momo mal wieder schwänzte. Am Nachmittag ging er ihnen dann zufällig ins Netz. Er lief gerade die Straße runter, als eine Streife vorbeikam und ihn erkannte. Blöderweise hatte mein Bruder eine Lieferung für den Teich in seinem Rucksack, gut 150 Gramm. Er bekam Strafstunden in einem Altersheim, und wir dachten, es wäre besser, mal eine Zeit lang die Füße stillzuhalten. An Aufhören dachten wir nicht, wir hatten ja gerade erst angefangen. Vor meinem Vater schämte ich mich zwar, aber die Scham saß zu Hause, ich war auf der Straße.

Schnelles Geld

Unser Revier verkauften wir an Palästinenser aus dem Kiez, drei Brüder, einer von denen ging an einer Krücke, »Kamil Krücke« hieß der. Kamil war ein kranker Typ, er hat mal einen halb totgeschlagen mit seinem Stock. Die Palästinenser gaben uns ein Kilo Hasch für den Teich und die dazugehörige Handynummer. Momo und ich dealten nicht mehr selbst. Wir bauten uns eine neue Handynummer auf und verkauften nur noch groß weiter an Kleindealer, ein bis zwei Kilo die Woche.

Jetzt, wo wir einen Ruf hatten, ploppten die Gelegenheiten für schnelles Geld quasi von alleine vor uns auf. Zum Beispiel die Schuldeneintreiber-Nummer: Ich chillte mit Amir und Momo im Freibad, als eine Frau von den Berliner Bäderbetrieben uns ansprach. Sie kam direkt auf den Punkt. »Mein Freund kriegt von jemandem Geld, und der gibt's ihm einfach nicht. Könnt ihr da vielleicht mal nachhelfen?« Ich: »Wie viel is'n das?« – »90000 Mark.« – »90000?!?« – »Ja, mein Freund ist im Stahlhandel… das ist eine Firma in Süddeutschland.«

Die Firma war richtig weit weg, am Ende von Deutschland. Wir fuhren direkt vom Schwimmbad hin, mit nassen Haaren und 220 km/h die Autobahn runter. In der Firma stellten wir uns als Stahlhändler vor. Der Chef war gerade nicht da. Wir hinterließen unsere Nummer und drehten eine Runde durchs Dorf, da rief er auch schon zurück. Amir laberte ihn voll von wegen wir wollen Stahl exportieren nach Dubai und so einen Quatsch, die richtigen Ausdrücke kannten wir ja von unserem Vater. Der Typ wurde heiß und lud uns gleich in die Chefetage ein.

Die Sekretärin führte uns rein. Er stand auf und gab mir die Hand, da riss ich ihn von seinem Tisch weg, setzte mich auf seinen Stuhl und legte die Beine hoch. Die ganzen Mafia-Filme, die ich mir reingezogen hatte, erwiesen sich in diesem Moment als nützlich. Ich guckte ihm tief in die Augen und sagte: »Wir kriegen 90000 Mark von dir, und du weißt genau warum.« Der war so ein Solariumsgebräunter, aber in dieser Sekunde wurde er weiß wie eine Leiche. Er wusste sofort Bescheid. »Gebt mir eine halbe Stunde«, stammelte er. »Niemals, du hast keine halbe Stunde. Wir sind hierhergekommen, um in deinen Arsch zu treten!« Ich erzählte ihm, dass wir genau wüssten, wo er wohnt und wie weit die nächste Bank von seinem Haus entfernt sei. Er bettelte uns an, dass wir seiner Familie nichts sagen sollten. Dann fuhren wir mit ihm nach Hause, und er holte echt 85000 DM aus seinem Safe. Den Rest erließen wir ihm großzügig. Ich muss wohl nicht lange erklären, dass die Bademeisterin keinen Pfennig von uns gesehen hat. »Wir rufen dich an«, hatten wir gesagt. Das machten wir natürlich nicht. Der Einzige, der eine Handynummer von uns hatte, war der Stahlchef, aber das war nur ein Wegwerfhandy. Die Beute gehörte uns alleine.

Wenn wir ein Ding gedreht hatten, tauchten wir erst mal ein paar Tage ab: Im Tropical Islands in Brandenburg pennten wir in Bungalows am künstlichen Strand. Oder ich ging in den Swingerclub, da konntest du auch essen und trinken, und wenn du Bock hattest, ne Oma nehmen. Wenn der Türsteher dir den Zutritt verweigerte, weil du alleine warst, gabst du ihm nen Dusi in die Hand, und dann konntest du mal gucken, wie schnell du reinkamst. Geld machte attraktiv. Im Stripclub war ich der Hahn im Korb. Das Tutti Frutti war rappelvoll, aber alle Weiber saßen bei mir. Ich machte ein bisschen Show, schmiss den Stripperinnen Scheine hin, zack, zack, zack, machte mir nen Joint an und den Frauen Flaschen auf, nahm ein paar

Weiber mit aufs Zimmer, ging Steaks essen und lud alle ein.

Wir waren 16, 17 Jahre alt, und unsere Taschen waren voller Geld. Mein Handy war immer das neueste, die Lederjacke von Boss, der Pullover Carlo Colucci. Schuhe trug ich nie länger als eine Woche. Mein erstes Auto war eine S-Klasse, dunkelgrün metallic. Momo und ich bezahlten den Mercedes aus der Gemeinschaftskasse. Neu kostete der Wagen über 100 000 DM, wir kriegten ihn bei einem Autohändler im Wedding fast wie neu für 45 000. Der Verkäufer wollte unbedingt einen Führerschein sehen, also schleppten wir Onkel Suleiman mit, der vier Jahre älter war als ich und sich ein bisschen zierte, weil er mit unseren Geschäften nichts zu tun haben wollte. Wir gaben ihm die Kohle, und er kaufte das Auto auf seinen Namen. Den Führerschein lieh ich mir von ihm, das fiel auch nie auf, denn Suleiman sah fast genauso aus wie ich.

Die S-Klasse war ein Traum. Die Sitze waren superbreit, und alles roch ganz fein nach Leder. Ich wollte gar nichts anfassen am Anfang, ich habe nicht mal geraucht, keiner durfte rauchen in unserem neuen Auto.

Ich hatte es geschafft. Ich musste nichts mehr beweisen, mein Auftreten sprach für sich. Jetzt war ich der Typ mit der fetten Goldkette, der so breit ging. Ich hatte mir das massivste Modell gekauft, die »Königskette«. Die Leute senkten den Blick, wenn ich sie anguckte. Ich war untouchable.

Jeder im Viertel wollte so sein wie ich. Auf unserem Platz scharrten sich ein paar Dutzend Kinder um mich. »Ihr seid meine Bodyguards«, rief ich ihnen zu, dann fühlten sie sich groß. Manchmal gab ich ihnen zehn DM, »hier, kauft euch eine Tüte Wassereis!« – du brauchtest ja Leute, die dir Infos steckten (»Der und der will dir was«), oder neue Läufer.

Als Amir und ich einmal durch Kreuzberg liefen, kam uns

ein alter Lehrer aus dem Kaff in Süddeutschland entgegen, der gerade auf Klassenfahrt in Berlin war. Amir erkannte ihn gleich und sprach ihn an. Wir verabredeten uns für den Abend in einer Kneipe. Der Lehrer trank Bier, wir Cola. Er wollte natürlich wissen, was wir jetzt machten. »Wir haben ne Baufirma gegründet«, log ich. Ich wollte ihm zeigen: »Guck, du kleiner Pisser, wir haben es geschafft, obwohl du nie an uns geglaubt hast.« Als die Rechnung kam, nahm er sie gleich gönnerhaft an sich. »Lassen Sie gut sein, das geht auf mich«, sagte ich und legte einen fetten Batzen Scheine auf den Tisch. Der Lehrer machte solche Augen und sagte gar nichts mehr.

Die Sache mit der Ehre

Der Ruf der Familie

Mein Vater trauerte meiner Mutter noch Jahre hinterher. Ich glaube, er hat sie nie vergessen, aber er hat sie ersetzt – beziehungsweise meine Oma, die alles anleierte. Eine weit entfernte Verwandte kam zu Besuch und fragte: »Wollt ihr den Ahmad nicht mal wieder verheiraten? Ich kenne da eine, die ist gut, die wird auf seine Kinder aufpassen.« Meine Oma stimmte zu, und so nahm die Sache ihren Lauf.

Fadia stammte aus einer der größten Clan-Familien in Deutschland. Sie war zehn Jahre jünger als mein Vater und wieder frei, weil sie keine Kinder kriegen konnte. Das ist echt hart bei uns: Als Mann hast du das Recht, dich scheiden zu lassen, wenn die Frau unfruchtbar ist, weil du dich ja fortpflanzen willst. Dann ist dir auch keiner böse, wenn du sie verlässt. Der Hauptsinn der Ehe ist, die Familie zu erweitern und Söhne zu kriegen, die den Stammbaum fortführen. Mein Vater hatte bereits drei Söhne und brauchte sich nicht mehr fortzupflanzen, aber eine Frau, die ihm den Haushalt abnahm, also passte das. Eine Zweckheirat eben, das war so üblich.

Heiraten ist ständig Thema bei uns. Man ist bei einem Onkel eingeladen, und der sagt: »Ach, eure Kinder sind ja schon groß, wann verheiratet ihr sie denn?« Wenn jemand geheiratet hat und man nicht dabei war, gucken die Frauen das Hochzeitsvideo, das das Paar an die engsten 50, 60 Verwandten schickt. Die Mütter ziehen einen vor den Fernseher und sagen Sachen wie: »Guck mal, die ist so hübsch! Sie soll gut und vernünftig sein … sie arbeitet viel mit zu Hause …«

Hochzeiten sind ein richtiger Heiratsmarkt. Die Feiern sind eine der wenigen Gelegenheiten, bei der die Mädchen hübsch angezogen das Haus verlassen dürfen und man sie alle auf einen Schlag zu sehen kriegt. Die verheirateten Frauen hocken zusammen und besprechen die Qualitäten der unverheirateten Frauen: gute Hausfrau, nicht zickig, liebevoll, vernünftig, religiös erzogen, ehrenhaft – also in dem Sinne, dass sie noch Jungfrau ist.

Ehre ist der Knackpunkt bei der ganzen Sache. Unsere Kultur ist eine, die sehr auf das Ansehen achtet. Dadurch, dass wir eine Dorfgesellschaft sind, guckt jeder auf den anderen. Das hat sich in den ganzen Jahren nicht verändert. Im Libanon waren alle zusammen und vernetzt, in Deutschland sind alle zusammen und vernetzt – und alle lästern übereinander. Ein guter Ruf bedeutet alles, und der Ruf der Familie steht über den Wünschen des Einzelnen.

Ein Kind zieht nicht aus, bevor es nicht geheiratet hat. Alleinsein ist keine Option, denn das würde bedeuten, dass man ein unehrenhaftes Leben führt. »Was will der Junge denn allein zu Hause, der kann ja nur dreckig sein, der will bestimmt rumhuren« – das ist die Einstellung. Du kannst nicht selbst entscheiden, wie dein Leben weitergeht und was du machen willst. Also, als Mann kannst du das mit Einschränkungen, als Frau hast du keine Wahl. Wobei sich das auch langsam verändert: Bildung wird inzwischen als etwas Gutes angesehen, auch für Mädchen, und eine Frau, die studieren will, ist nicht automatisch eine Hure. Das ist die alte Mentalität. Eine Tante meiner Frau hat mal gesagt: »Alle Kinder, die studieren, sind schlechte Kinder.« Ich fragte sie, wie sie darauf kommt. »Na, wir sehen das doch, die Jungen haben alle Freundinnen und verlassen ihre Frauen, und die Mädchen verkehren mit fremden Männern!« Für sie war ein Studium und alles, was damit zusammenhing, Teufelszeug.

Früher gab es auch noch mehr Zwangsheiraten als heute. Schon bei der Geburt machten die Eltern aus, dass ein Cousin und eine Cousine heiraten werden, und dann trichterten sie ihnen das von klein auf ein. Auf Hochzeiten steckte man sie in ein weißes Kleidchen und in einen Minianzug, machte dumme Fotos und Witze und zelebrierte schon die spätere Heirat der beiden. Alle dachten »oh, wie süß«, aber im Endeffekt war das Gehirnwäsche. Ich kenne einen, der seine Cousine heiraten musste, die war dick und fett und drei Köpfe größer als er. Der war sein Leben lang todunglücklich. Nach 30 Jahren hat er eine andere geheiratet, mit der Begründung, dass seine Frau ihm keinen Sohn geschenkt hatte. Aber das war nur ein Vorwand für ihn, um endlich aus diesem Gefängnis auszubrechen.

In der Regel sind unsere Ehen arrangiert. Dem Mädchen wird einer vorgestellt, und dann darf sie »ja« oder »nein« sagen. Selbst aussuchen ist die Ausnahme. In jedem Fall hält man den offiziellen Weg ein, mit Um-die-Hand-anhalten und warten bis zur Hochzeit. Beziehungen vor der Heirat gibt es nicht. Zumindest nicht offiziell, das wäre ein schwerer Verstoß gegen die Sitten.

Traditionell ist es so, dass wir nur Muslime heiraten. Für uns ist das Standesamt uninteressant, das ist einfach nur ein Termin. Die islamische Ehe ist das, was zählt. Und das eigene Blut. Eine »Mischlingsehe« zum Beispiel mit einer Türkin wäre unter den Mhallami verpönt. Man will schon bei seinem eigenen Stamm bleiben. Für mich wäre etwas anderes nie infrage gekommen.

Außerdem gilt: Wir heiraten nur Jungfrauen. Heirate ich eine und merke hinterher, sie ist keine Jungfrau mehr, gebe ich sie direkt wieder bei ihren Eltern ab und hole mir meine ganze Knete und mein Gold zurück. Man heiratet nur eine, die einen sauberen Ruf hat und über die keiner schlecht reden kann. Also wählt man eine Frau, die eine saubere Mutter hat, keine Hure. Man heiratet eine, die gläubig ist (gut, da achtet jetzt auch nicht jeder drauf, manche nehmen auch welche, die angezogen sind, als würden sie auf den Strich gehen). Jedenfalls heiratet man keine faule, sondern eine, die auch den Haushalt führen kann. Eine, die nicht karrieregeil ist. Wenn die Frau arbeiten will, ist das für mich kein Problem. Aber für manche Männer geht das gar nicht. Ich denke, das hat mit dem Selbstbewusstsein zu tun. Männer, die ein geringes Selbstbewusstsein haben, sind oft extrem eifersüchtig, deswegen lassen sie ihre Frauen auch nicht arbeiten gehen, denn da könnten sie ja mit fremden Männern reden.

Die weiblichen Mitglieder der Familie darf keiner antatschen. Man sagt, die Frauen sind unser Stolz. Das ist bestimmt auch religiös begründet: Die muslimische Frau soll ja Kopftuch tragen und ihre Haare nur im Familienkreis zeigen. Ab der Pubertät dürfen die Mädchen nicht mehr ins Wohnzimmer, wenn Besuch da ist, denn sie sollen sich nicht fremden Männern zeigen. Zu einer Frau, die allein zu Hause ist, hat kein Mann reinzugehen, nicht mal ein Handwerker.

An der Frau hängt die Ehre der Familie. Wenn sie sich falsch verhält, beschädigt sie alle. Als ehrlos gilt, wenn ein Mädchen einen Freund hat oder einfach so lebt, wie sie leben will. Unsere Kultur ist ziemlich ungerecht: Männer dürfen fremdgehen, Frauen nicht. Wenn eine Frau mit einem anderen Mann auf der Straße gesehen wird, wird schlecht über sie geredet, auch wenn die sich nur unterhalten. Aber wenn ein Mann mit einer fremden Frau im Auto sitzt, heißt es, »der wollte ihr bestimmt nur beim Einkaufen helfen oder so«. Ein Junge darf die ganze Nacht unterwegs sein und kriegt auch noch Geld zum Partymachen. Ich kenne einen Vater, der hat mal einem Türsteher Ärger gemacht, weil der seinen Sohn nicht in die Disco gelassen hatte. Aber wehe, ein Mädchen würde sich trauen, alleine rauszugehen.

Ein sogenannter Ehrenmord würde in meiner Familie nicht vorkommen, meine Verwandten sind da schon weiter, ich sag mal gebildeter. Aber es gibt sehr viele ungebildete Menschen, denen wichtiger ist, was die anderen über sie denken, als das eigene Glück. Fremdgehen in der Ehe zum Beispiel wäre ein Anlass für einen Mord an der eigenen Tochter oder Schwester.

Ich kenne einen, der seine Schwester umgebracht hat. Er ist sein Leben lang nicht mehr glücklich geworden. Er ist ein gebrochener Mensch, und ich glaube, er bereut extrem, was er ihr angetan hat. Aber das wird er mit ins Grab nehmen. Er würde sich niemals hinstellen und sagen: »Ich bereue, was ich getan habe.« Es geht immer darum, dass das Umfeld nicht schlecht über einen redet. Das ist das Wichtigste. Was sagen die anderen, was erzählen die Leute? Das fängt schon im Kleinen an: Bei Hochzeiten gibt man den Frauen zuerst zu essen, damit sie satt und zufrieden sind und nicht anfangen zu lästern.

»Ehrenmord« ist für mich eine Sache, die nichts mit Ehre zu tun hat. Die Welt wird dadurch nicht besser, die Schwester wird dadurch nicht besser. Man will nur vor den anderen Leuten gut dastehen. Man will das Gesicht wahren, man will den

Ruf verteidigen. Dabei bringt man Unglück über die Familie. Aber der gesellschaftliche Druck ist sehr hoch in dieser Sache, das aufeinander Gucken. Und am Ende überwiegt das Ansehen in der Gemeinschaft.

Von klein auf wird dir gesagt: »Pass auf deine Schwester auf!« Keiner sagt dir: »Pass auf deinen Bruder auf!« Ich weiß nicht, warum das so ist, dieses verdammte Konzept. Ich bestimme doch meine Ehre selbst, nicht meine Schwester, Frau oder Tochter. Aber früher habe ich anders gedacht. Ich kontrollierte meine Schwester. Wenn ich Yussra auf der Straße sah, guckte ich genau, mit wem sie unterwegs war. »Wo gehst du hin?« – »Eis essen.« – »Wer kommt mit?« – »Nur Mädchen.« – »Okay.« Ich spionierte ihr zwar nicht nach, aber hätte ich etwas rausgekriegt, hätte es Ärger gegeben. Yussra musste immer zu Hause sein, bevor es dunkel wurde. Ich und meine Brüder gingen da erst aus dem Haus. Meine Schwester war das Prinzesschen der Familie. Dabei konnte sie echt gut austeilen und nutzte aus, dass wir sie nie zurückschlugen. Die meiste Zeit war Yussra mit meinem Vater zu Hause. Als dann meine Stiefmutter kam, passte die auf sie auf.

Auf Brautschau

Nach der zweiten Hochzeit meines Vaters zogen wir in das Haus, in dem auch meine Großeltern und Onkel Suleiman wohnten. Als ich 18 wurde, schob meine Stiefmutter die Heiratsplanung an. »Willst du heiraten?«, fragte sie mich. Ich sagte »ja«, eine andere Antwort auf diese Frage kannte ich nicht. So schnell konnte ich gar nicht gucken, da war die Videokassette schon drin. Filme von Hochzeiten waren so etwas wie unser Tinder: Man sah ein paar Bilder und konnte die vorgestellten Mädchen entweder ablehnen oder »liken« – aber nach dem ersten Date musste man sie heiraten.

Ich wollte heiraten, weil das alle machen. Jeder Mann in der Familie sucht sich eine Frau – und die meisten suchen in der Familie. Bei uns sagt man, dass man die Eltern mitheiratet, und dann ist es praktisch, wenn man die schon kennt und sich gut mit ihnen versteht. Wenn die Eltern gut sind, sind die Kinder auch gut, ist der Gedanke. Es gibt Familien, die heiraten fast nur untereinander. Ich war mal bei einer Familie, in der nur Cousins und Cousinen heiraten. Deren Kinder waren alle behindert, sie lagen sabbernd auf dem Boden. Zu nah und zu oft in der Familie ist also auch nicht gut. Bei uns muss die Frau nicht zwingend aus der eigenen Familie kommen, aber aus einer Mhallami-Familie.

Meine Stiefmutter hielt nach Töchtern in meinem Alter Ausschau, und mein Opa überprüfte die Auswahl. Mein Opa war bei der Brautschau besonders streng. Ständig kam er mit alten Geschichten aus dem Dorf an: »Deren Großmutter hatte ein Verhältnis vor ihrer Ehe!« zum Beispiel – und das ging gar nicht. Alte Sünden, selbst wenn sie Generationen zurücklagen, waren ein klares Ausschlusskriterium. Die Haltung von meinem Vater dagegen war einfach: »Wir verheiraten Khalil mal besser, damit er nicht noch tiefer abrutscht.«

Die erste Kandidatin sah ich selbst live und in Farbe auf einer Verlobungsfeier. Sie trug Kopftuch, hatte dunkle Haut und einen übertrieben schönen Körper. Andere sagten: »Bah, ist doch eklig, ne Schwarze!«, aber ich fand sie gut. »Die ist hübsch, die will ich haben«, sagte ich zu meiner Stiefmutter. Fadia wusste sofort, wer sie ist, denn sie kannte ihre Mutter. Die Familie stammte auch aus unseren Dörfern. Meine Stiefmutter rief gleich die Mutter des Mädchens an und machte ein Treffen aus.

Der Ablauf der Brautsuche ist immer gleich: Man macht einen ersten, inoffiziellen Besuch, damit sich der Junge und das Mädchen einmal sehen können. Danach wird das Mädchen gefragt, ob sie ihn will. Bei diesem ersten Treffen geht man noch nicht mit der ganzen Mannschaft hin, nur mit einem Undercover-Forschungstrupp, damit nicht die ganze Familie blamiert dasteht, falls der Junge einen Korb kriegt. Nach dem Besuch hat das Mädchen dann ein bis zwei Wochen Zeit, um zu überlegen.

Zu meinem ersten »Date« fuhr ich mit meinem Vater und meiner Stiefmutter. Ich war total aufgeregt. Wir saßen bei der Familie im Wohnzimmer, Berliner Altbau, kackbraune Sitzlandschaft, Schrankwand Eiche rustikal. Unsere Eltern redeten über alles, nur nicht über Hochzeiten, die Kinder sollten sich ja in Ruhe beschnuppern können. Samira und ich saßen nebeneinander und durften uns sogar unterhalten. Mir fiel allerdings nichts ein außer: »Welche Schule bist du?« Samira machte gerade Abitur. Sie checkte sofort, dass ich so ein kleiner Ungelernter ohne Abschluss war, und das turnte sie ab.

Ihre Familie ließ uns zwei Wochen auf die Antwort warten. Die Zeit vertrieb ich mir im Jugendclub. Ich saß mit Momo, Ramy und Ibo in unserer Sitzecke, als Jenny reinkam. Jenny trug eine kleine, rote Aidsschleife an der Jacke, das war damals noch neu, und wir wussten nicht, was der Anstecker bedeutete. Aber ein Sozialarbeiter. »Hast du Aids?«, fragte er sie. Und Jenny antwortete: »Ja.«

Totenstille. Niemand sagte mehr was. Die Jungs und ich sahen unsere eigenen Gräber vor uns. Alle im Jugendclub hatten Sex mit Jenny gehabt, und alle hatten sie verarscht;

hatten ihre Liebe geschworen und sie danach sitzen lassen. Wahrscheinlich wollte sie uns einen Schreck einjagen. Ramy startete eine Telefonkette im Kiez: »Ey, Jenny hat Aids!« Abends lag ich in meinem Bett und betete. »Lieber Gott, bitte, ich will kein Aids, ich verzichte auch auf Samira, aber bitte mach, dass ich kein Aids hab!« Am nächsten Morgen ließ ich mich testen. Vier Tage später rief die Praxis an. »Herr O., die Ergebnisse sind da, die Frau Doktor würde gern mit Ihnen sprechen.« Mir lief es eiskalt den Rücken runter. Das konnte nur Schlechtes bedeuten. Ich ging zur Praxis, und die Ärztin fragte mich: »Was machen Sie, wenn Sie Aids haben?« Ich: »Ich weiß es nicht. Ist jetzt mein Leben zu Ende?« Frau Doktor hielt mir eine Standpauke: »Sie haben kein Aids. Seien Sie froh, es hätte auch anders kommen können! Benutzen Sie gefälligst Kondome!« Das habe ich dann auch manchmal gemacht.

Eine Woche später rief Samiras Mutter meine Stiefmutter an und sagte, dass Samira mich nicht heiraten will. Das war hart. Nicht so hart wie die Abfuhr von Sabrina, damals im Dorf, unter der Kastanie – die war härter. Doch es kratzte schon am Ego, ganz ehrlich.

Die zweite Kandidatin wählte meine Stiefmutter für mich aus. Das Mädchen war eine entfernte Verwandte von uns, außerdem galt sie als gläubig und sehr fleißig, und das gefiel meinen Eltern. Mir dagegen gefiel sie gar nicht, sie hatte riesige Füße. Meine Kategorien waren »hübsch« und »hässlich«. Andere hatte ich nicht, denn es gab ja kein richtiges Kennenlernen. Du sahst die Frau nur kurz von außen und wusstest nichts über sie, außer den paar Stichwörtern, die deine Eltern dir gaben. Und deren Kriterien waren nicht unbedingt deine eigenen.

Das Mädchen mit den Quadratlatschen wohnte in einem Flüchtlingsheim irgendwo im Osten von Berlin. Die Familie war noch nicht lange in Deutschland und lebte prekär. Alles war schmuddelig, und die Möbel hatten angeschlagene Ecken. Unsere Eltern und ich saßen im Wohnzimmer, das Mädchen in der Küche. Zwei Mal ging die Tür auf, und sie brachte Tee und Kaffee rein. Mehr kriegte ich von ihr nicht mit. Reden durften wir nicht. Ihre Eltern waren sehr konservativ, sie dachten wahrscheinlich, wenn ihre Tochter mit einem Mann gesehen wird, haben sie gleich einen schlechten Ruf weg, und allein auf einem Zimmer durften wir schon gar nicht sein, da konnte viel zu viel passieren. Also, den Riesenfuß lehnte ich ab. Aber aller guten Dinge sind ja drei.

Einige Monate später legte meine Stiefmutter mal wieder ein Video von der Hochzeit irgendeines Onkels ein und drückte nach zwei Minuten auf »Stopp«. Auf dem Fernseher flimmerte ein Mädchen in einem silbernen Paillettenkleid. »Diese Frau«, sagte Fadia, »ist die beste in meiner ganzen Familie.« Marwa war die jüngste Cousine meiner Stiefmutter und erfüllte alle Eigenschaften, die von einer Ehefrau erwartet wurden: vernünftig, nett, redet nicht viel, fängt keinen Streit an, gibt sich schnell zufrieden. Ich fand, sie sah gut aus, und damit war mein Anspruch erfüllt.

Marwas Familie lebte in einem Flüchtlingsheim in einer Kleinstadt in Nordrhein-Westfalen. Ihre Leute stammten auch aus einem Mhallami-Dorf, hatten sich nach dem Ersten Weltkrieg aber plötzlich in Syrien wiedergefunden – die türkisch-syrische Grenze war damals durch unsere Gegend gezogen worden. Als sie Anfang der 90er-Jahre nach Deutschland gekommen war, war die Flüchtlingspolitik viel strenger als bei der Ankunft meiner Familie. Marwas Verwandte hatten ihre Ausweise entweder versteckt oder verbrannt, weil sie sonst abgeschoben worden wären. Der Vater log die Behörden an und behauptete, sie wären Kurden aus dem Libanon, um ihre Chance auf eine Aufenthaltserlaubnis zu verbessern. Alle machten das damals so. Die Nummer flog später auf, als einige Leute anfingen, sich gegenseitig zu verraten, und die Ausländerbehörde auf Razzia ging. Ein Großonkel von Marwa muss von irgendwem aus der Familie angeschwärzt worden sein: Eines Morgens stürmte die Bullerei seine Wohnung, ging direkt zur Kühltruhe und schlitzte eine Packung eingefrorene Fladenbrote auf – zwischen den Broten hatte der Onkel seinen syrischen Pass versteckt. Was genau mit ihm passiert ist, weiß ich nicht, aber ich schätze mal, dass sie ihn in den nächsten Flug zurück nach Beirut verfrachtet haben.

Bei Marwas Vater fanden sie nichts. Weil er bei der Behörde keine Papiere vorzeigte und sich standhaft weigerte, welche zu besorgen, bekam die ganze Familie nur Duldungen. Seit zehn Jahren lebten die Eltern, Marwa und ihre neun Geschwister schon in dem Flüchtlingsheim. Sie kriegten keine Arbeitserlaubnis, und die Schulpflicht galt auch nicht für sie. Es war also keine Behörde hinterher, dass die Kinder zur Schule gingen und die Eltern sowieso nicht. Die schliefen bis mittags und lebten von Sozialhilfe. Marwas Vater mietete mal einen Dreieinhalbtonner und verkaufte Gemüse und arabische Lebensmittel vor Flüchtlingsheimen, aber sonst machte er nichts.

Für die Reise nach NRW hatte ich einen 3er-BMW gemietet. Ich freute mich mehr auf die Fahrt als auf das Ziel. Mein Vater, Momo und meine Stiefmutter kamen auch mit. Ich raste mit 250 km/h die Autobahn runter zu den Eltern von Fadia, die auch dort in der Nähe wohnten. Wir übernachteten bei ihnen und fuhren am Sonntagmittag ins Asylantenheim, ein schäbiger 50er-Jahre-Bau mit einem Parkplatz davor, der voller Menschen war – Afrikaner, Araber, alles gemixt. Die zwölfköpfige Familie bewohnte fünf armselig eingerichtete Zimmer, denen man ansah, dass die Einrichtung vom Sperrmüll kam.

Marwa war nicht da. »Die Mädchen sind noch im Islamunterricht«, sagte ihre Mutter. Fadia stieß mich an. Ich könne sie doch zusammen mit dem ältesten Bruder von der Koranschule abholen. Gute Idee, dachte ich, da konnte ich gleich schon mal Eindruck machen mit meinem BMW. Marwas Bruder und ich saßen vorn, Marwa und ihre beiden Schwestern setzten wir auf die Rückbank. Die drei trugen Kopftücher und lange Stoffröcke, so richtig altmodisch. Sie hatten einen verrückten Onkel, der ihnen die Hosen zerriss, wenn er sie in Jeans erwischte. Hosen waren für Frauen tabu.

Ich war so nervös, dass ich kein Wort rauskriegte. Marwa ahnte noch nichts, denn offiziell war das ein normaler Besuch von meiner Stiefmutter bei ihrem Onkel. Im Flur stand ein Esstisch, an dem die Frauen zusammensaßen, die Männer hatten sich im Wohnzimmer breitgemacht. Als wir zurückkamen, guckte mein Vater mich an und sagte: »Na wie sieht's aus, wollen wir den Mercedes kaufen?« Am Vortag waren wir bei einem Gebrauchtwagenhändler gewesen, der einen goldenen Mercedes im Angebot hatte. Aber der Mercedes war nur ein Code, eigentlich meinte mein Vater Marwa, doch das checkte ich nicht. »Ja, unbedingt!«, antwortete ich.

Später holte meine Stiefmutter mich aus dem Wohnzimmer und ging mit mir auf den Parkplatz. »Und, gefällt sie dir?«, fragte sie. Mir war die Situation unangenehm. »Lass uns später in Ruhe reden, wenn wir alleine sind mit meinem Vater.«

Fadia wurde ungeduldig. »Marwa wohnt weit weg von Berlin, und wir können nicht die ganze Zeit hin und her fahren. Ich muss ihre Mutter jetzt fragen, entscheide dich!« – »Okay, ja … gut.« – »Gefällt sie dir denn?« – »Ja, schon …« Fadia lächelte zufrieden und ging wieder rein.

Die Frauen kochten Hühnchen mit Reis, die Männer erzählten sich Witze, und ich hatte Schweißausbrüche. Was, wenn ich wieder eine Klatsche kriegte? Wenn Marwas Brüder mich auslachten? »*Du* willst unsere Schwester? Die bekommst du aber nicht!« Ich zählte die Minuten, bis ich wieder auf die Autobahn konnte. Nach dem Essen servierte Marwa Kaffee im Männerzimmer, und das war's – länger als diese paar Sekunden und ein paar Blicke in den Rückspiegel hatte ich sie nicht gesehen.

Zwei Wochen später rief ihre Mutter meine Stiefmutter an und sagte, dass Marwa mich heiraten werde.

Drama in fünf Akten

Die Leute denken, dass wir unsere Frauen unterdrücken. Das wirkt von außen wahrscheinlich so, weil man immer nur die Männer sieht. Aber die Frauen haben schon etwas zu sagen, wenn auch nur im Hintergrund. Sie sind so etwas wie die Lobbyisten oder Diplomaten der Familie. Sie beeinflussen ihre Männer und erziehen die Kinder. Sie verwalten die Finanzen, und bei den Hochzeiten haben sie ein mächtiges Wort: Über die Höhe der Mitgift entscheiden nämlich sie. Normalerweise führen die Frauen die Hochzeitsverhandlungen zwischen zwei Familien. Erst wenn das Abkommen steht, kommen die Männer, setzen sozusagen ihre Unterschrift darunter und schmücken sich mit den Federn des Erfolgs. Die Frauen lassen die Gockel krähen, aber die Entscheidungen fällen sie. Sie sagen: »Wenn die Männer älter und ruhiger werden, regieren wir.« Mein Opa hatte am Ende nichts mehr zu melden.

Die Heirat ist ein Drama in fünf Akten. Der Ärger fängt schon an dem Tag an, an dem die Frau »ja« sagt. Die Mutter des Bräutigams will sparen, aber die Mutter der Braut will die geilste Hochzeit ever. Nicht umsonst gibt es häufig Nachrichten von Schlägereien, Schießereien und sogar Mord auf Hochzeiten. Die komplette Familie kommt zusammen, alte Feinde treffen aufeinander, und unterschwellige Konflikte entladen sich.

Der erste Akt heißt *Nishan*, das bedeutet so viel wie »Markieren«: Der Mann schenkt der Frau eine Kette oder einen Ring als Symbol dafür, dass sie zu ihm gehört. Das muss noch nicht so teuer sein. Ich brachte Marwa eine leichte Goldkette, die 500 DM kostete. Meine Stiefmutter hatte sie ausgesucht und mir erklärt, wie der Tag abzulaufen hatte. Wir fuhren wieder ins Asylantenheim, Männer und Frauen saßen wieder in getrennten Räumen. Irgendwann rief Fadia mich ins Kinderzimmer. Die Frauen hatten die Matratzen beiseitegeschoben und tanzten im Kreis. Sie hakten mich unter, und ich musste ein paar Runden mittanzen, mir war das oberpeinlich. Dann sollte ich Marwa die Kette um den Hals legen. Wir wurden beide rot, und mir war plötzlich sehr heiß. Wir hatten noch kein Wort miteinander geredet, nicht mal »Hallo« gesagt, und jetzt musste ich ihr auf einmal so nahe kommen. Ich kriegte den Verschluss nicht sofort zu und fingerte an ihrem Nacken herum. Dann wurde ich wieder rausgeschickt.

Bei den Männern im Wohnzimmer kriselte irgendwie die Stimmung, und ich kapierte nicht, warum. Erst später kriegte ich mit, dass es tierisch Streit gegeben hatte wegen mir. Einer von Marwas Onkeln, der Verrückte, der den Mädchen die Hosen zerriss, wollte, dass sie seinen Sohn heiratet. In den zwei Wochen Entscheidungszeit hatte Marwas Cousine jeden Tag angerufen und mich schlechtgemacht, von wegen ich hätte schon ihre Schwester haben wollen, aber die hätte mich abgelehnt, weil ich so schlimm sei. Ihr Onkel versuchte unsere Heirat mit allen Mitteln zu verhindern. Er fuhr sogar mit einer Abordnung ins Heim und brüllte Marwa an: »Den nimmst du nicht!« Sein Bruder, Marwas Vater, war auch gegen mich, aber Marwas Mutter wollte unbedingt, dass sie mich nimmt. Sie hielt dagegen, dass meine Familie schon früher auf dem Dorf einen guten Ruf hatte, dass unsere Männer ihre Frauen nicht schlugen und sie in Entscheidungen einbezogen, dass mein Vater ein vernünftiger Mann war, der arbeiten ging, und das wichtigste Argument: Wir hatten deutsche Pässe. Die Mutter setzte sich durch, und der Onkel kochte vor Wut über seine Niederlage.

Als ich fragte, ob ich mit Marwa spazieren gehen könne, wurde ihre älteste Schwester mitgeschickt. Die lief die ganze Zeit hinter uns her, und das setzte mich so unter Druck, dass mir nichts zu reden einfiel. Ich steckte mir eine Kippe an und betrachtete Marwa von der Seite. Marwa lächelte still. Sie war ein richtiges Dorfmädchen, lieb und langweilig, anders als die frechen Berliner Snitches. Eine, die man heiratet halt, keine, mit der man Highlife machen will.

Am Abend brachen wir auf, ohne dass ich mich von ihr verabschieden konnte. Ihr Vater wollte nicht, dass wir vor der Hochzeit Kontakt hatten. Er hielt uns in getrennten Zimmern und passte auf wie ein Pitbull, dass wir niemals zu zweit waren. Ich glaube, er mochte mich auch nicht so. Aber er mochte meine Autos: Bei unseren Besuchen merkte ich manchmal, dass meine Schlüssel nicht mehr in meiner Jackentasche waren – dann war er heimlich mit meinem Wagen spazieren gefahren.

Zurück in Berlin ging ich in den nächsten Handyshop und kaufte ein gelbes Nokia mit Prepaid-Karte. Ich schrieb mir die Nummer auf, steckte das Handy in einen Briefumschlag und schickte es Marwa ins Heim. Ich hoffte, auf diesem Weg mit ihr sprechen zu können. Vier Tage später wählte ich die Nummer und wer ging dran? Mein Schwiegervater. »KHALIL? Hör zu, du rufst hier NIE WIEDER an! Wenn du etwas willst, komm mit deinen Eltern!« So viel dazu.

Im zweiten und dritten Akt eskalierte es dann richtig. Für die Verlobung musste natürlich ein standesgemäßes Auto her. Dafür klaute ich ein Portemonnaie im Hallenbad. Das lag zwar in einem Schließfach, aber für so was gab es ja große Schraubenzieher. Mit einer EC-Karte aus dem Portemonnaie kaufte ich zwei Handys bei Karstadt und vertickte sie an einer der bekannten Adressen. Mit der Kohle mietete ich einen silbernen Mercedes CLK Cabrio. Wir fuhren mit Dutzenden Autos vor, ich vorneweg mit Blumen auf der Motorhaube. Auf dem Parkplatz sammelten sich bestimmt 60 Wagen, Dutzende Leute in Anzügen und bunten Kleidern. Aus dem Heim schallte schon laute Musik, und die Nachbarn guckten aus den Fenstern. Meine Familie hatte tonnenweise Baklava dabei, wie es üblich ist, denn es heißt, man kommt »in süßer Absicht«.

Vor der Verlobung hält die Familie des Mannes offiziell um die Hand der Frau an und verhandelt die Mitgift. Dazu muss man wissen, dass Hochzeiten bei uns so etwas wie eine Umverteilungsaktion in der Gemeinschaft sind. Man schenkt einem jungen Paar Gold und Bargeld als Starthilfe und erwartet dafür, dass die eigenen Kinder genauso großzügig beschenkt werden, wenn sie mal heiraten. Das meiste Geld geht dabei allerdings schon für die Feier selbst drauf. Die Familie der Braut zahlt die Verlobung und die Familie des Bräutigams die Hochzeit. Heiraten ist sehr teuer bei uns. Meine Hochzeit hat 50 000 DM gekostet, und das war bloß unteres Mittelfeld. Manche Leute verschulden sich ein Leben lang dafür. Sie mieten einen riesigen Saal und zittern den ganzen Abend, ob auch genug geschenkt wird, damit sie am Ende die Saalmiete bezahlen können.

Das ist so schlimm in unserer Kultur, ich hasse das: Wenn du kein Geld hast, kannst du nicht heiraten. Zu Hause feiern kommt überhaupt nicht infrage, das wäre eine Riesenblamage. Hier kommt wieder der gesellschaftliche Druck ins Spiel: »Guck mal, die erfüllen dem Mädchen nicht mal einen Tag«, würde es dann heißen, denn die Hochzeit soll der schönste Tag im Leben einer Frau sein.

Die Mitgift ist ein Geschenk vom Bräutigam an die Braut. Die Vorstellung, die viele haben, dass der Vater seine Tochter verkauft, ist falsch. Die Mitgift gehört wirklich nur ihr. Von dem Bargeld kauft sie sich Kleidung, Schmuck, Haushaltsgeräte und was sie sonst noch will. Das Gold ist eine Absicherung für sie, falls der Mann stirbt oder sich von ihr scheiden lässt. Es gibt natürlich auch Väter und Ehemänner, die die Mitgift versaufen oder verspielen, aber das gilt als ehrlos.

Traditionell legen die Familienältesten die Höhe der Mitgift fest. Weil mein Opa krank war, hatten wir den ältesten Cousin meines Vaters dabei, der den ersten arabischen Supermarkt im Ruhrgebiet aufgemacht hat und ein sehr wohlhabender Mann ist. Für Marwas Seite sollte ihr ältester Onkel das Wort führen. Unsere Väter begrüßten sich mit vier Küsschen auf die

Wangen, rechts, links, rechts, links. Im Wohnzimmer drängten sich schon 40 Männer, und die Besucher standen noch immer Schlange bis raus auf den Parkplatz. Die meisten kannten sich, denn der Schwiegervater meines Vaters und mein zukünftiger Schwiegervater waren ja Brüder. Geschenke wurden übergeben und noch ein bisschen gequatscht, dann nahmen die Älteren Platz. Die Jüngeren blieben stehen und beobachteten gespannt, was passieren würde. Stress lag in der Luft.

Die Verhandlung der Mitgift ist eigentlich reine Formsache, so ein bisschen Show und Aufgeplustere der Männer. Wie gesagt: Normalerweise besprechen die Mütter vor der Verlobung schon mal grob die Höhe der Mitgift und was sich das Mädchen an Gold wünscht. Erst wenn diese Vereinbarung steht, kommen die Männer ins Spiel. Aber weil die Ankündigung unserer Verlobung in Marwas Familie die Krise mit dem verrückten Onkel ausgelöst hatte, hatte mein Vater nicht noch mehr Öl ins Feuer gießen wollen und meine Stiefmutter gebeten, die Vorverhandlung ausfallen zu lassen. »Was sollen sie schon verlangen?«, hatte er gesagt. »Es gibt übliche Summen, und wenn es ein bisschen mehr ist, zahlen wir das eben.« Eine durchschnittliche Mitgift betrug damals 5000 bis 6000 DM.

Unser Repräsentant begann: »Das ist Ahmad, Sohn von Amir aus Mardin. Er ist gekommen, um für seinen Sohn Khalil um die Hand eurer Tochter anzuhalten. Sagt uns, was euer Wunsch ist, und wir werden ihn erfüllen. Zwischen uns soll kein Geld stehen.« Der Wortführer der anderen Seite grinste spöttisch. »Na wenn das so ist, dann wollen wir 100000 Mark.« Man hörte förmlich, wie sich unsere Männer die Köpfe kratzten. Das war zwar als Witz gemeint, aber schon auch, um zu zeigen, das wird nicht einfach für euch, ihr werdet tief in die Tasche greifen müssen. Sie wollten uns provozieren. Ich guckte meinen Vater an nach dem Motto: »Was ist hier los, wollen die uns verarschen oder was? Komm, wir gehen!« Aber mein Vater beachtete mich gar nicht, in dieser Runde hatte ich nichts zu melden.

Unser Mann konterte geschickt: »Du scheinst in Geldnot zu sein. Bist du pleite? Ich kann dich mit Geld begraben!« Das war dem anderen natürlich peinlich, weil es unterstellte, dass er die Mitgift für sich behalten wollte. »Was ist denn mit euch los, versteht ihr keinen Spaß?« Er breitete gönnerhaft die Arme aus. »Weil ihr alle so nett seid: 50 000 Mark.« Mit solchen Sprüchen ging es Schritt für Schritt runter. Der Abgeordnete von Marwas Familie guckte irgendwen aus unserer Runde an und sagte: »Abu Ali, du hast so schöne Augen, für dich ziehe ich noch mal 10 000 Mark ab.« Oder: »Suleiman, du hast einen weiten Weg gehabt – weil du hier bist, erlasse ich dem Bräutigam 5 000 Mark.« Oder: »Weil die Schwiegermutter heute so gut gekocht hat, nochmal 1000 weniger.« Schließlich landeten wir bei 8 500 DM. »Sind alle einverstanden?«, fragte der Wortführer der Gegenseite. Mein Vater und mein Schwiegervater nickten. »Dann lest die Fatiha!« Die Männer hielten die Handflächen nach oben und murmelten die erste Sure des Korans vor sich hin.

Im Namen Gottes, des barmherzigen Erbarmers.
Lobpreis sei Gott, dem Herrn der Weltbewohner,
dem barmherzigen Erbarmer,
dem Herrscher am Tage des Gerichts!
Dir dienen wir, dich rufen wir um Hilfe an.
Leite uns den rechten Weg,
den Weg derer, denen du gnädig bist,
nicht derer, welche irregehn![3]

Sie strichen sich mit den Händen über das Gesicht bis runter über die Brust. Dann griff mein Vater in die Innentasche seines Sakkos, zählte acht Tausender und einen 500-DM-Schein ab und gab sie seinem Cousin. Er zählte das Geld und reichte es dem Verhandlungsführer von Marwas Familie. Der zählte die Scheine erneut, gab das Bündel meinem Schwiegervater, und der zählte auch noch einmal nach. Dieses Ritual war das Zeichen für alle Anwesenden, dass die Heirat beschlossene Sache war.

Ich sah zu und ärgerte mich. Wir hatten 3 500 DM zu viel bezahlt, weil mein Schwiegervater die Gutmütigkeit meines Vaters ausgenutzt hatte, und jetzt sollte ich mich ihm auch noch unterwerfen. »Steh auf und küss seine Hand!«, wies mein Vater mich an. Widerwillig ging ich zu Marwas Vater, küsste seinen Handrücken und drückte meine Stirn dagegen. Das war das Zeichen des Respekts und der Untergebenheit, auf das alle gewartet hatten. Jetzt konnte gefeiert werden.

Doch die Stimmung war schon angespannt, und sie wurde nicht besser, als wir sahen, wie erbärmlich Marwas Familie die Verlobungsfeier organisiert hatte. Ein richtiger Saal war ihnen anscheinend zu teuer gewesen, stattdessen hatten sie eine Gaststätte in einem Backsteindorf im Umland gemietet. Einen Kameramann konnten sie sich auch nicht leisten, also filmten sie selbst, und nicht mal eine Band hatten sie gebucht – die Musik kam vom Kassettenrekorder.

Vor dem Wirtshaus schmiss Marwa eine große Glasvase auf den Boden, die mit Bonbons und Eine-Mark-Stücken gefüllt war, die ich aus dem Kiosk hatte mitgehen lassen. Das ist ein bisschen wie Polterabend, man sagt, dass die Scherben das Unglück zerstören. Die Kinder kämpften um die Münzen, und wir traten zum Eröffnungstanz an.

Unsere Verlobungs- und Hochzeitsfeiern haben immer den gleichen Ablauf: Tanzen, tanzen, tanzen, Dönerteller, tanzen, Gold und Geschenke, tanzen, Kuchen, tanzen, tanzen. Manchmal kommt auch noch hauen und stechen dazu.

Marwa und ich saßen auf goldenen Stühlen wie ein Königspaar in der Ruhrpottkneipe. Nach dem Essen tanzte meine Stiefmutter mit einem großen Samtkissen um uns herum, auf dem die Geschenke für meine zukünftige Frau lagen. Marwa wurde über und über mit Gold behängt. Zwölf Armreife bekam sie von ihrer Mutter und einer Tante, der Rest war von meiner Familie: eine Zwei-Meter-Kette aus Gold, eine Kette mit einer Unze aus 999er-Gold und dem Bild einer verschleierten Frau drauf, ein Collier, dazu passend Ohrringe, Armreif und Ring, noch ein paar mehr Ringe und eine Kette mit einem Herzanhänger. Ich bekam von ihnen dagegen nur eine billige Kette und einen goldenen Ring.

Unsere Geschenke hatten allein schon 13 000 DM gekostet, die ich meinem Vater in Raten zurückzahlte, damit er sich nicht wunderte, woher ich so viel Geld hatte. Für Marwas älteste Schwester musste ich auch noch etwas abdrücken: einen goldenen Anhänger für 400 DM. Das tat richtig weh, denn die war echt missgünstig und ließ uns nie aus den Augen. Selbst jetzt, auf der Verlobung, durften wir uns immer noch nicht allein unterhalten und uns erst recht nicht näherkommen. Nur tanzen mussten wir unter den Augen und Anfeuerungen unserer Familien. Da passierte es.

Der verrückte Onkel begriff an diesem Abend endgültig, dass er Marwa nicht für seinen Sohn kriegen würde, und rastete völlig aus. Er stürmte auf die Tanzfläche und riss mir Marwa aus den Händen. »Was willst du von dem Mädchen, lass sie in Ruhe!«, schrie Marwas Mutter ihn an. Da packte er sie an den Schultern und wollte sie vom Stuhl schubsen. Ein anderer Onkel ging dazwischen. Ich rannte zu meinem Vater. »Es reicht, ich greif den jetzt an!«, schrie ich. »DU MACHST GAR NICHTS!«, brüllte er mich an. »Du setzt dich jetzt hin und hältst deine Fresse!« Ich konnte es nicht fassen. »Was ist los, Mann, wir können uns das doch nicht bieten lassen!« – »Das geht uns nichts an«, antwortete mein Vater. »Das ist eine Sache in ihrer Familie, und wir halten uns da raus!«

Mein Vater war der Chef, und ich musste ihm gehorchen, aber innerlich tobte ich. Ich zog den Ring ab, den Marwa mir angesteckt hatte, hängte ihn an die Billigkette und ließ sie verächtlich um meinen Finger kreisen. Marwa guckte ich nicht mal mehr an. Ich wollte nur noch aufstehen und gehen. Sie weinte leise vor sich hin.

Zurück in Berlin versuchte ich, auf meinen Vater einzureden. »Ich fahr da nicht mehr hin, ich will mit dieser Familie nichts zu tun haben!« Doch er blieb stur: »Mein Sohn, du hast keine Ahnung, werd' erst mal erwachsen.« Auch mein Opa ließ sich nicht umstimmen. Meine Heirat war eine beschlossene Sache, Widerworte wurden nicht geduldet.

Meine Stiefmutter versuchte, die Wogen zu glätten. Drei Monate später heiratete ein Cousin von Marwa, und Fadia bestand darauf, dass wir hinfuhren. Sie kaufte ein Kleid, das ich Marwa schenken sollte. Aber auf dieser Hochzeit war der verrückte Onkel auch wieder da. Als ich an ihm vorbeilief, befahl er seinem Neffen so laut, dass ich es hörte: »Spuck ihm ins Gesicht!« Ich blieb sofort stehen und drehte mich zu ihm um. Der Neffe machte die Fliege und verzog sich zum Rauchen nach draußen. Ich nahm all meine Kraft zusammen, um dem Onkel nicht die Fresse zu polieren. Aber der ging sogar noch weiter: Am Ende des Abends nahm er Marwa das Kleid weg, das ich ihr geschenkt hatte. Ich sah zu und konnte nichts tun. Wir befanden uns auf ihrem Terrain, und mein Vater war entschlossen, die Sache trotz aller Widerstände durchzuziehen. Lange hatte ich mich nicht mehr so gedemütigt und ohnmächtig gefühlt. Ich ballte die Fäuste in der Tasche und verfluchte den Hund.

In den nächsten Wochen bereitete ich mein neues Leben vor. Bald würde ich von zu Hause ausziehen dürfen. Ich ging zum Sozialamt und beantragte eine eigene Wohnung. »Sag, dass dein Vater dich unterdrückt und du mit deiner Freundin zusammenleben willst«, hatten mir Freunde geraten. Aber Frau Kranich kannte die Masche schon. »Du kannst bei deinen Eltern wohnen bleiben«, antwortete sie. »Wir zahlen euch nicht noch eine Miete.«

Ich gab meinem Anwalt 500 DM, damit er ein Schreiben aufsetzte, und mit dem ging ich noch mal zu ihr hin. »Warte kurz draußen, das muss ich prüfen«, sagte Frau Kranich. Dann kam der Abteilungsleiter über den Flur in ihr Zimmer gelaufen. Als er fünf Minuten später wieder rauskam, war er richtig sauer. Er knallte die Tür und warf mir einen wütenden Blick zu. Der Anwalt hatte sich mal wieder gelohnt: Das Amt genehmigte mir eine Kostenübernahme für eine Einzimmerwohnung für maximal 330 DM Miete im Monat. Ich fand eine in Kreuzberg in einem richtig ekligen Haus, wo die Leute auf den Flur kackten und nachts schrien, aber es war meine eigene Wohnung. Sie lag in der 6. Etage am Ende eines dunklen Flurs, hatte ein winziges Bad, einen Balkon und ein Zimmer mit Kochnische. Den Schlafbereich trennte ich mit einer Schrankwand ab.

Für die Einrichtung war Marwas Familie zuständig. Von der Mitgift hatten sie Töpfe, Pfannen, Wasserkocher, Mikrowelle und sonstigen Haushaltskram gekauft. Früher, auf dem

Dorf, holte der Bräutigam den Esel vom Feld, spannte ihn vor seinen Karren, holte die Braut ab, lud die Mitgift oben drauf und fuhr samt Musikern und Trommlern durchs Dorf, damit alle sahen, dass sie jetzt zu ihm gehörte. Heute fahren wir mit BMW und AMG Kolonne durch die Stadt und hupen, was das Zeug hält, um eine Heirat zu verkünden.

Ich hatte einen Sprinter geliehen und fuhr mit meiner Stiefmutter und einem meiner Onkel nach NRW, um Marwa nach Berlin zu holen. Die Mitgift hatten ihre Leute auf einen riesigen Haufen im Wohnzimmer gelegt, davor machte sich die große Schwester breit und sagte: »Ich geb das nicht her!« Auch das war üblich, alles einstudierte Show, um dem Bräutigam noch mehr Geld aus der Tasche zu ziehen. Wir gaben der Schwester 400 DM und luden Marwa, ihre Eltern und die Mitgift in den Sprinter.

Die Feier begann schon drei Tage vor dem eigentlichen Hochzeitsfest. Wir hatten einen Friseur bestellt, der oben auf dem Dach saß und den Gästen von morgens bis abends die Haare schnitt. Die Türen zu den Wohnungen von meinen Großeltern, meinem Vater und Onkel Suleiman standen den ganzen Tag offen, und die Frauen servierten gefüllte Weinblätter und Berge von Reis, Hühnchen, Lamm, Rind, weißen Bohnen und Okraschoten. Unten auf der Straße bestaunten die Nachbarn unsere Autos. Es war ein Kommen und Gehen. Die Frauen sammelten sich in der Wohnung meines Onkels zum Hennaabend. Wie man so hörte, tanzten sie alle ohne Hidschab und gingen ab wie Schmidts Kätzchen – aber Männer hatten dort nichts zu suchen. Ich ging nur zum Schluss kurz hoch und musste mir ein bisschen Henna abholen, das Marwa mir auf den kleinen Finger schmierte. Bevor ich reinkam, zogen alle ihre Kopftücher wieder an.

Der Hennaabend ist der vierte Akt: Die Braut vergießt ein paar Tränen zum Abschied von ihrem Elternhaus und weigert sich, ihre Hand herzugeben, in die die Schwiegermutter einen Fleck Hennapaste drücken will, als Zeichen der Übergabe sozusagen. Die Braut bekommt dann ein Goldstück geschenkt, damit sie ihre Hand doch öffnet.

Marwas Familie übernachtete bei einem Onkel im Wedding. Dort bestellten wir auch den Imam hin. Die eigentliche Eheschließung war ein kurzer Prozess: Der Geistliche ging mit zwei Zeugen in das Mädchenzimmer und fragte Marwa, ob sie mich wirklich heiraten will. Dann kam er ins Wohnzimmer, wo die Männer warteten, und forderte Marwas Vater und mich auf, uns die Hände zu reichen. Mein Schwiegervater sagte: »Ich gebe dir meine Tochter auf Basis des Korans und der Sunna. Die Höhe des Brautgeldes beträgt 8500 DM und das Scheidungsgeld 20000 DM.« – »Ich akzeptiere die Heirat mit deiner Tochter«, antwortete ich. Der Imam sagte einen Spruch aus dem Koran auf von wegen »ihr sollt eine ehrliche Ehe führen« oder so etwas und wiederholte die vereinbarten Summen. Dann setzte er einen Vertrag auf, den ich, Marwa und unsere Trauzeugen unterschrieben. Das war's.

Am nächsten Morgen um sechs Uhr wurde Marwa zum Friseur gekarrt, kriegte die Haare aufgesteckt und tausend Schichten Make-up aufgetragen. Ich holte meinen Wagen für den Tag ab: einen Porsche Cabrio in Schwarz. Dazu trug ich einen grauen Anzug von Daniel Hechter, den ich in einem Hinterhofladen gekauft hatte. Den Laden führte ein deutsches Ehepaar, das muss ich dazusagen, sonst denken wieder alle, nur Ausländer seien kriminell. In ihrer Altbauwohnung hatten sie ein Zimmer, wo sie Markenware vertickten, die entweder geklaut war oder aus einer Überproduktion stammte. Die ganze Hochzeitsgesellschaft kleidete sich dort ein. Mit dem Cabrio fuhr ich zum Friseur und ließ mich richtig stylen, die Haarkanten und den Schnurrbart sauber machen, die Nasenhaare wegzupfen und noch mal schön ins Solarium und Farbe tanken. Am Nachmittag sammelten sich meine Großeltern, meine Onkel und ihre Familien und ich in der Wohnung meines Vaters für den fünften und letzten Akt des Heiratsdramas.

Die Männer waren heiß. Wir wussten, wenn Marwas verrückter Onkel dieses Mal Ärger machte, würde es eskalieren. Die Verlobung war ihre Feier gewesen, aber die Hochzeit gehörte uns, diesmal waren wir die Gastgeber. Wenn er sich auf unserer Feier danebenbenehmen sollte, würde es richtig Stress geben. »Kasruhen«, sagte mein Vater – Arabisch für »schlagt sie kaputt!« In unseren Autos hatten wir Stöcke, Totschläger, Holzlatten und Besenstiele deponiert. Onkel Suleiman hatte eine 357er Magnum dabei, einen wunderschönen silbernen Revolver mit Holzgriff. Mein Bruder hatte sich eine 9mm Makarov besorgt, und ein Cousin meines Vaters hatte ein ganzes Arsenal dabei. Der war ein Waffennarr, ein richtig kaputter Typ. Er hatte schon mal die Ermordung eines Verwandten befohlen, der mit der Frau eines anderen Verwandten geschlafen hatte.

Jeder hatte zusätzlich noch eine Gaspistole dabei. Hochzeiten waren immer eine gute Gelegenheit, seine Waffen zu präsentieren und in die Luft zu ballern. Die Gaspistolen dienten als Cover für den Lärm: Falls die Bullen kamen, versteckte man schnell die echten Waffen und erzählte, dass man nur mit den Gaspistolen geschossen habe. Das war zwar auch verboten, aber dafür kriegte man nur eine Geldstrafe.

Während wir zu Marwas Familie in den Wedding fuhren, ging mir wieder der Satz ihres Onkels durch den Kopf: »Spuck ihm ins Gesicht!« Nächtelang hatte ich nicht geschlafen deswegen. Ich fühlte mich machtlos, und damit konnte ich nicht umgehen. Ich wünschte mir geradezu, dass er mir einen Anlass liefern würde, um ihn kaputtzuschlagen. Den Porsche parkte ich direkt vor der Haustür. Ich hatte drei stabile Cousins dabei, denen ich befahl, meinen Rücken zu decken. Mein Vater und meine Onkel gingen vor. Wir standen dermaßen unter Strom, dass es knisterte, als wir die Wohnung betraten.

Die Brautabholung hat große symbolische Bedeutung. Der Vater übergibt seine Tochter in die Hände des Mannes. Er führt sie gemeinsam mit dem Bräutigam aus seinem Haus und bürgt so persönlich dafür, dass sie Jungfrau ist und rein und unversehrt in ihre neue Familie geht. Aber bevor die Braut die Wohnung verlassen kann, stellt sich der älteste Bruder in den Weg und fordert eine Art Zoll für seine Schwester. Dieses Ritual nennt man *Bab*, Tür. Wir hatten das schon bei der Verlobungsfeier durchgezogen und Wegzoll gezahlt, das war als Teil der Mitgift verhandelt worden. Deswegen schoss mein Puls direkt auf 180, als uns Marwas Bruder plötzlich den Weg versperrte. »Ich lasse euch nicht raus!«, verkündete er frech. Das war der Anlass, auf den ich gewartet hatte. »Du gehst sofort aus dem Weg oder ich trete dich aus der Tür!« – der Satz lag mir schon auf der Zunge, doch ich hatte meinen Mund noch nicht einmal aufgemacht, da zückte mein Vater schon 200 DM und schob Marwas Bruder beiseite. Er hatte es auf den Onkel abgesehen, nicht auch noch auf den Rest der Familie.

Unten auf der Straße hatten alle ihre Autoradios aufgedreht und tanzten, die Frauen schmissen mit Bonbons, und die Männer feuerten mit Pistolen in den Himmel. PAM PAM PAM PAM PAM. Und schnell weg, bevor die Bullen kamen.

Meine Familie hatte alles aufgefahren, was ging: einen riesigen Tanzsaal, ein Kamerateam, eine Band und kilometerweise Blumen. Marwa und ich schritten durch einen Tunnel aus Blumengestecken in den Saal, die die Mädchen über uns hielten. Ich zog ihr den Schleier vom Gesicht und küsste ihre Stirn, wie es die Tradition vorsah, dann tanzten wir den ersten Tanz, und die Gäste bildeten einen Kreis um uns und klatschten. Meine Stiefmutter hatte bestimmt 500 Einladungen verschickt.

Ich war noch immer auf Adrenalin und hielt nach dem verrückten Onkel Ausschau. Aber der blieb ausgerechnet an diesem Tag ruhig. Als er sah, dass meine Familie doch nicht so klein war, wie er dachte, setzte er sich still in die Ecke und blieb unsichtbar wie ein Mäuschen. Meine letzte Hoffnung, dass ich mich rächen und die Hochzeit doch noch platzen könnte, starb dahin. Selbst der Geldregen konnte mich nicht aufmuntern.

Die Geschenkübergabe nennt man *Rammi*, wörtlich übersetzt heißt das werfen, weil mit Geld nur so geworfen wird. Der Sänger der Band drehte eine große Trommel um und forderte die Gäste auf, nach vorne zu treten, wo Marwa und ich auf einem Podest saßen. Die Leute reihten sich in eine Schlange, und der Sänger verkündete jeden einzelnen Namen und wie viel die Person schenkte. Mein Vater machte den Anfang. »Abu Amir: 1 000 Mark!«, rief der Sänger ins Mikrofon. Mein Schwiegervater legte 500 DM in die Trommel. »Allah i amir beitu u i challi uladu« – »Gott soll ihm ein Haus bauen und seinen Kindern ein langes Leben schenken!«, rief der Moderator jedem Gast nach, auch wenn einer nur 100 DM schenkte – das war der Mindestbetrag, alles darunter hätte eine öffentliche Blamage bedeutet.

Die Frauen schenkten Gold. Marwa kriegte so viele Ringe angesteckt, bis nichts mehr an ihre Finger passte; sie hatte hinterher eine ganze Tüte voller Goldringe. Mein großer Bruder zählte die Geldscheine in der Trommel, rund 20000 DM.

Für den letzten Teil des Abends hatte Marwa eine Vorstellung eingeübt. Die Lichter wurden ausgeschaltet, und sie tanzte mit Stabkerzen durch den dunklen Saal. Ich ging raus und rauchte eine Tüte. »Spuck ihm ins Gesicht!« – der Satz glühte in mir. Die ganze Situation war absurd. Ich saß neben einer Frau auf einem goldenen Stuhl, und außer ihrem Namen und ihrem Alter wusste ich nichts über sie. Trotzdem sollte ich mein ganzes Leben mit ihr verbringen. Es war ein richtig komisches Gefühl, aber ich musste die Sache durchziehen. Keiner meiner Onkel liebte seine Frau. Man heiratete halt, weil es dazugehörte zu unserer Tradition. Der nächste Schritt war raus aus dem Haus der Eltern. Dein Vater hatte keine Kontrolle mehr über dich, du warst dein eigener Herr. Die Heirat war das Ticket in die Freiheit.

Ich zog noch einen Joint zwischen den geparkten Autos durch und ging wieder rein. Die dreistöckige Torte musste angeschnitten werden, mit einem Säbel, den Marwa und ich zusammen mit je einer Hand zu führen hatten. »Gib ihr Kuchen, gib ihr Kuchen!«, riefen die Frauen. Wir sollten uns gegenseitig füttern, was mir übertrieben peinlich war. Unsere Mütter reichten uns Sektgläser aus Plastik, auf die Pailletten gepappt worden waren. Wir stießen mit Fanta an.

Der letzte Akt steuerte langsam, aber sicher auf sein Ende zu. Meine Onkel hauten mir grinsend auf die Schultern: »Ey, du weißt, wie man's macht, oder brauchst du nen Tipp?« – »Khalil, blamier uns nicht!« Höhöhö. Dann kam meine Oma zu mir: »Pass auf, du gehst jetzt mit deiner Frau nach Hause und gibst ihr eine Ohrfeige, so fest wie du kannst! Sie muss gleich wissen, wer der Mann ist.« Jeder hatte einen Ratschlag für mich. Auf der Rückfahrt schwiegen Marwa und ich. Unsere Eltern fuhren uns zu der neuen Wohnung, in der wir die erste gemeinsame Nacht verbringen und die Ehe vollziehen würden. Sie halfen uns noch, die Geschenke hochzutragen, dann verabschiedeten wir uns, und ich schloss die Tür hinter ihnen. Da waren wir zum ersten Mal allein.

Jungfrauen und Nutten

Es war der Horror. Ich wollte es einfach nur hinter mich bringen, aber ich wusste nicht, wie. Mit Nutten kannte ich mich aus. Auch mit deutschen Frauen, Polinnen oder Türkinnen wusste ich umzugehen. Man musste sich Mühe geben, schön essen gehen und Getränke spendieren. Ich konnte gut reden und kriegte jede ins Bett. Danach verlor ich meist das Interesse und meldete mich nicht mehr. Aber Marwa war Araberin. Jungfrau. Meine Frau. Mit ihr würde ich so lange zusammen sein, bis ich sterbe. Das sprengte meine Vorstellungskraft.

Ich half ihr mit der Schleppe durch den engen Flur. »Du weißt, was wir jetzt machen müssen?«, fragte ich. »Heute nicht«, antwortete sie, »ich habe meine Tage.« »Gott sei Dank«, dachte ich. Die Anspannung flaute ab. Wir zogen uns Schlafanzüge an und legten uns hin. Nach einer Weile hörte ich, wie ihr Atem ruhiger wurde. Kurz vor Sonnenaufgang schlief auch ich endlich ein.

Eine Woche später machten wir einen Ausflug zum Tegeler See, und ich schipperte sie mit einem Motorboot herum. Am Abend hatten wir das erste Mal Sex. Als wir nach Hause kamen, ging Marwa duschen, und da wusste ich, es ist Zeit. Sie kam in Dessous aus dem Bad und zitterte ein bisschen, als sie sich zu mir ins Bett legte. Ich küsste sie erst mal, damit sie sich beruhigte. Dann zog ich das Ding durch, aber langsam und vorsichtig, ich drehte ja keinen Porno mit ihr.

In den ersten Wochen lebten wir wie Teenager, die in den Sommerferien alleine zu Hause sind. Wir gingen in den Supermarkt und kauften nur Süßigkeiten. Ich besorgte ihr einen Fernseher mit Satellitenschüssel und Receiver, damit sie ihre arabischen Liebesserien gucken konnte. Wir unterhielten uns nicht großartig miteinander. »Willst du was essen?« – »Ja/nein«, mehr nicht. Marwa war sehr, sehr schüchtern. Wenn ich sie ansprach, wurde sie rot. Sie fing an zu kochen und machte mir Spiegeleier mit Sucuk-Wurst zum Frühstück. Wir schliefen bis mittags, aßen schweigend unsere Eier, und dann lieferte ich Marwa bei meinem Vater ab. Eine Frau, so war die Einstellung, durfte nicht ohne Aufsicht bleiben, und außerdem hatte Marwa Angst allein in der Pennerbude. Bei meinem Vater war auch meine Stiefmutter, also ihre Cousine, da hatte sie Gesellschaft. »Ich wollte sie ja nicht, hier habt ihr sie«, verkündete ich und zog wieder ab. Ich war die meiste Zeit unterwegs. Teich beliefern, Puff besuchen, Geld eintreiben, Party machen.

Einmal fand Marwa die Waage und Alufolie, die ich zum Grasabpacken benutzte, in einer Schublade. »Für was ist das?«, fragte sie mich. »Das brauche ich für meine Arbeit«, antwortete ich knapp. Mehr wollte sie nicht wissen. Marwa kam aus einer sehr autoritären Familie, so Frag-nicht-nach-Style halt. Sie war so unschuldig, dass sie nie an irgendetwas zweifelte, was ich sagte – bis sie mich zum ersten Mal beim Fremdgehen erwischte.

Ein paar Monate nach unserer Hochzeit schenkte sie mir ein Foto von uns. Auf die Rückseite hatte sie ein Gedicht geschrieben:

An eine Rose hab ich gerochen
An einen Dorn hab ich mich gestochen
Und mit Blut hab ich geschrieben
Für immer werde ich dich lieben.

In diesem Moment tat sie mir echt leid. Marwa war so gut, so unbefleckt, lieb und nett. Sie hatte sich die Rezepte meiner Stiefmutter abgeguckt, und auf einmal gab es Reis mit Hühnchen, wenn ich abends nach Hause kam. »Krass, das ist jetzt deins«, dachte ich. Eine Wohnung, ein Abendessen, ein richtiges Zuhause.

Es gibt ein Sprichwort, das die Älteren immer sagten: »Eine Frau muss mehrere Frauen sein: eine Köchin in der Küche. Eine Hausfrau im Haus. Und eine Hure im Bett.« Aber ich kannte keinen, der eine Frau hatte, die alles erfüllte. Die meisten hatten dafür mehrere Frauen.

Die Sache mit der Ehre ist ziemlich schizophren: An der Frau hängt das Ansehen der Familie, der Mann heiratet also eine Nonne – und nimmt sich Nutten fürs Vergnügen. Im Puff traf ich Brüder, Cousins, Onkel, Schwager, und alle wussten, was hinter den Kulissen lief. Vielweiberei war weitverbreitet. Man heiratete nicht wegen Sex, den hatte ich schon zur Genüge, sondern um Kinder zu kriegen. Mit einer Jungfrau kam man ja auch nicht auf seine Kosten. Marwa war natürlich total unerfahren, und ich konnte ihr nicht zeigen, dass ich eigentlich eine männliche Schlampe war. Mit ihr musste ich vorsichtig sein. Mit einer Nutte konnte ich machen, was ich wollte.

Alle, die ich kannte, gingen regelmäßig in den Puff, schlossen weitere Ehen mit Zweit- und Drittfrauen oder hatten nebenher Freundinnen – keine Araberinnen, sondern leichte Frauen, sag ich mal. Ich liebte den Sex mit deutschen Frauen. Mit ihnen konnte man über alles quatschen und offen über Wünsche reden. Vor meiner Frau hätte ich mich geschämt, gewisse Dinge anzusprechen. Über Sex zu reden war tabu. Man entblößte sich nicht, auch nicht in den eigenen vier Wänden. Ich setzte eine Maske auf und spielte die Rolle des ehrenvollen arabischen Jungen. Bei meinen Freundinnen spürte ich diesen Kulturballast nicht. In deutschen Betten war ich ein freier Vogel.

Marwa musste viel durchmachen mit mir. Einmal, ein paar Monate nach der Hochzeit, kriegte sie mit, wie ich irgendeiner Affäre am Telefon meine Liebe beteuerte. Da sagte sie noch nichts. Aber dann fand sie einen Zettel in meiner Hosentasche, mit der Nummer von einer anderen Frau. Marwa rief sie an, und die beiden machten gemeinsame Sache: Als ich bei meiner damaligen Freundin anrief, stellte sie das Gespräch auf Konferenz, und Marwa hörte leise zu, wie ich wie ein Köter daherredete, nur um bei einer anderen Frau zum Zuge zu kommen. Nach ein paar Minuten blumigem Gelaber hörte ich plötzlich Marwas Stimme in der Leitung: »Khalil, was machst du denn da, du bist verheiratet!« Ich schmiss vor Schreck das Handy aus dem Auto.

Marwas Eltern und ein Onkel kamen nach Berlin, große Versammlung in unserer kleinen Wohnung. Ihre Mutter schrie meine Stiefmutter an, ihr Vater beschimpfte mich als Straßenjunge, mein Vater starrte mich mit seinen Augen nieder. Marwa zog zurück zu ihren Eltern nach NRW, aber nach zwei Monaten fuhr ich runter und holte sie wieder nach Berlin. Eigentlich hatte ich sie ja gar nicht heiraten wollen. Aber immer wenn sie drohte, mich zu verlassen und ich die Gelegenheit hatte, aus der Ehe zu fliehen, kämpfte ich doch um sie. Scheidung kam für mich nicht infrage, das war echt das allerletzte Mittel und sozial geächtet.

Familienbande

Der Clan expandiert

Meine neuen Familienbeziehungen waren gut fürs Geschäft. Fadias und Marwas Clan war riesig und hatte nicht nur in Nordrhein-Westfalen und Berlin, sondern auch in Schweden und Südamerika seine Leute sitzen. Allein meine Frau hatte bestimmt 50, 60 Cousins. Ich traf immer mehr Verwandte und knüpfte nützliche Kontakte. In der Zeit der Brautsuche hatte ich bereits die Eltern und die Geschwister meiner Stiefmutter kennengelernt, bei denen wir übernachteten, als wir Marwa unsere Aufwartung machten. Sie lebten in der hässlichsten Stadt des Ruhrgebiets in einer Wohnung, die komplett im Gelsenkirchener Barock eingerichtet war, mit dunklen Möbeln aus billigem Furnierholz, die sie auf dem Sperrmüll zusammengesucht hatten. Fadias Familie waren arme Leute, die auf Duldung lebten, aber versuchten, mit Tricks und Abkürzungen einen besseren Lebensstandard zu erreichen.

Schon bei einem unserer ersten Besuche nahm mich Fadias Vater mit auf einen Spaziergang und forderte mich auf, die SIM-Karte aus meinem Handy zu nehmen. Mein Stiefopa war übertrieben vorsichtig, weil er glaubte, dass die Bullen ihn abhörten. In einem Waldstück erzählte er mir von einer Geschäftsidee, für die er mich gewinnen wollte. Er arbeitete für einen Autohändler, der Gebrauchtwagen in den Nahen Osten lieferte. Die Idee war, dass wir zusammen Autos in die Kurdengebiete im Irak brachten, aber die Kohle für uns behielten und behaupteten, dass die Kurden uns abgezogen hätten. Mir kam der Plan ziemlich unausgereift vor, und ich lehnte die Mitarbeit ab. Mein Stiefopa wurde später eine große Nummer im Heroinschmuggel nach Schweden, bis er mit mehreren Kilo unterm Hintern erwischt und eingebuchtet wurde. Vorausschauende Organisation war nicht so sein Ding.

Ich hing in dieser Zeit mit den Brüdern von Fadia ab, die genaugenommen meine Stiefonkel waren, aber kaum älter als ich. Als ich Zaid zum ersten Mal sah, dachte ich, er sei Deutscher. Er hatte blaue Augen und blonde Haare, die er mit so viel Haarspray behandelte, dass sie glänzten wie frisch gewachster Autolack. Zaid trug ausschließlich weiße Anzüge mit Einstecktuch. Wir nannten ihn Miami Weiß. Salem, der Ältere, hatte grüne Augen, dunkle Haare und ein stabiles Kreuz. Er sah schon eher aus wie ein Araber, aber auch Salem redete richtig krassen Ruhrpottslang, wie die alten Minenarbeiter, die da an den Trinkhallen vergammelten.

Die Spezialität der Brüder waren Blitzeinbrüche und bewaffnete Überfälle. Bei unserem ersten gemeinsamen Ding nahmen sie mich mit zu einer Autowaschanlage und brachen die Kassenautomaten in den Waschboxen auf. Die Beute betrug lächerliche 2500 DM in Münzen.

Das echte Bonding zwischen uns entstand erst am Silvesterabend der Jahrtausendwende. In der Fußgängerzone ihrer Stadt gab es ein Geschäft mit teuren Klamotten. Wir nahmen eine Zündkerze, machten die Keramikummantelung kaputt und feuerten den Stahlkern mit einer selbst gebauten Schussvorrichtung – Typ abgesägte Filmdose und Luftballon – in das Schaufenster. Ein kurzer Knall, und die Scheibe hatte ein

Loch. Um Mitternacht, als alle wie bescheuert losböllerten, traten wir den Rest der Scheibe ein und schnappten uns so viele Klamotten, wie wir tragen konnten.

Von da an kamen Zaid und Salem mich öfter in Berlin besuchen, mit Eimern voller Münzgeld im Gepäck. Ich half ihnen, die Beute in Scheine umzuwandeln. Damals gab es bei der Sparkasse ums Eck noch Geldzählautomaten, die die Kohle nicht gleich auf dein Konto überschrieben, wodurch du vorm Fiskus echt blöd dagestanden hättest. Stattdessen bekamst du die eingezahlten Münzen auf eine Geldkarte gutgeschrieben, mit der du am EC-Automaten easy Scheine ziehen konntest.

Zaid und Salem schenkten mir zum Dank einen gebrauchten Golf II und eine neue Lederjacke, die wir auf dem Ku'damm kauften. Die Kohle hatten sie aus einem Geldwechselautomaten, den sie bei einem Überfall auf ein Spielcasino mitgenommen hatten. Sie waren mit Pistolen reinspaziert und mit dem Automaten und 40 000 DM wieder raus. Ich bat sie, mich das nächste Mal mitzunehmen. Im Ruhrgebiet lagen ja tausend Städte direkt nebeneinander, da konnte man in relativ kleinem Umkreis mehrere Dinger hintereinander drehen. In wenigen Wochen raubten wir vier Casinos aus.

Mein erster bewaffneter Überfall lief ziemlich amateurhaft ab. Ich trug eine Skimaske und konnte unterhalb meiner Nasenspitze nichts sehen. Schon beim Reinstürmen hätte ich mich fast auf die Fresse gelegt. Ich sollte die Opfer bewachen, während Salem und Zaid die Automaten aufbrachen. In dem Laden war nur eine Kassiererin, die ich in eine Ecke zog und mit meiner Knarre bedrohte. Die Brüder holten magere 3 000 DM aus den Maschinen und fluchten laut vor sich hin. Als ich mich kurz umsah und wieder zur Kassiererin drehte, war die

Frau auf einmal weg. Shit. »Wo bist du, wo bist du?«, rief ich und drehte mich panisch in alle Richtungen. Da hörte ich ein Piepen: »Hier unten, hier unten …« Ich schaute runter und sah die Kassiererin direkt zu meinen Füßen hocken. Wegen der dummen Maske hatte ich sie nicht gesehen. Ich fing laut an zu lachen.

Diese »Anekdote« habe ich früher oft erzählt, weil ich sie lustig fand. Heute finde ich die Geschichte nur noch ekelhaft. Mir entging total, dass die Frau Todesangst gehabt haben muss. Ihr hatten wahrscheinlich die Knie nachgegeben, weil sie befürchtete, ich würde sie erschießen. Solche Gedanken hatten damals keinen Platz in meinem Kopf. Ich dachte nie: »Ach, die tut mir jetzt aber leid«, oder so etwas. Solche Gefühle schaltete ich ab. Ich hatte auch keine Angst, erwischt zu werden. Augen zu und durch, das war meine Devise, wenn ich mein Verhalten überhaupt so weit reflektierte. In meinem Fokus stand nur das schnelle Geld. Money, Money, Money. Diese Zeit war wie ein Rausch. Rein in die nächste Spielhalle. Achtung, Überfall, Hände hoch, dies, das, trallala.

Bei einem dieser Überfälle klingelte auf einmal das Telefon, und die Kassiererin ging dran, bevor wir was machen konnten. »Nein, nein, hier is' nix, alles okay«, nuschelte sie in den Hörer. Scheiße! Wir wussten sofort, dass das ein Code war. Die Kassiererinnen in den Casinos trugen einen Notfallknopf im BH, und wenn sie den heimlich drückten, kam ein Kontrollanruf. »Is nix« bedeutete so viel wie: »Hier brennt die Hütte!« Wir sprangen sofort ins Auto und fuhren los. Auf der Straße kam uns eine Kolonne Polizeiwagen mit Blaulicht entgegen. Zaid, der auf dem Beifahrersitz saß und noch seine Skimaske trug, zog blitzschnell den Kopf ein; ich warf mich auf den Rücksitz. Wir entkamen nur knapp.

Ansonsten liefen die Geschäfte ausgezeichnet, nur das Amt nervte. Weil ich nicht mehr zur Schule ging und arbeitslos gemeldet war, sollte ich eine »berufsvorbereitende Maßnahme« machen und mir ein Praktikum suchen. Ich ging zu einem Türken, der zwei Zeitungsläden hatte. In dem einen brachte ich mich, in dem anderen Momo unter. Als ich dem Besitzer sagte, dass das Sozialamt im ersten Jahr den Lohn zahlen würde, wenn er uns im zweiten als Auszubildende anstellte, erzählte er uns was vom Nikolaus und versprach, er würde uns eine kaufmännische Lehre geben. Stattdessen fuhr er erst mal einen Monat in den Urlaub, und ich schmiss die Läden alleine. Mit kaufen und verkaufen kannte ich mich ja aus.

Für das Praktikum im Zeitungsladen kriegte ich 400 DM im Monat – ich fuhr mit einem silbernen Jaguar hin, den ich für 180 DM am Tag mietete. Zu den Stammkunden gehörten zwei Jungs, die in dem Kiosk immer Kippen und Kakao für die Schule kauften. Die beiden suchten Arbeit, und ich ließ sie den Laden fegen. Irgendwann sagte einer von denen: »Ey, brauchst du Kippen? Ich kann dir Kippen besorgen.« Ding, Ding, Ding, ich hörte mal wieder die Kasse klingeln.

Marcel hatte sämtliche Supermärkte und Kioske ausgekundschaftet, die keine Alarmanlage hatten. In der nächsten Nacht schlugen er und sein Kumpel die Scheibe eines Supermarkts ein, während Momo und ich eine Straße weiter in einem gemieteten Transporter warteten. Die Jungs hatten Polentüten dabei, die sie mit Zigarettenstangen vollmachten. Wenn alle Tüten voll waren, riefen sie uns an, und wir holten die Ladung ab. In der Nacht fuhren wir bestimmt drei, vier Mal vom Laden zum Lager im Keller unserer Eltern.

Die Zigaretten brachte ich zu einem Cafébesitzer auf der Sonnenallee. Eine Schachtel kostete damals 5,50 DM; er gab mir drei dafür und verkaufte sie für vier weiter. Ein Einbruch brachte uns zwischen 20000 und 25000 DM ein. Die ersten drei, vier Dinger drehten wir gemeinsam, dann arbeiteten Marcel und sein Helfer in meinem Auftrag alleine weiter.

Marwa und ich fuhren jetzt öfter zum Familienbesuch runter nach NRW. Für die Strecke lieh ich mir die dicksten Autos, für die mich ihre sechs Brüder offen bewunderten. Ussama war drei Jahre jünger als ich und eine richtige Laberbacke. Bis tief in die Nacht fragte er mich über Berlin aus, wie es war, da zu leben, was ich machte und woher ich die krassen Autos hatte. Mit ihm und seinem Bruder Raid, der zwei Jahre älter war als ich, ging ich manchmal Billard spielen oder Döner essen, mehr gab es in deren Kaff nicht zu tun. Ussamas neugierigen Fragen wich ich zuerst aus, aber irgendwann brach das Eis, und wir redeten offen.

Die Familientreffen hielt ich nicht aus, ohne zwischendurch rauszugehen und ein paar Joints im Auto durchzuziehen. An einem Abend nahm ich Ussama mit zur Dönerbude. »Oh, hier riecht's ja gut«, sagte er, als er in meinen Wagen einstieg. »Kann ich auch mal?« Ich: »Hä? Was redest du da?« Ussama grinste spöttisch. »Na, dann dreh ich eben selbst was«, sagte er und holte einen fetten Batzen Gras aus seiner Tasche, von allerfeinster Qualität, das erkannte mein Auge mit einem Blick. Meine Nase roch ein Geschäft. »Sag mal, rauchst du nur, oder kannst du auch was besorgen?«, fragte ich. Ussama lachte fröhlich. »Na, klar! Ich hab die besten Kurse im ganzen Land!«

Wie sich herausstellte, hatten sich die verschiedenen Zweige meiner neuen Familie unterschiedlich spezialisiert: Während die Brüder meiner Stiefmutter Diebe waren, hatten sich die Brüder meiner Frau als Dealer profiliert. Ussama war 17, er hatte noch nicht mal einen Führerschein. Ich wurde neugierig, wie der kleine Kerl das anstellte.

Grasgroßhandel

Zwei Wochen später bestellte mich mein Schwager wieder nach NRW. »Morgen machen wir zusammen was klar«, verkündete er am Telefon. Ich lieh mir mal wieder ein fettes Auto, einen VW Phaeton. Ussama dirigierte mich zum Dom von Münster. Im Schatten der Kirche stieg Bartu zu uns in den Wagen. »Mann, es gibt so hässliche Menschen auf der Welt«, dachte ich, als ich ihn sah. Nicht dass ich jetzt der Schönste war, aber es tat richtig weh, ihn anzugucken: Bartu hatte Segelohren, eingefallene Wangen, einen schiefen Kiefer und eine lange Nase, die scharf aus seinem Gesicht stach. Die Leute nannten ihn nur »den Iraner«. Bartu hatte Connections zu iranischen Bauern, die in Holland Gras anbauten, illegal, versteht sich. Die Grenze war nicht weit.

»Ich fahre morgen rüber, du gibst mir das Geld heute«, bellte er. »Und wer garantiert für die Kohle?«, sagte ich. Der Iraner zog die Augenbrauen hoch. »Ussama, du weißt doch, wie wir hier arbeiten!« Mein Schwager drehte sich zu mir: »Khalil, hier gibt es so was nich, dich wird keiner abziehen, bei uns läuft das auf Vertrauensbasis.« Ich schaute in Bartus hässliche Augen. »Junge, wenn du mit meinem Geld abhaust, sind wir beide Feinde. Ich finde dich überall!« – »Nein, Bruder, auf keinen Fall ...« Der Iraner fing an zu labern, erzählte was von wegen er könne mir 100 Kilo besorgen und dass er genau der richtige Mann für mich sei. Der Typ sah aus wie höchstens 18. In Berlin hätte ich ihn ausgelacht, aber hier war Ussamas Revier, er kannte sich aus, und wenn er für diese Gestalt bürgte, musste da was dran sein. Trotzdem blieb ich skeptisch und gab dem Iraner erst mal nur 5 000 DM, dafür sollte er mir 1,5 Kilo Gras besorgen. Wir machten aus, dass ich ihm hinterherfahren würde, um mich selbst von der Reibungslosigkeit seiner Lieferkette zu überzeugen.

Am nächsten Morgen traf ich ihn wieder in Münster. Ussama lag noch bekifft im Bett, also fuhr ich allein. Der Iraner hatte einen Fahrer dabei. Ich folgte ihrem BMW die B54 nach Enschede runter. Kurz vor der Stadt fuhren sie ab und weiter über Feldwege, Landstraßen und Dörfer, rechts, links, rechts, geradeaus, zurück, wieder links, wieder rechts – ich verlor die Orientierung. Irgendwann sahen die Schilder und Straßenlaternen anders aus, und ich wusste, wir waren in Holland. Auf einem Parkplatz hinter einem Baumarkt hielten sie an, und der Iraner stieg aus. Der Parkplatz war durch eine hohe Hecke geteilt. »Du bleibst hier und guckst einfach nur zu, hast du verstanden?«, sagte er. Dann fuhren sie auf die andere Seite des Parkplatzes.

Fünf Minuten später kam ein silberfarbener Volvo angerollt, eine unauffällige Familienkutsche. Ein Dunkler, ebenfalls Iraner, und ein Heller, vermutlich Holländer, stiegen aus und setzten sich zu Bartu ins Auto. Mehr konnte ich durch die Hecke nicht erkennen. Wenig später fuhr der Volvo wieder los, und Bartu gab mir ein Zeichen, ihm zu folgen. Im Zentrum von Enschede warteten der Volvo und ein weißer Saab am Straßenrand. Beide Wagen hatten lokale Kennzeichen, BOR für den Kreis Borken, der direkt an der deutsch-holländischen Grenze lag. Bartu wies mich an, ihnen mit etwas Abstand zu folgen, er würde sich an die Spitze setzen. Dann ging es wieder los, hin und her über Landstraßen und durch zig Dörfer, bis ich an einer Ampel erkannte, dass wir wieder in Deutschland waren. Plötzlich sprang ein Typ aus einem Gebüsch und winkte uns hektisch weiter. »In was für nem Film bin ich hier gelandet?«, dachte ich. Das Gleiche passierte noch ein paar Mal auf dieser Strecke. Hinterher erklärte der Iraner mir, dass das Wachposten waren, die an den Punkten standen, wo sich häufig Zivilbullen versteckten und Autos zur Kontrolle rauszogen. Winken bedeutete, dass die Bahn bullenfrei war.

Irgendwann bogen die beiden Familienkutschen plötzlich links ab, und Bartus Wagen gab Vollgas auf die B54 zurück Richtung Münster. So schnell kam ich nicht hinterher. Es regnete stark, und ich verlor den BMW aus den Augen. Stattdessen hatte ich plötzlich zwei Männer in einem auffälligen Kombi an meiner Stoßstange kleben. »Fuck, Zivilbullen!«, dachte ich. Ich hatte zwar nichts dabei, aber wenn die mich pinkeln lassen würden, wäre ich trotzdem am Arsch. Ein junger Mann im teuren Auto mit einer Menge THC im Urin auf komischen Wegen an der holländischen Grenze – das würde unangenehme Fragen provozieren. Ich fuhr ruhig weiter, aber mein Herz raste. Warum überholten die mich nicht, wo sie doch locker an mir vorbeiziehen konnten? Eine gute Viertelstunde ging das so, dann fuhren sie plötzlich wieder ab. Mann, Mann, Mann, noch mal Glück gehabt.

Der Iraner und sein Fahrer warteten mit geöffneter Motorhaube und Warnblinklicht auf dem Standstreifen. »Wo is das Gras?«, fuhr ich ihn an. Er: »Meinst du echt, ich bin so dumm und schaff das in nem 3er-BMW rüber? Was meinst du, warum ich vorgefahren bin? Wenn die Bullen wen rausziehen, dann die dicken Autos, nicht nen schäbigen Volvo Kombi.« Bei dem Wort dicke Autos guckte er auf meinen Phaeton und rümpfte seine hässliche Nase. Wieder hatte ich was dazugelernt. Für solche Anlässe musste ich meinen Fuhrpark downgraden. »Komm, wir fahren zum Bunker«, sagte der Iraner.

Der Bunker war eine dreckige Kifferbude in einem Vorort von Münster. Da drin roch es so ekelhaft, dass ich mich gar nicht erst hinsetzen wollte. Ging auch gar nicht. Auf dem Sofa lagen locker 50 Kilo Gras vakuumverpackt, die die Kontaktleute aus Holland kurz vorher abgeliefert hatten. Der Kiffer, der den Bunker führte, reichte mir eine Tasche mit den vereinbarten 1,5 Kilo. Jetzt ärgerte ich mich, dass ich so wenig geordert hatte. »Verkaufst du mir mehr?« fragte ich. »Geht nicht, ist schon alles vorbestellt«, antwortete er. Meine Gier war geweckt.

Das nächste Mal verlangte ich vier Kilo. Ich kam noch einmal mit zur Übergabe, aber von da an fuhr ich nicht mehr den ganzen Weg hinterher, die Liefergebühren waren schließlich im Kilopreis inbegriffen. Ich kontrollierte die Qualität und überließ dem Iraner und seinen Leuten den Rest. Ussama und ich fuhren weiter in den Coffeeshop von Enschede, chillten ein paar Stunden, spielten Karten oder gingen schön Fisch essen. Danach holten wir das Zeug im Bunker oder beim Iraner in Münster ab.

Jedes Business hat seine Regeln. Das Schmuggel-Business läuft ganz oldschool: Die Übergabe funktioniert ohne Handys, nur über persönliche Kontakte. Das erhöht die Sicherheit, machte es mir aber auch schwer, an die Quelle zu kommen. Der Iraner ließ mich nicht an seine Connection ran, weil er schon wusste, dass er sich sonst überflüssig gemacht hätte und seinen Job als Vermittler los gewesen wäre. Bartu liebte seine Arbeit, und er nahm sie so ernst, wie ein Richter seinen Beruf macht, nur dass er mehr verdiente als jeder Beamte. Ich will gar nicht wissen, was der eigentlich für das Kilo bezahlte. Er nahm uns etwa 3400 Euro ab, und ich hatte gehört, dass man ein Kilo bei den Bauern schon für 1900 kriegen konnte. Das war dann zwar wahrscheinlich kein prickelndes Gras, aber in Berlin konntest du auch miese Qualität noch locker für sechs Euro das Gramm loskriegen, wenn du dich selbst an den Teich oder die sonstigen Hotspots stelltest. Aber auf das Anfänger-Level hatte ich keinen Bock mehr, ich wollte nur noch große Mengen weiterverkaufen.

Meine Schwager hatten Läufer, die das Zeug für sie vertickten, und sie belieferten auch noch andere Verwandte im Ruhrgebiet und eine Bande Russen aus Osnabrück. Ich fuhr mit meiner ersten Lieferung gleich weiter nach Frankfurt am Main, da war die Nachfrage groß und das Angebot knapp. Gutes Hollandgras war selten in der Gegend, die kriegten da meistens nur Dreckszeug aus Albanien. Bis zu 8000 Euro konnte man für ein Kilo verlangen – bei einem Einkaufspreis von 3400 Euro machte das 4600 Euro Umsatz. Mit den 1,5 Kilo Gras kam ich abzüglich Sprit auf rund 6800 Euro Gewinn, und das auf nur einer Tour, das schmeckte mir.

Ich hatte einen Verwandten in Frankfurt, den Sohn einer Cousine meines Vaters. Akif hatte lange im Gefängnis gesessen wegen Gras, das wusste jeder in der Familie. Bei einer Feier hatte ich ihn mal angehauen, ob er wieder im Geschäft sei. »Ja klar, komm vorbei, ich hab den besten Markt!«, hatte er gesagt und so großkotzig dahergeredet. Die Abmachung war, ich komm dahin, und die Kunden warten schon auf mich, ich geb ihnen das Zeug, krieg das Geld und hau sofort wieder ab. Aber als ich bei Akif eintraf, waren genau null Kunden da. »Ey, was is hier los? Wo sind denn alle?«, fragte ich ihn. »Alter, komm doch erst mal an und penn hier. Die kommen morgen früh, und dann regeln wir den Rest«, sagte er. Von wegen. Am nächsten Morgen wachte ich auf, und da packte Akif das Gras echt in 50-Gramm-Tüten ab. »Was machst du da?«, sagte ich. »Wir müssen noch ein bisschen rumfahren«, verkündete er. Ich dacht, ich werd' nicht mehr, plötzlich war ich wieder in der Teichphase und musste kleine Fische bedienen, dabei war ich doch jetzt Großlieferant. Den ganzen Tag fuhren wir durch Frankfurt und verteilten Pippi-Mengen an Kleindealer. So war das nicht geplant gewesen.

Akif war für mich gestorben. Das nächste Mal fuhr ich zu Heisam, einem Cousin, der 50 Kilometer von Frankfurt entfernt wohnte. Bei ihm konnte ich große Lieferungen schnell absetzen. Ich brachte im Schnitt vier Kilo mit, die wir noch mal etwas schwerer machten, indem wir das Gras mit Wasser besprühten oder Knaster drunter mischten, so grünes Zeug aus der Tierhandlung für Hasen. Heisam hatte seinen Kundenstamm besser im Griff, aber seinen Eigenbedarf nicht. Er bediente sich dermaßen unverschämt an meinen Lieferungen, dass er mir zu lästig wurde. Auch der Iraner ging mir langsam auf die Nerven. Er weigerte sich hartnäckig, mir die Lieferungen bis nach Berlin zu bringen, außerdem hatte er nur das Standardzeug im Angebot, obwohl bereits Haze aufkam, extrem hochgezüchtetes Gras mit viel höherem THC-Gehalt. Die ständige Rumfahrerei war mir zu anstrengend. Passenderweise lernte ich in dieser Zeit den Indonesier kennen. Der war der beste Haze-Mann überhaupt und lieferte direkt bis vor die Haustür.

Drogendealer mit Buchhaltung

Der Indonesier hatte einen legendären Ruf in Berlin. Keiner kannte seinen richtigen Namen, und nur ein exklusiver Club hatte seine Telefonnummer. Ein Clubmitglied war der Onkel von meinem Cousin Wissam, Sohn von Ali, einem Bruder meines Vaters. Wissam war das verwandtschaftliche Verbindungsglied zu einem anderen großen Clan, dessen Leute hauptsächlich in Niedersachsen lebten, aber teilweise auch in Berlin, wo sie Drogengeschäfte machten.

An einem Nachmittag saß Wissam mit seinem Onkel Malik zusammen und rauchte eine Wasserpfeife, da sagte der: »Gib mir mal dein Handy, ich muss den alten Indonesier anrufen.« Kaum hatte Wissam sein Handy wieder, kam er zu mir und Momo gerannt. »Ich hab die Nummer vom Indonesier, ich hab die Nummer vom Indonesier!! Kommt, wir machen was!!!«, schrie er. Ich fragte ihn, ob er ernsthaft die Connection von seinem Onkel klauen wolle. Die Autorität eines älteren Familienmitglieds einfach so zu übergehen konnte böse enden, für Wissam und für uns. »Ach was, wenn mein Onkel das rauskriegt, wird er ein bisschen schreien, aber der wird nichts machen. Macht euch mal locker!«, sagte Wissam und tippte auf Wahlwiederholung.

Der Indonesier war ein mysteriöser Typ. Momo recherchierte ihm hinterher, kriegte aber nicht mehr über ihn raus, als dass er Indonesier war und in Holland wohnte. Er war ein sehr, sehr alter Mann, dessen dunkles Gesicht von schneeweißen, langen Haaren und einer goldenen Brille eingerahmt wurde. Er sah aus wie ein abgebranntes Streichholz. Sein runder Kopf steckte auf einem dürren Körper, der von Besuch zu Besuch immer dünner und krummer wurde. Irgendwann trug er einen Schlauch in der Nase. Auf seinem Beifahrersitz saß ein Beatmungsgerät, so ein batteriebetriebener Kasten mit eingebauter Pumpe. Da kam er dann schon nicht mehr die Treppe hoch, aber die Lieferungen machte er immer noch selbst. Das Zeug lag einfach so offen auf dem Rücksitz rum, und im ganzen Auto stank es tierisch nach Gras. Das Beatmungsgerät pumpte gleichgültig vor sich hin. Man merkte, dass ihm alles scheißegal war. Vermutlich würde der Indonesier bald sterben. In unserer Fantasie arbeitete er trotzdem weiter, weil er fünf Frauen und 125 Enkel zu Hause hatte, deren Mäuler er stopfen musste. Uns blieb ein knappes Jahr mit ihm, in dem er uns regelmäßig super Weed zu super Preisen brachte.

Wir bestellten vier Kilo die Woche. Der Indonesier gab uns das Kilo im Schnitt für 3 200 Euro, und wir verkauften es für 4 200 bis 4 800 weiter. Manchmal machten wir uns auch noch die Mühe, es in 50- oder 100-Gramm-Tüten abzupacken, denn für kleinere Mengen konnte man mehr Geld nehmen, bis zu sieben Euro pro Gramm. So konnte man den Kurs locker verdoppeln. Je kleiner die Menge, desto größer der Preis – auch so eine Businessregel.

Aber dann kam uns Wissams Onkel auf die Spur, und es war, wie Wissam vorhergesehen hatte: Malik schrie rum, er würde unseren Vätern verraten, dass wir dealen, und das würde richtig Ärger geben und so weiter, aber letztlich einigten wir uns darauf, dass wir ihm 10 000 Euro Strafe zahlten dafür, dass wir seine Autorität missachtet und in seinem Revier gewildert hatten. Das war ja im Prinzip auch eine linke Nummer von Wissam gewesen, aber was soll ich sagen, der kam eben auch aus einer linken Familie, in der sich alle gegenseitig abzogen.

Später bauten wir auch mal eine Zeit lang selbst an, das war Momos Idee. Er und unser Cousin Tarik hatten irgendwelche

Videos geguckt, die bis ins kleinste Detail erklärten, wie man eine eigene Weed-Plantage anlegt. »Ey, das können wir auch«, erzählte Momo mir happy wie ein kleines Kind. »Wir brauchen nur ne Wohnung!« – »Nur«, sagte ich. »HAHA.« Frau Kranich vom Sozialamt konnte ich schlecht anhauen, und um eine Wohnung auf dem freien Markt zu kriegen, musste man Arbeitspapiere und Lohnabrechnungen vorweisen – alles Sachen, die keiner von uns hatte.

Die Organisation blieb natürlich an mir hängen, ich war ja der Älteste und somit der Chef unseres kleinen Familienunternehmens. Während Momo und Tarik durch Growshops und Baumärkte zogen, Erde, Substrat, Düngemittel, Lampen, Zelte, Planen, eine Abzugsanlage und was man sonst noch so brauchte besorgten, ging ich in den Mediamarkt und holte mir ein Computerprogramm, mit dem Firmen ihre Buchhaltung machten. Mit dem Programm wollte ich uns Fake-Lohnabrechnungen ausstellen. Um es zum Laufen zu kriegen, musste man allerdings jede Menge Daten eingeben: Adresse, Steuernummer, Bankverbindung, die zuständige Krankenkasse, Unfallkasse und Sozialversicherungskasse – ich brauchte also eine echte Firma. Ich wählte ein Bauunternehmen und versuchte, so viel wie möglich dazu herauszufinden. Im Impressum der Homepage stand schon mal einiges, aber wenn ich bloß die Nummer der Sozialversicherungskasse für das Baugewerbe nicht eintrug, lief das Programm nicht mehr. Drei Wochen beschäftigte ich mich jeden Abend intensivst damit, so lange hatte ich noch nie an einem Tisch gesessen. Am Ende hatte ich das System infiltriert und eine täuschend echte Lohnabrechnung auf meinen Namen ausgestellt.

Ich habe das dann auch noch für ein paar Bekannte und Verwandte gemacht, denn für Dealer war das ein gutes Modell zum Geldwaschen. Nehmen wir mal an, ein Kleindealer verdient im Schnitt 2000 Euro die Woche. Das ist zwar kein schlechter Verdienst, aber er kann damit nichts Richtiges anfangen. Zur Bank bringen geht nicht, dann würde das Finanzamt hellhörig werden. Der Dealer will sich natürlich ein geiles Auto kaufen, kann das aber bei einem seriösen Händler schlecht bar bezahlen, das wäre total auffällig. Schwarz könnte er das vielleicht machen, aber nur beim Fähnchenhändler, und der hat nicht unbedingt die besten Autos. Die meisten Dealer haben ihr Kapital auch lieber irgendwo gebunkert, denn es kann jederzeit passieren, dass eine Lieferung guter Ware in die Stadt kommt, die nur in großen Mengen verkauft wird, und man 60000 Euro bar zur Hand haben muss. Mit der Fake-Lohnabrechnung konnte ein Dealer ein Konto eröffnen, sich einen Kredit besorgen und damit einen Mercedes kaufen. Die Lohnabrechnung kam in seine Akte bei der Bank, und die war unauffällig, solange der Kredit bedient wurde. Er zahlte drei Jahre lang 1000 Euro im Monat mit seinem Drogengeld, getarnt als Lohn ab, und der Mercedes gehörte ihm. Sauber und einfach. Das Computerprogramm hatte mich 150 Euro gekostet – für drei Gehaltsnachweise nahm ich 1500 Euro. Ich war bald so geübt, dass ich nur noch eine Stunde dafür brauchte. Die Kasse klingelte mal wieder, und das war nur ein schöner Nebeneffekt.

Mit den Fake-Unterlagen mietete ich eine Wohnung in einem Hochhaus, in dem die Leute übergangsweise wohnten, wenn sie für irgendwelche befristeten Jobs nach Berlin kamen. Die Mieter wechselten ständig, und das hieß, dass wir da keinem groß auffallen würden. Den Aufbau machten wir nachts. Bestimmt 50, 60 Säcke Erde schleppten wir in die Wohnung, in Umzugskartons verpackt, damit keiner Verdacht schöpfte.

In dem großen Zimmer stellten wir ein kleines Zelt und zwei große Zelte für die verschiedenen Wachstumsphasen auf. Die Planen waren außen schwarz und innen silbern, das reflektierte das Licht der Grow-Lampen und sorgte gleichzeitig dafür, dass die übertrieben hellen Strahler von außen nicht zu sehen waren. Oben hatten die Zelte eine Öffnung, in die wir Filter so dick wie eine Felge montierten, die die Luft ansaugten und über ein Rohr, das wir an die Abzugshaube über dem Küchenherd anschlossen, nach draußen pumpten. Die Fenster ließen wir immer offen stehen, und im Flur hatten wir Duftautomaten angebracht, die Parfümwölkchen ausstießen, wenn man rein- und rausging.

In die beiden großen Zelte passten je vier Wannen mit jeweils zwei Quadratmetern Fläche, die wir circa 20 Zentimeter hoch mit Erde füllten. Wir hatten eine Heizungsanlage installiert, an der man Temperatur und Luftfeuchtigkeit einstellen konnte. In dem kleinen Zelt war die Aufzuchtstation. Wir hatten uns in Holland Samen der geilsten Sorten besorgt, die auf dem Markt waren: White Widow, Old G Kush, Amnesia Haze, Lemon Haze und Bubblegum. Die Samen packten wir in Zewa-Tücher, die wir mit Wasser besprühten und in die Nähe der Heizung legten. Nach zwei Tagen hatten sie gekeimt. Die Keimlinge kamen in kleine Pads aus Glaswolle und lagen rund zwei Wochen in Aufzuchtwannen mit beheiztem Wasser, bis sie zwei Blätter entwickelt hatten. Dann steckten wir sie in die Erde und fütterten sie mit Spezialdünger aus dem Grow-Shop. Nachdem wir die männlichen Pflanzen aussortiert hatten, blieben noch rund 350 Exemplare, die fette Blüten tragen würden.

Die Speziallampen in den Zelten hatten eine hohe Lumenzahl, die den Pflanzen signalisierte: »Es ist Frühling, wachst!«

Die Ladys schossen übertrieben schnell in die Höhe. Nach ungefähr einem Monat waren sie schon circa 1,20 bis 1,50 Meter groß und schön buschig. Wir wechselten die Wachstums- gegen Blütelampen, die ihnen Spätsommer vortäuschten, und pushten sie zusätzlich mit Dünger, sodass die Pflanzen richtig explodierten. Am Ende des dritten Monats waren die Knospen so dick, dass die Äste sie nicht mehr tragen konnten. Jetzt gaben wir ihnen drei Tage lang kein Wasser mehr, damit sie noch einmal all ihre Kraft in die Buds pumpten.

Selbst Anbauen machte echt Spaß, war aber auch eine Scheißarbeit. Wir hatten uns gegen ein automatisches Bewässerungssystem entschieden, weil dadurch schon viele Leute aufgeflogen waren. Wenn so ein Ding platzte und einen Wasserschaden im Haus produzierte, warst du dran. Also mussten wir jeden Tag in die Wohnung fahren und von Hand gießen, bis endlich der Tag der Tage kam: die Ernte.

Die Knospe ist von kleinen Blättern umgeben, die man abschneiden muss, denn die will keiner, und die faulen auch. Zwei Tage lang trennten wir Äste ab und schnippelten bis tief in die Nacht mit Nagelscheren an den Buds herum. Am Feierabend zogen wir unsere Handschuhe aus, strichen die klebrigen Pollen von ihnen ab und drehten uns daraus erst mal einen schönen puren Joint. Dann spannten wir Wäscheleinen in dem kleinen Zelt und hängten die Äste zum Trocknen auf. In den zehn Tagen, in denen sie trocknen und fermentieren müssen, verlieren sie zwar massiv an Gewicht, erreichen aber den richtigen, intensiven Geschmack. Wenn die Luftfeuchtigkeit in dieser Zeit zu niedrig eingestellt ist, dann vertrocknet die Ernte, verliert extrem an Gewicht, und man macht viel weniger Umsatz. Wenn die Luft dagegen zu feucht ist, verschimmelt sie. Das Zeug ist extrem empfindlich.

Im Schnitt kriegten wir 25 Gramm pro Pflanze raus. Mal 350 machte knapp neun Kilo Weed. Momo kümmerte sich um den Verkauf und nahm zwischen 5 000 und 5 500 Euro für das Kilo. Nach drei Monaten Arbeit hatten wir also knapp 50 000 Euro raus. Umwerfend war das nicht, zumal wir miese Produktionskosten hatten: Ich zahlte schon rund 100 Euro Strom jeden Monat, und nach dem ersten Jahr kam auch noch eine Nachzahlung von 1 500 Euro dazu. Der hohe Stromverbrauch war extrem auffällig. Wir hatten Schiss, dass uns jemand melden würde, also rief ich bei Vattenfall an und erzählte denen was vom Nikolaus: »Entschuldigen Sie bitte, ich habe so eine hohe Nachrechnung bekommen, liegt da vielleicht ein Irrtum vor oder was meinen Sie, woran das liegen kann?« – »Wie viele Personen wohnen in Ihrem Haushalt?« – »Nur ich. Wissen Sie, ich hab ganz schlimmes Asthma, ich krieg kaum Luft. Ich hab zwei Klimaanlagen eingebaut, die filtern die Luft, und wenn es so richtig schön kühl ist, geht es mir etwas besser, aber leider hält es keiner lange bei mir aus.« – »Sie haben ZWEI Klimaanlagen?« – »Ähm ja, wieso?« – »O Gott na ja, klar, das ist der Fehler, die ziehen ja so viel Strom – wussten Sie das denn nicht?« Ich hab keine Ahnung, ob die mir das ernsthaft abgenommen haben, aber uns hat in den knapp eineinhalb Jahren mit fünf Erntezyklen nie jemand gemeldet.

Schlomo Levi

Ich war Anfang 20 und nutzte alle Chancen, die sich mir boten, schob Schichten im Zeitungsladen, damit mich das Amt in Ruhe ließ, brach in Supermärkte ein und verkaufte Lasterladungen Zigarettenstangen, vertickte kiloweise Weed, half

Verwandten bei Überfällen, fälschte Lohnabrechnungen und, und, und. Abends fiel ich halb tot ins Bett. Hätte Marwa mir nicht irgendwann gesagt, dass sie schwanger war, hätte ich es wahrscheinlich nicht einmal bemerkt. Wir sahen uns kaum, und mein Kopf war ständig woanders, bei schnellen Geschäften oder schnellen Nummern mit anderen Frauen. Ich freute mich, dass mein erstes Kind ein Sohn werden würde, aber noch mehr freute ich mich über die Bekanntschaft mit dem Jugoslawen, der Pässe fälschen konnte.

Marwas und meine Familie zusammen ergaben ein riesiges Netzwerk. Irgendwer kannte immer irgendwen, der irgendwas klarmachen konnte, und Tipps und Tricks sprachen sich sofort rum. So kam ich auf Duki, der immer in einem Albaner-Café im Wedding abhing. Wer was Krummes vorhatte und dafür eine andere Identität brauchte, ging in das Café und beantragte einen Pass. Für 500 Euro pro Nase besorgte Duki mir und meinen Brüdern belgische Pässe mit unseren Fotos und jüdischen Namen. Ich nannte mich Schlomo Levi. Dieser Name, dachte ich, würde mir viele Türen öffnen. In meiner Vorstellung arbeiteten die Juden alle im Diamanten-Business und waren stinkreich, außerdem verursachten sie Schuldkrämpfe bei den Deutschen, die deshalb keine dummen Nachfragen stellen würden.

Ich ging zur Deutschen Bank, um ein Konto zu eröffnen, und der Berater hätte mir fast die Füße abgelutscht. »Sie handeln mit Diamanten? Das ist ja interessant! Was verdienen Sie im Monat?« – »10 000 Euro.« – »Und das geht dann auch alles bei uns ein?« – »Ja klar.« Die Kohle zahlte ich bar ein. Als Verwendungszweck gab ich »Lohn/Gehalt« und den jeweiligen Monat an. Jeden Monat zahlte ich 10 000 Euro ein, damit mir die Bank einen großzügigen Kreditrahmen gab. Mit dem

Pass hatte ich eine neue Wohnung angemietet, die ich zum Anbauen nutzen wollte, aber der Jugoslawe brachte mich auf eine bessere Idee.

Duki kam auf mich und die Jungs zu und fragte, ob wir ihm Autos besorgen könnten. »Was brauchst du denn?« – »Eine S-Klasse und einen A8.« Wir hatten goldene Kreditkarten und gefälschte Pässe – nichts leichter als das. Wir mieteten die gewünschten Autos an einem Freitag, den einen bei Sixt, den anderen bei Hertz, und fuhren sie zu den Albanern. Als Duki sah, dass die Nummer klappte, bestellte er gleich noch mal fünf VW Golf nach. Wir probierten es bei anderen Autovermietungen und kriegten an dem Wochenende noch drei Golf zusammen.

Das Geschäft war denkbar einfach: Dukis Leute verabschiedeten sich mit den Autos direkt Richtung Osten, und wahrscheinlich machten sie in Polen, Rumänien, Albanien oder wo auch immer die Wagen am Ende landeten, noch die Fahrgestellnummern unkenntlich, aber damit hatten wir schon nichts mehr zu tun. Duki gab uns je 15000 Euro für den Audi und den Mercedes und 6000 Euro pro Golf cash auf die Hand. Wir räumten noch unsere Konten leer und schöpften den restlichen Kreditrahmen aus, dann verbrannten wir die Pässe und schmissen die Karten weg. Schon war die Sache für uns gelaufen. Am Montag merkten die Autovermietungen, dass unter unserer Nummer niemand zu erreichen war. Die Bank sperrte die Kreditkarten, und irgendwann rückten die Bullen bei der angegebenen Adresse an, aber die neue Wohnung hatte ich nie betreten, da gab es keine Fingerabdrücke, keine Haare, keine DNA – nix, was sie zu mir hätte führen können.

Paragraf 31

Und doch kriegten die Bullen mich schließlich dran, wegen einer anderen Sache, die ich in Auftrag gegeben hatte und die Marcel, der Zigarettenjunge, komplett verbockt hatte. Unsere Jobs beim Kiosk gingen Momo und mir allmählich auf die Nerven. Dafür, dass sie nur für den schönen legalen Schein gedacht gewesen waren, zogen sie massiv zu viel Zeit. Der Chef hing nur noch bei seiner Alten oder am Strand von Antalya ab, während wir seine Geschäfte führten, und mit dem Ausbildungsvertrag kam er auch nie um die Ecke. Zum Ausgleich bedienten Momo und ich uns an der Kasse, was der Chef irgendwann bemerkte und uns fristlos kündigte. Noch am selben Tag rief ich Marcel an, gab ihm die PIN für die Alarmanlage und wies ihn an, in den Kiosk einzusteigen. Das machte er auch und probierte dabei einen Schokoriegel, der ihm nicht schmeckte.

Drei Monate später brach er in einen Edeka ein, und eine Putzfrau, die an diesem Morgen früh dran war, entdeckte ihn und rief die Polizei. Marcel ließ die Beute liegen und rannte los, aber die Bullen erwischten ihn zwei Querstraßen weiter. Sie glichen seine DNA mit den Spuren anderer Einbrüche ab und siehe da, sie matchte mit einem angebissenen Schokoriegel, den sie im Mülleimer eines leer geräumten Kiosks gefunden hatten.

Marcel war ein richtiger 31er. So nannten wir Verräter, die andere ans Messer lieferten, um nach Paragraf 31 des Strafgesetzbuchs eine geringere Strafe zu bekommen. Der Junge hatte bestimmt 25 Einbrüche für uns gemacht, gab aber nur die zu, die er nicht leugnen konnte. Er beschuldigte mich als Anführer, und um sich besonders wichtig zu machen, steckte er den Bullen auch noch, dass ich eine Knarre hatte. Die hatte ich für die Einbrüche zwar nie benutzt, aber der kleinen Ratte mal gezeigt, als ich mit Momo und ihm unterwegs war.

Wenn Waffen im Spiel sind, rückt das Spezialeinsatzkommando an. Und so kam es zu jenem Morgen, an dem das SEK meine Tür eintrat, mich auf den Boden warf und ein türkischer Bulle versuchte, mich an meiner Ehre zu packen: »Was bist du für ein Mann? Deine Frau ist schwanger und im Nachthemd, und guck mal, wie viele fremde Männer sie jetzt gesehen haben!«

Ein gutes Dutzend Bullen durchwühlte unsere Schränke, und Marwa verstand wahrscheinlich die Welt nicht mehr. In einer Schublade fanden sie meine Feinwaage, kleine Plastiktüten und eine Rolle Alufolie. »Was machst du denn damit?«, fragte mich der Einsatzleiter mit einem dicken Grinsen im Gesicht. »Kuchen backen«, gab ich zurück. Sein Grinsen erlosch. Er ließ seine Leute noch eine Extrarunde suchen, aber sie fanden nichts weiter. »Komm, wir fahren zu deinem Bruder nach Hause«, sagte der Einsatzleiter. Jetzt grinste ich nicht mehr. »Fuuuuck«, dachte ich. »Wir sind gefickt!« Ich hatte die Knarre vor ein paar Tagen im Zimmer von meinem Bruder versteckt, weil ich nicht die ganze Zeit damit rumlaufen wollte.

Die Bullen schleppten mich zu meinen Eltern. Fadia öffnete die Tür und fragte in gebrochenem Deutsch, was sie von ihr wollten. Sie sah nicht sonderlich überrascht aus, als sie mich erblickte. Ich konnte ihr nicht in die Augen schauen.

»Was suchen Sie denn hier?«, fragte ich den Chefbullen. Der guckte mich an und sagte nur: »Die Pistole.« Fuuuuuck! Die wussten alles. Der Bulle ging ins Zimmer meines Bruders und öffnete den Kleiderschrank. Im Kleiderschrank, in einem

Stapel Pullover, hatte ich die Knarre versteckt. Ich hielt die Luft an und wartete auf mein Ende. Illegaler Waffenbesitz würde mir auf jeden Fall eine Haftstrafe einbringen. Ich sah zu, wie er die Hand zwischen die Pulloverschichten schob. Alles lief wie in Zeitlupe. Rein, raus, rein, raus, er ging den Stapel von oben durch. Die Knarre lag ganz unten, zwischen einem schwarzen Armani- und einem schwarz-weißen Carlo-Colucci-Pullover. Seine Hand fuhr hinein, und als er sie wieder rauszog, war sie leer. Ich atmete ein. Hä? Hatte der die Knarre nicht ertastet oder was? Ich kapierte nichts mehr. Auch in den anderen Zimmern fanden die Bullen nichts. Nach einer Stunde gaben sie auf und brachten mich nach Moabit. U-Haft.

Die Zelle hatte keine Toilette. Wenn ich aufs Klo wollte, musste ich meine Hand durch einen Ausschnitt in der Tür stecken und eine Klingel drücken. Die Tür war aus einer Stahlplatte, in die kleine Löcher gestanzt waren, Tausende Löcher. Ich fing an sie zu zählen und kam hundert Mal durcheinander. Wieder von vorn. Nach den Löchern zählte ich die Fliesen. Nach den Fliesen machte ich Liegestütze. 50 Stück, Pause, und wieder von vorn.

Die erste Nacht in der Einzelzelle war ich nicht so gut drauf. Die Ungewissheit machte mich verrückt. Was passierte jetzt, wie lange würde ich hier drin sein? Mir ging vieles durch den Kopf. Die Nachbarn, die Familie, die ganze Community würde hören, dass ich im Knast war. Ich dachte an meinen Vater und wie er sich vor allen Leuten für mich schämte. An meine Schwiegereltern, an Marwa, die auch noch schwanger war. »Was bist du für ein Mann?«, die Frage des türkischen Bullen hallte in meinem Kopf nach.

Zwei oder drei Mal kamen die Sachbearbeiter rein und nahmen mich mit zur Vernehmung. Die Bullen spielten Spielchen mit mir. »Der Junge hat uns schon alles erzählt. Du warst der Anführer, du hast ihn in die Läden geschickt und ihm die Sachen abgekauft.« – »Ich sage nichts.« – »Außer dem Chef kanntest nur du die PIN für die Alarmanlage.« – »Ach Quatsch, der Spast hat die doch jedem verraten!« Stundenlang ging das so. Ich merkte, dass Marcel ihnen nur die zwei Dinger erzählt hatte, die er nicht abstreiten konnte, und vielleicht noch ein, zwei Sachen, bei denen er sich selbst nicht krass belasten musste. Stattdessen hatte er die Aufmerksamkeit auf mich gelenkt.

Die Bullen pokerten, wollten, dass ich mich verplappere. Ich sagte so wenig wie möglich. »Ja, manchmal hat er mir Kippen gebracht, ich hab die verkauft, aber ich weiß nicht, woher er die hatte.« Dass ich Marcel mit den Einbrüchen beauftragt hatte, dass wir manche Supermärkte zusammen ausgekundschaftet hatten und dass wir nicht nur zwei, sondern mindestens 25 Dinger gedreht hatten, sagte ich natürlich nicht. Im Prinzip gab ich so gut wie nichts zu.

Ich glaube, irgendwann sahen sie ein, dass sie nicht viel gegen mich in der Hand hatten. Vermutlich hatten sie es auf meine Knarre abgesehen, weil der Fall dann in einer anderen Liga gespielt hätte. Hätten sie die gefunden, hätten sie nicht mehr groß ermitteln müssen, und dann hätte es auch nichts mehr zu quatschen gegeben. Knarre bedeutete Knast. Keine Knarre bedeutete kein Knast.

Am Morgen des dritten Tages ging die Tür auf. »Pack deine Sachen, du kannst nach Hause.« Boah! Ich wollt' lachen, ich wollt' tanzen, ich war so dankbar, ich wusste nur noch nicht, wem. Ich fuhr mit dem Taxi nach Hause, Marwa war nicht da. Ich duschte kurz und fuhr weiter zu meinen Eltern. Meine Stiefmutter öffnete die Tür, Marwa saß mit verheulten Augen im Wohnzimmer. Mein Vater war arbeiten. Fadia beleidigte mich von oben bis unten: »Was ist nur aus dir geworden? Warum machst du so was? Dein Vater ist ein alter Mann, warum ärgerst du ihn so?«

Marwa sagte nichts Großartiges, ich glaube, sie war einfach nur froh, dass ich wieder da war. Als sich Fadia abgeregt hatte, erzählte sie mir, dass sie die Knarre in Momos Schrank gefunden und sie meinem Vater gegeben hatte. Was der damit gemacht hatte, wusste sie nicht. Vermutlich hatte er sie weggeschmissen. Meine Eltern hatten den Braten gerochen und ahnten, dass wir noch immer illegale Sachen machten. Schon früher hatten sie unsere Zimmer durchsucht, wenn wir nicht da waren. Zum ersten Mal war ich ihnen dankbar dafür. »Ich küsse deine Augen!«, rief ich und lachte. Fadia lachte nicht.

Als mein Vater am Abend nach Hause kam, drückte er mir gleich blöde Sprüche. »Und, war's schön da? Hat's dir gefallen?« Das war typisch für ihn. Er setzte sich nicht mit mir hin und suchte das Gespräch, von wegen »du wirst jetzt Vater und bist nicht mehr nur für dich allein verantwortlich« – oder so etwas in der Art. Mir war das Ganze trotzdem extrem unangenehm vor ihm.

Der Schreck, die Angst und die Scham wirkten noch ein, zwei Tage nach. Dann schaltete ich sie wieder ab. Ich wusste, dass es falsch war, was ich machte, aber irgendwie machte ich trotzdem weiter. In der einen Welt sah ich keine Perspektive für mich. In der anderen kannte ich mich aus, wusste, wie das Geschäft lief, und hatte ausgezeichnete Kontakte. Eine Lehre aber zog ich aus der Verhaftung: Ich musste mich auf eine Sache konzentrieren. Gras zu verkaufen und gleichzeitig Einbrüche, Überfälle, Diebstähle und Hehlerei zu machen war zu gefährlich. Du verdoppelst quasi die Augen und die Kräfte, die nach dir suchen. Wenn du nur auf einem Feld arbeitest, sucht dich auch nur eine Abteilung der Polizei und nicht gleich zwei, drei oder vier. Also besann ich mich auf meine Wurzeln und entschied mich für eine Drogenkarriere.

Überm Himmel von Berlin

Den Umsatz steigern

Kokain kam über den Onkel von Wissam in mein Leben. Malik hatte Schulden bei meinem Onkel Ali und versuchte mich dazu zu überreden, dass er mir Koks gibt und ich dafür Ali das Geld auszahle – ein Tauschgeschäft also. »Wir haben mit Koks nichts zu tun. Hast du Gras?«, fragte ich. Da meinte Malik: »Nee, Gras mach ich nich mehr, das is doch Kinderkacke.« Was für ein arroganter Arsch. Jedenfalls musste ich an ihn denken, als Momo und ich ein paar Monate später im Schreibwarenladen standen und auf unsere Visitenkarten warteten. Doch der Reihe nach.

Nachdem wir ins Haus meiner Großeltern gezogen waren, hatten wir zwei Palästinenser kennengelernt, die Weed und Hasch in unserem Wohnblock verkauften und gute Kunden von uns wurden. Sami und Kasi waren ungefähr im gleichen Alter, und wir mochten uns. »Wir sind ehrliche Gangster«, sagten wir immer, weil keiner den anderen abzog.

Momo, der noch geldgeiler war als ich, reichte es nicht, groß zu verkaufen. Er gab sich ab und zu noch die Kleinscheißarbeit und vertickte 25-, 50- oder 100-Gramm-Beutel, um noch mehr Gewinn rauszuschlagen. Dafür ließ er sich Visitenkarten drucken, auf denen nicht mehr stand als »Apo«, sein Alias, und eine Handynummer. Potenzielle Kunden wussten dann schon Bescheid. Das nette alte Ehepaar vom Schreibwarenladen wahrscheinlich auch, denn auch Sami und Kasi ließen ihre Visitenkarten bei ihnen drucken, und die machten ihre Geschäfte direkt nebenan in der Einfahrt.

Während wir warteten, kam Sami rein. »Und was machst du so?«, fragte Momo. »Ich geh in den Puff jetzt«, sagte Sami. »Ich warte nur noch auf den Ticker.« – »Was für'n Ticker?«, fragte ich. »Ach, ich hol mir immer ein bisschen Koks, bevor ich geh.« – »Ah, okay, und für wie viel kaufst du?« – »0,6 Gramm für 50 Euro.« Ich dachte an Maliks Angebot zurück. »Ey, ich hab viel Besseres«, sagte ich. »Echt jetzt? Was'n für'n Kurs?« – »32 Euro das Gramm. Wurde mir angeboten. Is das gut?« Sami lachte laut auf. »Das is übertrieben gut, Bruder!« – »Meinst du, dafür gibt's Abnehmer?« – »Ja klar!« – »Ok«, sagte ich, »dann bring ich mal ne Probe.«

Malik gab mir einen tennisballgroßen Stein mit, eingewickelt in ein Taschentuch. Ich hatte Koks noch nie probiert und ein bisschen Respekt davor. Kiffen war eine Sache, wie Wasserpfeife rauchen, das entspannte halt. Kokain war eine andere Nummer, davon wurden Leute süchtig. Ich brachte die Probe zu Sami in die Einfahrt. Er wickelte den Klumpen aus und hielt ihn ins Licht. Er schimmerte weiß mit einem leichten Braunstich. »So ein Koks hab ich noch nie gesehen«, sagte er. »Darf ich mir ne Nase ziehn?« – »Ja klar.« Sami brach ein Stück von dem Stein ab, zerdrückte es mit seiner Krankenkassenkarte auf einer CD-Hülle, die ich für ihn hielt, nahm seinen Videotheksausweis dazu, zerkleinerte das Zeug mit beiden Karten und schob es zu einer dünnen, ungefähr fünf Zentimeter langen Linie zusammen. Dann rollte er einen 100-Euro-Schein zu einem Röhrchen, hielt sich das rechte Nasenloch mit dem Zeigefinger zu und zog das Pulver durch das linke hoch. Er rieb sich die Nase und riss die Augen auf: »Krass, Khalil. Das ist übertrieben gut!« Sami brach noch einen Krümel von dem Stein ab und zerrieb ihn zwischen Daumen und Zeigefinger. Das Zeug schmolz wie Schnee. »Das is pur, das gibt's ja nich!«, rief Sami. Normalerweise löste sich das Pulver nie ganz auf, es blieben immer weiße Körnchen zurück, weil das Koks mit irgendeinem Chemie-Scheiß gestreckt wurde, erklärte er. »Ich hab noch mehr«, sagte ich. »Wenn du was willst, kannst du mich anrufen.«

So ging es los. Und wie: Die Kunden an der Einfahrt rasteten aus. Sami rief an, wollte erst fünf, dann acht, dann zehn Dinger, plötzlich 15, 50 und noch mehr. Wir mussten improvisieren. Ich holte Nachschub bei Malik, der mir ein paar Hundert Gramm auf Kombi gab. Momo holte rote Plastiktüten vom türkischen Gemüseladen, die wir in Vierecke schnitten, die auf unsere Feinwaage passten. Darauf gaben wir ein paar Krümel, 0,6 Gramm pro Portion. Dann drehten wir die Ecken des Plastiks zusammen und verschmolzen sie mit einem Feuerzeug. Fertig war die Schneekugel.

Wir hatten echt keine Ahnung. Koks war nur ein Nebenerwerb für uns, der auf einmal überhandnahm. Sami wurde es zu anstrengend, den Läufer für uns zu spielen, er meinte nur: »Macht mal selber«. Auf Momos Nummer riefen immer mehr Leute an, die lieber Koks als Gras wollten. Eigentlich waren wir nicht so heiß auf das Geschäft, denn die Strafen waren sehr hoch in diesem Bereich, »keine Kinderkacke«, um es mit Maliks Worten zu sagen. Koks bedeutete auf der einen Seite mehr Risiko, auf der anderen aber auch mehr Gewinn. Viel mehr Gewinn. Ich dachte nach. Im Endeffekt war es ja so: Ich führte ein Unternehmen, und was war das Ziel aller Unternehmen? Den Umsatz steigern! Außerdem wurde ich älter und wollte mit den anderen mithalten können. Ich war 21 und nahm Kokain als neue Herausforderung an.

In diesem Geschäft musstest du dich auf deine Partner verlassen können. So ein Scheiß wie mit Marcel durfte nicht noch einmal passieren. Ich vertraute meine Pläne also nur meinen engsten Leuten an: meinen Brüdern Amir und Momo. Walid, mein jüngster Bruder, war damals noch zu klein. Amir stand in der Hierarchie zwar eigentlich über mir, weil er ein Jahr älter war als ich – aber ich war härter als er. Ich führte die Geschäfte, ich bestimmte, von wem wir kauften, an wen wir verkauften und wo es langlief. Ich war der Chef.

Als Erstes holten wir uns eine neue Handynummer und ließen Visitenkarten drucken. Um unseren Kundenstamm zu erweitern, hatte ich mir eine Marketingstrategie überlegt: Jeder Mann, den ich kannte, ging regelmäßig in den Puff – die Nutten würden unsere natürlichen Werbeträger sein.

Das Rush Hour in Charlottenburg war damals die angesagteste Table-Dance-Bar in Berlin. Am Eingang musstest du dein Geld in Rush-Hour-Dollars tauschen, mit denen du Getränke und Frauen bezahlen konntest. Meine Brüder und ich tauschten immer gleich 5000 bis 6000 Euro. Wenn wir in dem Laden aufschlugen, war die Stimmung direkt angespannt. Wir waren keine »Hey lass Party machen«-Idioten, wir waren die ernsten Typen, für die die Sitzecke am Kopf der Tanzfläche geräumt wurde. Sofort kamen alle Weiber zu uns an den Tisch. Wir waren die Hähne im Korb. Etwas anderes hätte ich mir auch nicht bieten lassen. Da gab es Männer, die den Tänzerinnen mal so »hihi« ein, zwei Dollar ans Strumpfband hefteten. Wenn eine zu uns kam, die uns gefiel und schön ihre zusammengepressten Titten hinhielt, steckten wir ihr direkt 30 Dollar zu.

Es hatte sich schnell herumgesprochen, dass wir Kohle hatten. Die Weiber versuchten uns zu überreden, ihnen für einen Extratanz ins Separee zu folgen. In diesen Separees lief alles. Für Extrageld konntest du die anfassen, bumsen und natürlich auch Geschäfte machen.

Ich legte eine Line und tat so, als würde ich die wegziehen, dabei pustete ich das Pulver schnell vom Tisch. In dieser Dunkelkammer sah die Nutte ja eh nichts. »Was ziehst'n da Schönes?«, fragte sie. Ich legte noch eine Line und zack, ballerte sie die weg. Die ersten ein, zwei Mal gab ich das Koks aus. Aber dann war Schluss. »Ey, habt ihr heute nix dabei?«, hieß es dann. »Doch, aber das ist unser Geschäft. So wie du deine Arbeit hast, haben wir unsere Arbeit«, sagte ich. »Okay, heute zahlst du nur die Hälfte, aber nächstes Mal …« – »Ja, ja, alles klar.« Bald wurden alle Nutten unsere Kunden und die Kunden der Nutten auch.

Koks-Taxi

»Sag mal, wie verkauft ihr das Zeug eigentlich?«, fragte uns Wissams Onkel nach den ersten Wochen im neuen Business. »Na, so wie du es uns gibst, wieso?«, fragte ich zurück. »Was??? Ihr müsst das doch panschen!!!« Malik fiel vom Glauben ab und vor Lachen fast vom Sofa. Kein Wunder, dass die Leute so übertrieben heiß auf unser Koks waren. Wir hatten die beste Ware einfach pur rausgehauen und uns selbst um mindestens 50 Prozent Umsatz gebracht.

Malik ließ sich herab und zeigte uns, wie man das Kokain richtig streckt, und laberte uns dabei mit seinen Geschichten voll. »Ich hab mal mit meinem Vater ein Kilo Koks im Wedding im Park vergraben, und dann sind wir hingegangen und wollten das wieder ausgraben, aber haben das nicht mehr gefunden. Wir haben überall gegraben, und dabei haben wir zwei Kilo Heroin gefunden. Mein Vater hat ein Kilo genommen, und ich hab ein Kilo genommen. Ich hab meinem Onkel aus Saarbrücken das Zeug gegeben, er sollte das für mich verkaufen, aber der hat mich abgezogen.« – »Fuck, es gibt echt noch viel krassere Leute«, dachte ich. Mit meinem Vater hätte ich niemals solche dreckigen Geschäfte machen können. In meiner Familie wussten die Eltern nicht, was die Kinder trieben, aber bei denen war es das Normalste der Welt, Malik erzählte das noch nicht mal mit Betonung. Sein Vater ist inzwischen abgehauen, der sitzt irgendwo in der Türkei und wird von Interpol gesucht.

Kokain streckt man so: Man haut einen Brocken zu Pulver, füllt das Pulver in einen Gefrierbeutel und mischt es im Verhältnis 50:50 mit Edelweiss-Milchzucker. Dann muss das Pulver wieder gepresst werden. Das ist zwar eigentlich Quatsch, denn zum Ziehen zerkleinern die Kunden das Zeug ja sowieso. Aber die Leute glauben halt, dass gutes, also reines Koks daran zu erkennen ist, dass es in festen Krümeln, wie kleine weiße Steine daherkommt. Also nimmt man ein Taschentuch, macht es nass und lässt einen Tropfen Wasser in den Beutel tropfen. Das Pulver drückt man in eine Ecke rein, und dann dreht man den Beutel richtig fest zu, legt ihn für drei Sekunden in die Mikrowelle und dann über Nacht ins Tiefkühlfach. Am nächsten Tag hat man einen Brocken, der zwar nicht so stabil ist wie im Originalzustand, aber es reicht, um mit einem Löffel Krümel davon abzuraspeln und in kleine, zylinderförmige Kapseln zu füllen.

Andere Leute hauen zusätzlich noch Chemie ins Koks, Lidocain zum Beispiel, ein Mittel, das Zahnärzte vorm Bohren spritzen. Das macht den Gaumen taub und wirkt dann so, als wäre das Kokain besonders stark. Wir verzichteten darauf. Weil wir schon angefangen hatten, das Zeug pur zu verkaufen, hatten wir schnell viele Kunden mit hohen Ansprüchen gewonnen, und die wollten wir nicht völlig verprellen. Wahrscheinlich war unsere nicht die beste Methode, die es gab, aber sie ließ den Umsatz explodieren.

Fürs Strecken mietete ich ein Zimmer in einem Hotel an, das eine Tiefgarage hatte, von der man direkt mit dem Aufzug hochfahren konnte, so mussten wir nicht jedes Mal mit unserem Arbeitswerkzeug an der Rezeption vorbei. Nach und nach verfeinerten wir unsere Technik. Mein Metallkurs an der Loser-Schule war am Ende doch noch zu etwas gut: Ich schweißte eine Schatulle aus Blech zusammen, mit der sich das gestreckte Kokain besser pressen ließ. Die Mische kam in die Form, eine Platte obendrauf, die genau in die Form passte, und dann wurde das Ganze mit Schraubzwingen zwei Tage lang fest zusammengedrückt.

Wir kauften uns eine feinere Waage, die drei Stellen hinter dem Komma anzeigte, und packten nur noch 0,555 Gramm in jede Kapsel. Die Kunden hatten Waagen, die nur zwei Stellen hinter dem Komma anzeigten und automatisch auf 0,6 Gramm aufrundeten. So hatten wir wieder etwas gewonnen.

Meine lukrativste Idee aber war der Lieferservice. Heute gibt es Dutzende Koks-Taxis in Berlin, aber Anfang der 2000er war das noch eine Geschäftslücke. Ich weiß nicht, ob wir das allererste Koks-Taxi gründeten, aber ich denke, wir waren das erste mit 24-Stunden-Lieferservice. Als Vielmieter kriegten wir Rabatt und konnten monatsweise Autos leihen, Opel Corsa, Ford Fiesta, bloß nichts Auffälliges, also keine geilen Karren mehr – zumindest nicht fürs Geschäft.

Die Bestellungen gingen auf einem Prepaid-Handy ein. Wir hatten Codes: »Kannste mal zehn Minuten vorbeikommen?« hieß: »Bring mir zehn Kapseln.« Oder: »Bringste mir drei Pizzas mit?« = »Bring mir drei Kapseln.« Die Araber bestellten *Dujaj*, das bedeutet eigentlich Hühnchen, aber klingt ein bisschen wie »Dschescho«, und so nennen die Dealer in »Scarface« ihr Kokain. Man redete nicht viel am Telefon. »Kommst du dahin wo letztes Mal?« – »Ja, okay.«

Wir lieferten nach Hause, ins Büro, zur Party oder in die Diskothek. Der Kunde kam raus, setzte sich ins Auto, drückte mir beim Händegeben das Geld in die Hand, und dann fuhren wir eine Runde. Ich gab ihm die Kapseln und ließ ihn an der nächsten Ecke wieder raus. Auch das war eine Vorsichtsmaßnahme. Die Leute gucken ja, vor allem die Omas sind schlimm, die sitzen die ganze Zeit am Fenster und beobachten die Straße. Die denken »was macht der da?« und sehen dich noch mal und noch mal und noch mal und rufen irgendwann die Polizei. Ich habe nie einen an der gleichen Stelle rausgelassen, und die Idioten, die an die Scheibe klopften und dachten, ich reiche ihnen das Koks mal eben durchs Fenster, wies ich direkt zurecht: »Steig ein, Junge!« In diesem Business musste man echt mitdenken.

Wer einen Neukunden warb, kriegte eine Kapsel gratis. Aber keiner durfte unsere Nummer weitergeben, auch das war eine Regel. Es wurde ein Treffen verabredet, bei dem der Kunde den Neuen mitbrachte. »Haste mir nen Bullen angeschleppt oder was?« – »Nee, das isn guter Freund …« – »Ach ja? Was is, wenn ich ihn jetzt durchsuche? Mach ma' dein T-Shirt hoch!« Wenn der Neue sauber war, gaben wir ihm unsere Nummer. Es war quasi unmöglich, einen verdeckten Ermittler bei uns einzuschleusen.

Meine Brüder und ich arbeiteten rund um die Uhr, in drei Schichten. Amir, Momo und ich wechselten uns ab. Eine Kapsel verkauften wir für 50 Euro. Abzüglich des Einkaufspreises und der Nebenkosten wie Sprit und Miete blieben 30 Euro Gewinn. Im Schnitt verkauften wir 300 Kapseln die Woche; an Feiertagen das Doppelte. Ich war ständig unterwegs, selbst als mein erster Sohn geboren wurde.

Hunde

Weil Marwa immer noch Duldungsstatus hatte, durfte sie den Landkreis des Asylantenheims in NRW eigentlich gar nicht verlassen. Für die Geburt musste sie zurück und da in ein Krankenhaus gehen, damit es keinen Stress mit der Ausländerbehörde gab. Ich fuhr erst eine Woche später runter. Marwa traute sich wie immer nicht, etwas zu sagen, aber sie guckte mich an wie einen Fremden. Ich hielt die Tradition ein und entschied, dass unser erster Sohn nach meinem Vater heißen sollte. Ahmad weinte, und ich trug ihn ein bisschen herum und machte Fotos, die ich per Massen-MMS an alle Verwandten schickte. Dann fuhr ich wieder zurück nach Berlin. Ich hatte andere Sachen im Kopf.

Das Koks-Taxi hat mir echt viel im Leben gezeigt. Wir belieferten alle Klassen, von den ärmsten Schluckern bis zu den reichsten Ärschen der Stadt. Nutten und Zuhälter, Autohändler, Barkeeper und Köche, Künstler, Jurastudenten und Anwälte, Firmenchefs. Die Puffs in Ku'damm-Nähe wie zum Beispiel das Milano in der Hohenstaufenstraße gehörten einem Verwandten von uns, da pinkelten wir keinem Fremden ins Revier. Momo kannte auch einen Zuhälter, der zwei, drei

Frauen auf der Straße hatte und immer mindestens 20 Kapseln auf einmal bestellte. Mich rief ständig ein Jurastudent an, ein junger Typ in Opaklamotten. Er trug grüne Cordhosen und Westen und schleppte haufenweise neue Leute an, alles Anwälte. Die Anwälte riefen auch oft aus dem Puff an. Einer bestellte mich jeden Freitag in seine Kanzlei und legte sich die erste Line gleich vor mir. Er hatte so einen geilen Tisch mit Lederbezug, der von goldenen Nieten umrundet war. Während er das Koks vom Leder zog, philosophierte der Anwalt über das »Wesen« der Droge.

Unser bester Kunde aber war der Chef eines Energieunternehmens. Seine Firma hatte eine Abteilung, die Werbefilme drehte, in der verkroch er sich gern. Die Soundräume waren mit schwarzem Schaum ausgekleidet, der den Schall schluckte, und das Kokain fraß die Zeit. Irgendwann fing der Chef an, mich schon mittags anzurufen. Seine Augen waren knallrot und die Pupillen drei Meter breit, er war voll drauf und wollte trotzdem noch mehr. Der Chef und sein Geschäftsführer riefen mich auch an, wenn sie Partys schmissen. Das waren eigentlich so feine Leute, aber richtig kaputt. Der Chef trug sein Hemd aufgeknöpft und fuhr einen roten Mitsubishi, der aussah wie ein Ferrari. »350 PS! Der kostet 100 000 Euro!«, gab er an.

Als ich ihn zum letzten Mal sah, war er Kellner. Was soll ich sagen, er hat sich kaputt gekokst. Er bestellte mich zu einem Steakhouse und kam da echt mit Schürze raus. Er war völlig bankrott.

Koks wirktauf jeden Menschen verschieden. Manche kriegen ein Liebesding, wenn sie ziehen, wollen sie die ganze Welt umarmen. Manche werden in sich gekehrt, manche nach außen gedreht. Manche wollen Liebe. Manche wollen Aufmerksamkeit. Manche wollen schlagen, manche ficken. Es ist ein Teufelszeug. Du hast Kunden, die rufen dich einmal am Wochenende an, und dann hörst du den ganzen Monat nichts mehr von ihnen. Aber die meisten werden süchtig. Kokain weckt die Gier in ihnen.

Wir hatten nie mehr als zehn Kapseln auf einmal dabei, auch das war eine Vorsichtsmaßnahme. Nur an Feiertagen machten wir Ausnahmen, denn dann war baller, baller, baller angesagt. Wenn ein Feiertag auf den Monatsersten fiel, hatten wir richtig Stress, dann war Geld da, Hartz oder Lohn, und die Leute gingen feiern. Die Lines wurden immer länger, das Gesicht halbseitig gelähmt – egal, die nächste Kapsel wurde auch noch weggeballert. Die Nase schwoll so doll an, dass nichts mehr reinging – egal, dann wurde eben eine Zigarette angeleckt, durchs Pulver gerollt und das Ganze geraucht. Ein Kunde kochte das Koks mit einem Feuerzeug auf einem Löffel, zog die Flüssigkeit in eine Spritze und jagte sie sich in den Arm. Es gab viele ekelhafte Typen. Die schlimmsten waren die Baser, die waren richtige Crack-Junkies. Die kochten das Kokain mit Ammoniak auf, bis nur noch eine hochkonzentrierte Essenz übrig blieb, die sie in der Pfeife rauchten. So blieb von einer ganzen Kapsel nur noch ein Zug – und mit dem rasten sie in einen dunklen Tunnel.

Koks macht aus Menschen Hunde. Wenn du drauf bist und die Wirkung nachlässt, willst du unbedingt Nachschub haben, und dann machst du alles dafür. ALLES. Eine Tänzerin aus dem Rush Hour rief mich an, sie hatte mit ihrer Freundin schon locker zehn Kapseln weggeballert. Ihr Geld war weg, der ganze Umsatz des Abends futsch. Wenn sie tanzte, sah sie richtig geil aus, aber egal wie geil die Leute waren, irgendwann kippte es. Ihr lief der Saft aus der Nase, die Schminke war verschmiert, sie zitterte und bettelte mich mit leeren Augen an, wollte ficken und blasen, damit ich ihr was umsonst gab. Sie dachte wohl, ich wär' so ein Standardmann, den man verarschen kann.

Was soll ich sagen, es war kein einfacher Job. Die Leute versuchten alles, um was von dir zu kriegen. Sie belogen dich, sie betrogen dich, sie versuchten dich zu hintergehen. Ich habe sehr viel über Menschen gelernt in dieser Zeit, denn ich erlebte sie in ihrer ekligsten Natur.

Von den Armen konntest du das Geld ziehen. Die Reichen passten auf ihr Geld auf. Die Armen hatten noch Hoffnungen und Wünsche. Die Reichen waren schon satt. Ein Yuppie kaufte sich einmal fünf Kapseln und das war's. Ein Hartzer hatte 350 Euro in der Tasche, und die wollte er eigentlich nicht ganz ausgeben. Aber sobald er mich das erste Mal anrief und eine Kapsel bestellte, war klar, dass diese 350 Euro von seiner in meine Tasche wandern würden.

Manchmal brachte mich das um den Verstand. »Ey, willst du nich gleich mehr nehmen?« – »Nein, nein, nein, eine Kapsel reicht mir heute.« Zwei Stunden später rief der wieder an: noch eine Kapsel. »Nimm doch gleich zwei.« – »Nein! Jetzt reicht's, wirklich.« Eine Stunde später klingelte es schon wieder. Diese Penner riefen dich so lange an, bis sie kein Geld mehr hatten.

Einmal kam einer auf mich zu, der keine Zähne mehr im Mund hatte. Seine Klamotten stanken, sein Körper stank, und er flehte mich an: »Bitte, bitte, bitte, nur eine Kapsel!« Momo war bei so was eiskalt. »Zahlt der nix, kriegt der nix!«, war sein Motto. Mein Bruder war der Schatzmeister, er passte auf unser Geld auf. Ich gab schon mal eine Kapsel aus, wenn einer rumbettelte, aber danach war klar: Der wird aussortiert. Nicht alle

Kunden waren gut. Einige riefen nur wegen eines einzigen Hühnchens an, und dann steh mal mitten in der Nacht auf und fahr von Kreuzberg in den Wedding für eine lächerliche Kapsel. Alle zwei, drei Monate wechselten wir unsere Nummer und sortierten die Leute aus, die zu wenig bestellten, und die, die sich in die Insolvenz gekokst hatten.

Sami bestellte ab und zu größere Mengen bei uns, die er über einen Läufer weitervertickte. Einmal rief Samis Läufer direkt bei uns an und holte eine Lieferung. Wochen später traf ich Sami auf der Straße: »Ey, du hast noch ne Rechnung offen bei uns«, erinnerte ich ihn. Sami guckte mich ahnungslos an. Wie sich herausstellte, hatte sein Läufer uns verarscht und die Lieferung für sich behalten. In solchen Fällen musste hart durchgegriffen werden, Stichwort Abschreckung. Sami, Kasi und ich besuchten Yunus, den Läufer, in seiner Wohnung, und dann wurde es eklig. Yunus hatte die komplette Lieferung selbst weggeballert, der war schon seit Tagen drauf, aber er wurde schlagartig wieder nüchtern, als Kasi und Sami ihn festhielten und ich ihm die Hose runterzog und einen Dildo in den Arsch steckte. Ich machte ein paar Fotos davon. Falls der Junge noch einmal auf die Idee kommen sollte, Selbstbedienungsladen zu spielen, würde ich die Bilder in seinem gesamten Freundeskreis rumschicken. Das wurde aber nicht nötig, die Demütigung saß tief genug.

Südamerika-Connection

Das Taxiunternehmen lief gut, aber dann fing Malik an, uns abzuziehen. Er gab uns gestrecktes Zeug und wollte uns das als pur verkaufen. Ich hielt nach neuen Lieferanten Ausschau und rief ein paar Verwandte an, aber die wollten nichts mit Koks zu tun haben. Nur einer aus der Familie meiner Oma versprach, den Mittelsmann zu machen und mir eine Probe zu besorgen. Wir saßen in einer Shisha-Bar in der Sonnenallee zusammen, als auf einmal der Schiite in einem BMW Cabrio angefahren kam. Mein Verwandter stieg ein, und sie fuhren zusammen weg. Ich kannte den Typen vom Sehen aus einer Dönerbude, die libanesischen Schiiten gehörte, dort aßen wir oft arabische Hamburger. Er hatte so hellblaue Augen, richtige Eisaugen, die mir im Gedächtnis geblieben waren. Mein Vermittler kehrte mit einer Probe zurück, und ich sah sofort, dass das gutes Zeug war, beinahe pur, wie das Koks, das Malik uns anfangs besorgt hatte. Den Umweg wollte ich mir künftig sparen, aber der Mittelsmann rückte natürlich nicht mit der Nummer raus, er wollte Provision für sich rausschlagen. »Wir müssen diesen Schiiten finden«, sagte ich zu Momo, »der hat eine supergute Connection.«

Ein paar Tage später hatte ich Glück. Als ich über die Sonnenallee fuhr, sah ich ihn in einem Shisha-Café sitzen, das auch einem großen Clan gehörte. Ich hielt an und ging zu ihm. »Bruder«, sagte ich, »lass uns nicht lange um den heißen Brei reden. Womit arbeitest du?« Der Schiite machte den Mund auf und schob eine Kugel Koks auf seiner Zunge hervor. Er grinste. »Was brauchst du?« – »Koks. Gutes Koks.« – »Komm morgen Platz der Luftbrücke.« Ich dachte, er will mich verarschen. »Am Platz der Luftbrücke ist das LKA«, sagte ich. Und er: »Genau. Die kommen niemals auf die Idee, dass wir unser Geschäft vor ihrer Tür machen.«

Am nächsten Tag trafen wir uns an einer Bank auf dem Platz. Ich schiss mir fast in die Hose, aber er saß ganz entspannt und spielte Snake auf seinem Handy. Ich setzte mich neben ihn, und nach ein paar Minuten zog er eine 50-Gramm-Tüte aus seiner Tasche, die ich sofort in meiner verschwinden ließ.

Der Schiite verlangte einen Kilopreis von 40 000 Euro. Bei Malik hatten wir noch 38 bezahlt, aber mir blieb keine andere Wahl. Berlin war ein schwieriger Markt. Das meiste Kokain kam über Holland und Belgien, und das war weit weg. Außerdem stockte die Lieferkette, weil einige Schiffe verloren gegangen waren, vermutlich waren ein paar Schmuggler aufgeflogen. Im Winter wurde der Nachschub richtig knapp. Silvester stand vor der Tür, unser Vorrat war alle, und keiner in der Stadt hatte mehr was, außer dem Schiiten. 300 Gramm hatte er noch, und jetzt wollte er 50 Euro für ein Gramm, also einen Kilopreis von 50 000 Euro. Er hatte mich krass an den Eiern. Wir mussten weg von ihm und eine günstigere Quelle finden.

Wieder einmal war es meine Familie, die mir Türen öffnete und das Geschäft ins nächste Level katapultierte. Im neuen Jahr rief ich meinen kleinen Schwager an. »Sag mal, schneit's bei euch eigentlich? Geht da was?«, fragte ich. Ussama kapierte sofort, worum es ging. »Ja, schneit echt stark hier.« – »Okay, da muss ich mal vorbeikommen. Meinste Skifahren geht?« – »Ja, Skifahren geht.«

Ussama sagte Hisham Bescheid, mit dem er um ein paar Ecken verwandt war; ihre Urgroßväter waren Cousins oder so was. Hisham wiederum rief seine Cousins an, die an der holländischen Grenze wohnten. Wir trafen uns in Gronau an einer Tankstelle bei den Staubsaugern. Ussama, Hisham und dessen drei Cousins, freshe Typen in Adidas-Anzügen. Wir schlugen gleich ein, war ja Familie, da gab es keine Berührungsängste. »Wie sieht's aus?«, fragte Hisham seine Cousins. »Khalil kommt aus Berlin, er is mit der Schwester von

Ussama verheiratet.« – »Ey ja, kein Problem, wir haben da was.« – »Habt ihr mal ne Probe für mich?«, fragte ich. »Klar!« Einer drückte mir eine Brötchentüte in die Hand, sie war ungewohnt schwer. Ich guckte in die Tüte und sah einen fetten Brocken Koks. Im Licht der Scheinwerfer funkelte er wie ein Diamant. Ich war total geflasht.

Gutes Kokain sieht aus wie ein Eisberg, durch den ein Riss geht. Wenn es bricht, hörst du ein hohles Knacken. Du kannst jede einzelne Schicht erkennen, und dazwischen glitzert es. *Samake* sagten wir dazu, Fischschuppe auf Arabisch. Die Leute denken immer, dass Kokain weiß sein muss, aber das ist Quatsch, die Farbe hängt nur davon ab, wie es getrocknet wurde. Meistens hat es einen leichten Braunstich. Die Kokablätter werden zu einer Matschpaste zerschreddert, und dann wird die Essenz der Pflanze in einem chemischen Prozess herauskristallisiert. Koks riecht beißend, so ein bisschen nach Ammoniak, und sollte ohne Rückstände schmelzen, dann ist es wirklich hochwertig.

Dass die Ware unserer neuen Mittelsmänner richtig gut war, stellte ich schon an diesem Abend fest. Später wurde uns das auch offiziell bescheinigt. Die Bullen erwischten Momo mit ein paar Gramm, und die lassen ja immer alles prüfen. In der Anklageschrift stand dann tatsächlich »(...) Kokain in einer sehr reinen Qualität«. Das Urteil war wie ein Ritterschlag für uns.

Der Diamant in der Brötchentüte weckte etwas in mir. Ich spürte, dass ich auf den Höhepunkt meiner Karriere zuraste. Hishams Cousins guckten mich fragend an. »Ey, ich hab jetzt gar kein Geld mit. Ich dachte, es geht nur um ne Probe«, sagte ich. »Was denn für Geld, lass mal, das is für dich«, sagten die. »Nein, das is zu viel, ich kann das nich annehmen.« Die

Jungs lachten nur. Sie waren anscheinend andere Geschäfte gewohnt. Kleine Dealer, wie der Schiite, der 200, 300 Gramm verkaufte, waren so: »Hechel, wo ist mein Geld??« Der Schiite terrorisierte mich, wenn mal 100 Euro fehlten. Hishams Cousins dagegen waren locker flockig, sie hatten es am liebsten, wenn ich so viel Koks mitnahm, wie ich tragen konnte. Sie setzten große Mengen um, und da ging es um Schnelligkeit. Keiner wollte die Ware haufenweise bei sich liegen haben, das Entdeckungsrisiko war zu groß.

»Deine Cousins sind richtig dick im Geschäft, ne?«, fragte ich Hisham, als wir wieder im Auto saßen. »Ja, sehr groß«, sagte er. Mehr musste ich nicht wissen. Ich hatte schon gehört, dass ihr Vater einen umgelegt hatte und nach Südamerika abgehauen war. Der hatte die Connection zu den Kokaplantagen und exportierte eifrig nach Hause. In Brasilien, hieß es, kriegte man ein Kilo schon für 1 000 Dollar. Wenn man es hier groß weggab, kriegte man ungefähr 45 000 Euro dafür, und wenn man den längeren Weg ging, es streckte und klein verkaufte, konnte man sogar bis zu 100 000 Euro Umsatz schaffen. Man musste es nur irgendwie herkriegen. Das »nur« war der Teuerungsfaktor: Man brauchte gute Verbindungen in die Häfen, musste Leute schmieren, die Ware unentdeckt auf die Frachtschiffe kriegen und unentdeckt wieder runter. Als vor ein paar Jahren eine Ladung Kokain bei Aldi in Bananenkisten gefunden wurde, hieß es, dass Araber dahintersteckten. Ich glaube nicht, dass der Junge, der diese Lieferung verbockt hat, noch am Leben ist.

Berlin war für uns gestorben. Hisham und seine Cousins wurden unsere Hauptconnection. Sie gaben uns das Kilo auf Kombi, zum Verwandtschaftspreis für 30 000 Euro. Alle paar Wochen fuhr ich mit dem Zug nach NRW und holte eine

Brötchentüte ab. Im Zug gab es wenig Kontrollen. Ich steckte die Tüte in meine Jackentasche und hängte die Jacke einen Sitz weiter auf, damit ich im Notfall leugnen konnte, dass sie mir gehörte. Oder ich stopfte die Tüte in den Mülleimer der Zugtoilette und holte sie kurz vorm Berliner Hauptbahnhof wieder raus.

Während das Amt uns jeden Monat ein paar Hundert Euro Sozialhilfe überwies, packten wir 100-Euro-Scheine in Drei-Liter-Gefrierbeutel. Die Beutel verbuddelten wir im Hinterhof, versteckten sie in Lautsprecherboxen oder im Aufzugsschacht. In dem Schrottaufzug in Momos Haus konnte man während der Fahrt die Tür aufmachen, dann blieb das Ding zwischen den Stockwerken stehen. Der Schacht hatte Fugen im Beton, die wir so aufmeißelten, dass man einen Beutel reinstecken konnte. Bald steckten die Beutel zwischen allen Etagen, und wir hatten uns einen Namen in der ganzen Stadt gemacht.

Ich trug eine Rolex an jedem Arm und fuhr die fettesten Autos auf Berlins Straßen. An Silvester mietete ich eine Präsidentensuite am Potsdamer Platz. Für diesen Abend hatten wir Fahrer angestellt. Amir, Momo und ich streckten das Zeug in der Suite, unser Cousin Heisam war auch zu Besuch. Obwohl wir unsere Preise für den Feiertag auf 100 Euro die Kapsel verdoppelt hatten, klingelte das Telefon ununterbrochen. Kurz vor Mitternacht nahm ich ein Tablett, legte auf eine Seite einen fetten Haufen Gras und auf die andere einen fetten Haufen Koks, rollte 100-Euro-Scheine zu Röhrchen und steckte sie in das Pulver. Wir hatten eigentlich ausgemacht, dass wir selbst nichts nehmen, aber scheiß drauf. Es war Silvester, wir machten den Umsatz des Jahres und konnten uns auch mal was gönnen. Außerdem war ich neugierig, warum alle so darauf abgingen. Ich stellte das Tablett auf den Tisch und sagte: »Jetzt bestellen wir uns ein paar Nutten und machen eine schöne Party!«

Es dauerte ziemlich lange, bis die Nutten kamen, sie hatten viel zu tun in dieser Nacht. Irgendwann trafen drei ein, die schon völlig durchgelutscht waren, aber das störte uns nicht. Wir waren sowieso drauf, koksten, was das Zeug hielt, gingen raus und ballerten mit Platzpatronen rum, TAK TAK TAK TAK, feuerten Raketen quer über die Straße und lachten wie die Vollidioten. Unsere Fahrer kamen andauernd wieder und holten Nachschlag und Nachschlag und Nachschlag. Amir fickte auf dem Bett, Momo auf der Toilette, und Heisam versuchte auf seinem Trip noch irgendwie, neue Kapseln für die Fahrer vollzumachen. Ich ballerte die Nutten mit Pulver zu und zog das Koks pur von ihren Ärschen. Die Stadt lag zu meinen Füßen, und ich fühlte mich wie Tony Montana. Ich musste an Frau Müller denken und was sie in der Schule zu dem deutschen Jungen über mich gesagt hatte: »Setz dich nicht neben Leute, die es hier eh zu nichts bringen werden.« Ich kam von ganz unten und war jetzt da, wo mich nie jemand gesehen hatte: Der kleine Schwarzkopf thronte überm Himmel von Berlin.

Der Fluch des dreckigen Geldes

Süchtig

Es gibt wahrscheinlich perfekte Gangster, die sich völlig unter Kontrolle haben. Wissam zum Beispiel, der vertickt 30 Kilo Gras die Woche und hat in seinem Leben noch nicht einen Joint geraucht. Oder nehmen wir meine Brüder, die waren einfach zu geizig, um das Koks selber wegzuballern. Ich hatte mir auch fest vorgenommen, die Finger davon zu lassen. Solche Abende wie Silvester sollten eine Ausnahme bleiben. Aber wie das halt so ist mit Ausnahmen, wurde sie irgendwann zur Regel. Ich gehörte definitiv nicht zu den perfekten Gangstern. Aber ich mein, nicht mal Tony hat es am Ende geschafft, seine Nase aus dem Zeug rauszuhalten.

Bei mir fing die Sucht mit Diana an, der Prinzessin aus dem Videoladen. Diana war krass. Ihr Vater war Bosnier und die Mutter Deutsche. Sie sah extrem gut aus, obwohl sie schon zwei Kinder von zwei Männern hatte. Dunkle Haare, schwarze Augen, ne freche Berliner Schnauze und ein übertrieben geiler Arsch. Diana machte den Verleih in der Videothek in unserem Viertel und war ne echte Snitch. Wenn man ficken wollte, nahm man ein bisschen Koks mit und ging zu ihr. Sie war schon über 30 und ließ sich trotzdem von den Jungs knacken.

Diana war Stammkundin bei uns, und manchmal brachte ich ihr etwas pur mit. Sie liebte mein Zeug, weil es glitzerte wie »Prinzessinnenkoks«. Einmal bestellte Diana mich zu sich nach Hause und beschwerte sich: »Ey, du hast noch nie ne Line gelegt!« Damit wollte sie sagen: Du hast mir noch nie etwas ausgegeben. Ich öffnete eine Kapsel und machte ihr eine fertig. »Hier!« – »Du nich, oder was?«, fragte sie. »Nein, ich nehm das nich.« – »Warum nich, darauf zu ficken is richtig geil!« Ich versuchte das Thema zu wechseln, sie war schließlich eine gute Kundin, und ich wollte die Beziehung geschäftlich halten.

Meine Ablehnung provozierte sie. Das nächste Mal rief Diana mich mittags an, sie war gerade am Kochen. Ich gab ihr die Kapseln und wollte wieder abhauen, aber sie bettelte: »Bleib, bleib, bleib!« – »Okay«, sagte ich, »ich guck mal, was du so kochen kannst.« Auf der Arbeitsplatte lag ein bunt kariertes Küchentuch. Diana guckte kurz, ob die Kinder in der Nähe waren, und hob es hoch. Darunter war schon alles vorbereitet: mehrere Lines und ein gerollter Geldschein. Sie zog schnell eine und kochte weiter: Hühnerschenkel und Knödel mit Soße. Im Radio lief Musik, Diana hatte Leggins an und machte Fitnessübungen beim Umrühren. Sie hielt sich an der Arbeitsplatte fest und ging mit dem Arsch langsam hoch und runter. Diana wollte mich heiß machen. Zwischendurch kamen die Kinder rein, und ich dachte nur »o mein Gott«. Ich aß noch mit ihnen und ging dann ganz schnell.

Aber natürlich passierte, was passieren musste. Am nächsten Wochenende machte Diana einen Videoabend mit ihrer Freundin, die auch echt geil aussah. »Komm, bleib hier, nimm was mit uns! Oder haste Schiss?« Die Freundin kicherte. Ich hatte keinen Bock zu diskutieren und nahm eine Nase.

Das Koks machte mich heiß und schnell. Die Muskeln spannten an, mein Herz schlug PAM, PAM, PAM, und mein

Kopf galoppierte. Es ging nur noch geradeaus, wie wenn ich mit der S-Klasse über die Sonnenallee raste. Immer weiter ziehn, weiter ziehn, weiter ziehn. Ich nahm Diana von hinten und hatte schon die nächsten vier Stellungen im Kopf. Koks wurde erst meine Sexdroge und dann der Antrieb für alles, was ich tat.

Der größte Scheiß war das Schneiden, das dauerte ewig. Du trafst dich um 18 Uhr im Hotel und saßt bis fünf Uhr morgens da, um die Schneehaufen in Kapseln zu füllen. Diese Nächte waren eine einzige Versuchung für mich. Ich war todmüde, der Wachmacher ging mir stundenlang durch die Hände, und die Lust, davon zu nehmen, war brutal. Amir fuhr Taxi, Momo und ich schnitten. Wenn mein Bruder aufs Klo ging, zog ich mir heimlich was rein. Ich hatte die Kontrolle verloren. Bald nahm ich mir ganze Steine mit nach Hause, dabei kann ich nicht einmal sagen, dass es mir besonders gefiel. Es ging einfach nicht mehr ohne. Koks machte, dass ich weiterlief. Ohne Koks fing der Motor an zu stottern. Die erste Nase nahm ich schon, bevor Marwa mir morgens Kaffee machte. An einem Sonntag holte Momo mich ab und guckte mir ins Gesicht. »Krass, Mann, du bist echt schon drauf!« – »Laber nich, fahr los!«, befahl ich.

Haram geht immer zu haram

Bei meinem Vater fuhren wir nicht mit den teuersten Autos vor, das provozierte nur Sticheleien. Sonntag war nach wie vor Familientag. Jede Woche trafen wir uns bei einem anderen Verwandten. Mein Vater lud immer noch einen islamischen Gelehrten dazu ein, der Geschichten vom Propheten erzählte und praktische Anleitungen für den Alltag gab: Wie man seine

Kinder erziehen sollte zum Beispiel, oder wie man sich in der Ehe richtig verhielt. Er sagte Sachen wie, dass man nicht fluchen und den Müll nicht vor der Tür stehen lassen sollte.

»Sheikh«, fragte mein Vater ihn an diesem Sonntag, »was ist wohl die Strafe für jemanden, der sich auf Drogen einlässt?« Die Gäste strengten sich an, mich nicht anzugucken. Probleme wurden bei uns nie direkt angesprochen. Man verpackte sie in Geschichten und Bilder, aber alle wussten genau, worum es eigentlich ging und wer sich angesprochen fühlen sollte.

Bei jedem Besuch erzählte mein Vater die Geschichte, wie er im Urlaub einmal eine gestohlene Kamera gekauft hatte. Der Fluss trat über die Ufer, und sein Auto stand unter Wasser. Als das Wasser wieder ablief, versuchte er den Wagen zu starten, und wie durch ein Wunder sprang er wieder an. Aber die Kamera, die im Kofferraum lag, war kaputt. »*Haram* geht immer zu *haram*«, sagte er. An sündhaftem Besitz klebt ein Fluch.

Wenn mein Vater Wechselgeld brauchte, fragte er alle nach Kleingeld, nur nicht mich und meine Brüder. Von uns hätte er kein Geld angenommen, denn das war schmutzig für ihn. Auf der Straße wurde ich bestaunt, von Gleichaltrigen beneidet, aber die Älteren rümpften die Nase. Alle in der Community machten Geschäfte, aber Drogen waren echt die unterste Stufe. Man sagt, wenn einer mit einer Hose beten geht, die mit *Haram*-Geld gekauft ist, werden seine Gebete nicht erhört. Ich ging zwar nicht mehr in die Moschee und glaubte auch nicht an Karma oder so etwas, aber völlig davon lösen konnte ich mich auch nicht. Meine Familie ernährte ich nicht von dem Drogengeld, dafür verwendete ich die Sozialhilfe. Das saubere Geld auf dem Konto gab ich für Essen aus, das *Haram*-Geld in den Gefrierbeuteln für Autos, Nutten und Schmuck.

Der erste Riss in meiner Glitzerwelt ging mitten durch uns Brüder. Ich war süchtig geworden nach dem Koks und Amir nach dem Geld. Er war immer heiß auf die Nachtschichten, denn da war der Umsatz am größten. Irgendwann merkten Momo und ich, dass er sich an der Gemeinschaftskasse bediente. Wenn zehn Kapseln fehlten, hätten eigentlich 500 Euro im Übergabeversteck liegen müssen. Es kamen aber nur 300 oder noch weniger rein. »Wenn Amir Schicht hat, schluckt er den ganzen Gewinn weg«, schimpfte Momo. Unser eigener Bruder zog uns ab. Unter Brüdern durfte es so etwas nicht geben. Ich machte kurzen Prozess und schmiss Amir raus. Dafür holte ich unseren Cousin Tarik ins Geschäft.

Tarik lebte genauso verschwenderisch wie ich. Gegen uns beide kam Finanzminister Momo nicht mehr an. Er strengte sich allerdings auch nicht allzu sehr an. Dealer war halt kein Beruf, zu dem ein Bausparvertrag passte. Wir hatten einen Ruf, und der Ruf verlangte nach Repräsentation. Wenn ich 10000 Euro in der Tasche hatte, kaufte ich für 8000 eine neue Rolex und haute die restlichen 2000 im Rush Hour raus. So schnell das Geld kam, so schnell ging es auch wieder weg. Alles drehte sich: Koks verkaufen, selber koksen, feiern, kaufen, mehr Koks verkaufen, noch mehr koksen.

Ich verlor damals viele EC-Karten, weil ich die zum Zerkleinern benutzte und dann irgendwo verschluderte. Ständig musste ich zur Volksbank und eine neue beantragen. Einer der Banker lachte schon, wenn er mich reinkommen sah. »Nimm mal eine Karte für Hertha-BSC-Fans, das kostet nichts, die nachzubestellen«, riet er mir. Wir mochten uns. Er behandelte mich immer nett, und ihm war es scheißegal, ob du Türke, Araber oder Deutscher warst, er war zu allen gleich. Auf dem Konto gingen jeden Monat ungefähr 300 Euro Sozialhilfe ein.

Einmal wollte ich fürs Abendessen einkaufen und konnte nicht bezahlen, weil meine Karte gesperrt war. Vermutlich hatte die Stromnachzahlung das Konto überzogen. Ich ging zum Schalter und fragte, was los war. Der Banker guckte auf meinen Kontostand und schüttelte den Kopf. »So jung und schon so kaputt«, sagte er. »Geh doch mal arbeiten!« Er lachte. Ich starrte ihn an. Ich hatte immer einen Spruch drauf, aber in diesem Moment war ich mundtot. Ich hatte Geld, aber ich konnte nichts damit anfangen; ich konnte vernünftigen Leuten nicht zeigen, was ich eigentlich machte.

In schwachen Momenten beschlich mich die Ahnung, dass mein Vater recht behalten könnte. Der Fluch des dreckigen Geldes holte mich ein: An einem Frühlingstag, drei Jahre, nachdem das SEK in mein Schlafzimmer gestürmt war, hatte ich plötzlich eine Vorladung vom Berliner Landgericht im Briefkasten. Damit hatte ich überhaupt nicht mehr gerechnet. Nach der ganzen Zeit wollte die Staatsanwaltschaft mich doch noch wegen der Einbrüche drankriegen. »Hehlerei in vier Fällen und gemeinschaftlicher Diebstahl in zwei besonders schweren Fällen«, lautete die Anklage. Ich nahm mir den teuersten Anwalt vom Ku'damm. Wenn der sich nur bewegte, wollte er schon 7 000 Euro. Momo begleitete mich zum Gericht.

Das Gebäude hatte zwei Eingänge. Marcel, die Ratte, würde sich wahrscheinlich über die Seitenstraße reinschleichen wollen. Momo und ich warteten vor der Tür auf ihn, aber der Idiot tauchte nicht auf, und die Zeit wurde langsam knapp. Wir gingen gerade auf den Gerichtssaal zu, da kam er abgehetzt in den Flur gelaufen. Momo und ich fingen ihn direkt ab. »Lass ma kurz reden«, sagte mein Bruder. Wir schubsten Marcel durch eine Tür auf die Fluchttreppe, und ich packte ihn mit beiden Händen am Kragen. »Hör zu«, sagte ich. »Du gehst jetzt da rein und sagst, du kannst dich an nichts erinnern!« Marcel nickte blass.

Der Richter rastete richtig aus. Er schrie Marcel an: »Leiden Sie plötzlich unter Gedächtnisverlust??? Sie haben eine Aussage gemacht bei der Polizei! Sie haben das unterzeichnet!!« Marcel war der Hauptzeuge. Sonst hatten sie ja nichts von mir, keine Fingerabdrücke, nix. Der Richter wandte sich direkt an mich: »Sie haben mit ihm geredet, anders ist das Verhalten des Zeugen nicht zu erklären.« Und der Staatsanwalt drohte: »Wenn das rauskommt, werde ich ein neues Verfahren gegen Sie anstrengen!« Aber ich würde schon dafür sorgen, dass Marcel die Fresse hielt, und um den Rest kümmerte sich mein Anwalt. Die Einbrüche lagen Jahre zurück, da war ich noch unter 21 gewesen, und deshalb konnte er auf Jugendstrafrecht plädieren. Ich hatte Glück und kam tatsächlich noch einmal davon: Ein Jahr und zwei Monate, zur Bewährung ausgesetzt. Die Bewährungszeit war allerdings heftig. Der Richter veranschlagte drei Jahre. Jetzt durfte nichts mehr passieren. Für das nächste Ding würde ich in den Knast wandern.

Ausgerechnet in dieser Zeit rückten die Einschläge immer näher. Amir und Momo waren im Auto unterwegs, als plötzlich Zivilbullen neben ihnen auftauchten und sie mit der Kelle rauszogen. Die Bullen filzten meine Brüder und fanden ein paar Kapseln in Momos Tasche. Er kriegte eine fette Geldstrafe.

Ich geriet in eine Verkehrskontrolle, als Ussama, mein Schwager, zu Besuch kam und mich durch die Stadt kutschierte. Er hatte mir einen fetten Beutel Gras mitgebracht, den ich unter den Beifahrersitz gelegt hatte. Die Bullen nahmen unsere Papiere, liefen ums Auto rum und guckten in den Kofferraum. In diesem Moment machte ich die Beifahrertür ganz langsam auf und schubste den Packen unters Auto. Die Bullen machten eine kurze Durchsuchung und wünschten uns noch einen schönen Tag. Als Ussama losfuhr, sahen sie den Beutel auf der Straße liegen, sprangen sofort in ihren Wagen, heizten uns mit Blaulicht hinterher und stoppten uns ein zweites Mal. Ussama und ich taten verblüfft. »Was ist denn los, ihr habt uns doch gerade erst kontrolliert?«

Wieder einmal landete ich in U-Haft. Nach zwei Tagen wurden wir dem Haftrichter vorgeführt. Das »Betäubungsmittel«, wie es in der Juristensprache heißt, hätte im Auto gefunden werden müssen oder an den tatverdächtigen Personen selbst, erklärte der Richter. Dass der Beutel uns gehörte, könne nicht mit Sicherheit nachgewiesen werden. »Der Haftbefehl ist mit sofortiger Wirkung aufgehoben«, urteilte er.

Wieder einmal war ich draußen. Aber ich fragte mich, wie lange dieses Jump-and-Run-Spiel noch gut gehen konnte. Drei Jahre Bewährung waren ein weiter Weg, und ich hatte schon einige Leben verbraucht.

Gangster-Burnout

Manchmal hatte ich das Gefühl, dass alles um mich herum Risse bekam. Ich sah nur noch kaputte Leute, selbst Freundschaften und Familien zerbrachen an dem Koks. Seit ich aus der Schule raus war, hatte ich den Kontakt zu meinen Freunden verloren. Bei uns gab es das auch nicht so richtig, Freunde. Wir hingen ja immer mit der Familie ab. Meine Freunde waren meine Brüder und meine Cousins. Aber ich kannte einen Türken, der einen großen Autoplatz hatte und Gebrauchtwagen verkaufte. Der war auch ein Kunde, und den traf ich oft im Café. Wir waren gute Bekannte, würde ich sagen, bis er mich bei einem unserer Treffen um eine Kapsel bat. »Ich geh kurz rein und hol Tee, dann geb ich dir das Geld«, sagte er. Nach zehn Minuten schaute ich nach, wo er blieb. Das Café war leer – er hatte den Hinterausgang genommen. Ich sah ihn nie wieder, wegen 50 Euro. Auch er hatte sich bankrott gekokst.

In diesem Geschäft hattest du es mit richtig dreckigen Menschen zu tun. Fischauge zum Beispiel, den nannten wir so, weil eins seiner Augen in eine andere Richtung guckte und du nie wusstest, ob er jetzt dich oder jemand anders meinte. Fischauge hatte drei Kinder und eine eklige Frau und war richtig fertig. Er rief immer am Anfang des Monats an, wenn die Sozialhilfe überwiesen wurde, und dann noch mal zwei Wochen später. »Komm, gib mir mal noch zwei Kapseln auf Kombi, ich geb dir die Kohle, wenn das Kindergeld kommt« – so etwas sagte der echt. Er rief auch tatsächlich immer wieder an, weil er mehr haben wollte, deswegen bezahlte er seine Schulden. Fischauge war ein Junk, und das war ein Scheißgefühl. Du wusstest genau, er nahm das Geld von seinen Kindern, um dich zu bezahlen. Man redete sich das gut, von wegen »er ruft doch an, du zwingst ihn ja nicht«, aber im Endeffekt ließest du ihm ja keine andere Wahl. Er war süchtig, und du warst Tag und Nacht erreichbar für ihn, 24 Stunden, nonstop.

Am Anfang hatte ich über so etwas nicht nachgedacht, aber jetzt fiel es mir immer schwerer, die dunklen Seiten auszublenden. Ich traf Fischauge auf der Straße mit seiner Frau und den drei Kindern und sah, dass sie total kaputte Klamotten anhatten. Fischauge geierte mich an: »Ey, wie geht's? Ich ruf dich bald wieder an!« Zwinker, zwinker. In solchen Augenblicken fühlte ich mich richtig fies. In mir wuchs ein schlechtes Gewissen, und inzwischen war es so groß, dass ich es in jeder Zelle spürte.

An Weihnachten rief mich eine deutsche Mutti an. Ihr Mann hatte eine Firma für Telefon-Rubbelkarten, mit denen man verbilligt ins Ausland telefonieren konnte. Sie fuhren einen schwarzen BMW und wohnten mit ihren zwei Kindern in einer renovierten Altbauwohnung in Mitte. Die Mutter kam raus auf den Flur, zog die Tür hinter sich ran und fuhr mich an: »Warum hast du so lange gebraucht?« Ich dachte nur: »Halt die Fresse, es ist Heiligabend, sei froh, dass ich überhaupt zu dir nach Hause komme.« Die Mutti war richtig cracky. »Ich brauch gleich was, gib mal ne Karte!« Ich reichte ihr die Kapseln und meine EC-Karte. Sie hockte sich hin und zerkleinerte das Koks auf dem Treppenabsatz. Von drinnen hörte ich Stimmen und fröhliche Schreie. Die Kinder packten anscheinend gerade Geschenke aus, während die sich gleich die halbe Kapsel reinzog, gemischt mit Dreck vom Fußboden. Sie widerte mich an. »Was bist du für eine eklige Mutter«, dachte ich.

Zu Hause schliefen Marwa und mein Sohn schon tief und fest. Nur ich lag knallwach und glotzte an die Decke. Meine Hände waren kalt, meine Füße waren kalt, und ich hatte das Gefühl, dass ich nicht mehr richtig durch die Nase atmen konnte. Mein Herz pumpte so krass, dass ich es aus der Brust rausschlagen sah. Ich war auf einem Verbrauch von drei bis vier Gramm pro Tag angekommen, pures Koks. Ein durchschnittlicher Konsument nahm in einer übertriebenen Partynacht vielleicht ein Gramm, gestreckt. Alles in mir raste, ich kam nicht mehr runter. Dauernd musste ich die Nase hochziehen, weil ich glaubte, dass da noch ein Krümel festhing. Dabei hatte ich Angst, dass ich Marwa aufwecken und sie mich in diesem Zustand sehen könnte. Ich spürte meine Lippen nicht mehr, und meine Kiefermuskeln krampften so fest, dass ich kaum noch sprechen konnte. Meine Gedanken sprangen.

Eigentlich war ich nicht besser als die Koks-Mutti. Ich war immer unterwegs, und wenn ich mal zu Hause war, war mein Kind schon im Bett oder ich war so drauf, dass ich eh nichts mitkriegte. Ich konnte mich nicht daran erinnern, wann ich das letzte Mal geschlafen hatte. In dieser Nacht schoss die Frage des türkischen Polizisten wieder in meinen Kopf: »Was bist du für ein Mann?«

Die Antwort kam mir, als Marwa krank wurde und ich auf Ahmad aufpassen musste. Ich packte den Kindersitz ins Koks-Taxi und schleppte ihn mit auf Liefertour. Eine der Ku'damm-Nutten konnte nicht bezahlen und fuchtelte an meiner Hose rum, mitten auf der Straße. Für einen Moment wurde ich schwach. Ich lehnte mich ans Auto und machte die Augen zu, da fiel mir der Kleine auf dem Rücksitz wieder ein. Mann, ist das dreckig, dachte ich. Ich bin ein Hund geworden.

Was soll ich sagen, es war nicht gerade eine prickelnde Zeit. Nichts lief mehr geradeaus. Das Kokskarussell kreiste schneller und schneller, und ich hatte den Moment für den Absprung verpasst. Manchmal spürte ich den Kitzel, mich einfach fallen zu lassen. Tschüss und weg. Ich hätte mich gerne jemandem anvertraut, aber ich wusste nicht, wem. Marwa war zwar nicht blöd und hatte eh längst gecheckt, was ich so trieb, aber das offen anzusprechen ging einfach nicht. Vor meiner Frau versuchte ich wenigstens ein Minimum Anstand zu wahren, und so viel hätte sie eh nicht beten können, wie für meine Sünden nötig gewesen wäre. Wer sonst? Mit meinem Vater konnte ich nicht reden. Meine Stiefmutter erzählte alles meinem Vater. Und meine Brüder hätten mich nur ausgelacht. Es galt Gebot Nummer zwei: Du darfst niemals Schwäche zeigen!

Ich war ständig on the run, misstrauisch und angespannt, was als Nächstes kommen könnte. Dabei sehnte ich mich einfach nur nach Ruhe. Gangster-Burnout. Ich brauchte dringend eine Auszeit.

Als meine Familie zu einer Verlobungsfeier nach Süddeutschland fuhr, nutzte ich eine Gelegenheit, um mich abzusetzen. Das Dorf, in dem wir aufgewachsen waren, lag nicht weit entfernt. Ich parkte den Wagen an einem Feldweg und ging in den Wald. Der Baum, in den Amir und ich damals vor dem Umzug unsere Initialen geschnitzt hatten, musste noch irgendwo hier stehen. Ich fand ihn nicht, aber das machte nichts. Ich ging noch eine Weile spazieren. Der Wald roch gut, und ich holte tief Luft. Zum ersten Mal seit langer Zeit hatte ich das Gefühl, wieder frei atmen zu können. Es war so still, meine Gedanken beruhigten sich.

Was wäre wohl aus mir geworden, wenn meine Mutter nicht abgehauen wäre, wenn wir hiergeblieben wären und ich einen Schulabschluss gemacht hätte? Ich versuchte, mir mein Leben in einem Paralleluniversum auf dem Dorf vorzustellen, und sah mich mit Marwa und zwei Kindern in einem großen Haus mit Garten und Hund. Na ja, der Hund war übertrieben, vielleicht eher ein Riesengrill, an dem ich Lammsteaks wendete, während Marwa unseren Freunden Apfelschorle servierte. Ich glaube, ich grinste wie ein Spasti zwischen den Bäumen. Zum Glück sah mich hier niemand.

Birol

Ungefähr zur gleichen Zeit erschien Birol auf unserer Bühne. Birol verkaufte Probeabos von Zeitungen, und weil am Checkpoint Charlie die Competition zu heftig für ihn war, war er ein Stück ausgewichen – ausgerechnet auf den Platz vor unserem alten Wohnblock, wo meine Brüder und ich mit Sami und Kasi rumhingen. Birol war eine unmögliche Gestalt für unseren Kiez. Die Kids hier waren die Schlimmsten der Schlimmen, die wuchsen auf Beton auf, zwischen Junkies, Spritzen, Dealern und Hochhäusern, das waren richtig harte Jungs. Birol war ein weicher, fetter Junge; er war hell, fast blond und trug Stoffhosen. Seine Eltern hatten gut auf ihn aufgepasst. Birols Vater hatte vierzig Jahre bei Mercedes am Fließband gearbeitet, im Motorenwerk Marienfelde. Die Leute waren so richtige kleinbürgerliche Türken.

Ich weiß nicht mehr, warum, aber irgendwie kamen wir ins Gespräch, als er so dastand in seiner Stoffhose, einen Packen Zeitungen unterm Arm, und mal wieder nichts verkaufte. Birol kannte alle Nutten vom Ku'damm, aber das war auch schon das Schlimmste, was er je gemacht hatte. Er war fasziniert von mir und meiner Welt, und ich wurde ihn nicht mehr los. Der Junge war eine Klette. Jeden Tag rief er an – »Hi, was machst du heute?« – und wollte mich sehen. Er klemmte sich an mich ran und wurde schon fast Teil der Familie. Mein Vater lernte ihn kennen und sagte gleich: »Das ist ein Vernünftiger.«

Wenn ich Birol abholte und eine Lieferung im Auto hatte, weigerte er sich, bei mir einzusteigen. »Ich kann nicht gutheißen, was du machst, Khalil« – solche Sachen sagte der echt. Mit anderen Worten: Birol nervte, und zwar extrem. Aber irgendwie war ich trotzdem oft mit ihm zusammen. Er war so anders, nett und höflich, und es tat mir leid, dass die Leute das ausnutzten und ihn verarschten. Birol war ein unbeschriebenes Blatt, richtig grün hinter den Ohren. Er weckte meinen Beschützerinstinkt, wie ein tollpatschiger Welpe.

Nach den Probeabos gründete Birol eine Promo-Agentur. Der Geschäftsführer, den er eingestellt hatte, erzählte ihm, dass er einen 100 000-Euro-Auftrag von Nivea habe, um Probecremes in der Stadt zu verteilen. Er zeigte ihm eine blaue Minidose von Nivea und sagte, er brauche nur 20 000 Euro Vorschuss. Birol gab ihm sein ganzes Erspartes, cash ohne Quittung. Dann kam er zu mir und war superhappy. Er wollte mich aus dem Koksbusiness rausholen und bot mir an, mit ihm zu arbeiten. Birol zeigte mir die Minidose und sagte: »Guck mal, die gibt es NIRGENDWO!« Ich konnte es nicht fassen. »Willst du mich verarschen?«, sagte ich. »Birol, die findest du ÜBERALL! Die gibt's in jedem verdammten Rossmann.« Birol starrte mich an und sagte nichts mehr. »Wir fahren jetzt sofort zu deinem Mitarbeiter«, sagte ich. »Nein, der hat mir gesagt, er überweist das Geld in den nächsten Tagen.« Birol glaubte immer noch an seinen Geschäftsführer, dabei hatte der ihn abgezogen, aber vom Feinsten.

Ich packte Birol ins Auto und fuhr mit ihm an den Stadtrand, ins Einfamilienhäuser-Paradies. Wir klingelten an der Tür, und der Typ machte auf, mit einem Baby auf dem Arm. »Hey, was ist eigentlich mit dem Auftrag von Nivea, kommt der bald mal?«, fragte Birol. Der Typ antwortete in frechem Ton: »Birol, es kann doch nicht sein, dass du einfach an meiner Tür klopfst, ich bin mit meiner Familie und privat hier!« Birol entschuldigte sich auch noch und wollte sich schon wieder abspeisen lassen, da sagte ich: »Leg mal bitte das Kind ab und komm raus vor die Tür.« Der Junge wurde kreidebleich. Wie ein Roboter brachte er das Baby rein und kam wieder zurück. »Guck mal«, sagte ich, »ich fang jetzt mit Schellen an, bis du ihm ins Gesicht sagst: ›Birol, ich hab dich abgezockt auf die alte, klassische Art.‹« Mehr war gar nicht nötig. »Birol«, stammelte der Geschäftsführer, »ich hab dich abgezockt. Es tut mir leid, ich werde dir das Geld so schnell wie möglich zurückgeben.«

Auf dem Rückweg zum Auto rastete Birol aus. »Hast du sein Gesicht gesehn? Hast du sein Gesicht gesehn??!!« Er fiel mir um den Hals und ließ mich nicht mehr los. Sein Schwabbelbauch drückte unangenehm gegen meine Jacke. Ich klopfte ihm auf die Schulter. »Is gut, Digga, beruhig dich.«

Birol liebte mich. Ich holte ihn ständig aus der Scheiße raus, und er tat, was er konnte, um mich aus der Scheiße rauszuholen. Wir saßen stundenlang im Auto, fuhren ohne Ziel durch die Stadt und redeten. Über Gott und die Welt, über Frauen, einfach über alles. Meine Brüder und ich redeten nicht so viel, nur übers Geschäft und so dummes Gelaber halt, nicht darüber, was uns gerade durch den Kopf ging. Birol war mein erster und einziger Freund. Ich konnte ihm alles anvertrauen, selbst dieses komische Karussellgefühl und die Angst davor, was mit mir passieren würde, wenn ich einfach loslassen würde. Birol hörte einfach nur zu. Er lachte nicht, er riss keine dummen Sprüche, er war einfach da. Nur wenn er mitkriegte, dass ich wieder mal drauf war oder gerade von einer Liefertour kam, hielt er mir eine Moralpredigt: »Khalil, hör auf mit dem Scheiß! Du hast ein Kind, was ist, wenn sie dich erwischen?« Das ließ ich über mich ergehen.

Als der dicke Junge endlich eine akzeptable Frau gefunden hatte, lud er mich zur Hochzeit ein, und ich lernte seine Familie kennen. Der Vater stellte Birol als Geschenk einfach mal so eine E-Klasse hin. Ich staunte nicht schlecht. Mein Vater hatte auch Geld, aber er konnte mir kein 40000-Euro-Auto kaufen. Birols Vater hatte sein Leben lang durchgeackert und Schichten am Fließband gekloppt. An einem Wochenende konnte man bei Mercedes anscheinend bis zu 1000 DM verdienen mit Feiertags- und Nachtzuschlag, und die hatte der Vater immer gespart. Ich dachte an Onkel Suleiman, den Streber und

Computernerd. Auch der machte keine Geschäfte und hatte trotzdem Kohle. Suleiman hatte am Ende doch noch einen guten Job bekommen und sein Geld schön zur Seite gepackt. Er hatte ein kleines Auto und ein ruhiges Leben. Ich hatte geile Karren und war am Arsch.

Letzter Warnschuss

Und dann machten die Bullen eine Razzia bei meinem Bruder, und das gab mir den Rest. Wir hatten uns ja auf einen Geschäftszweig konzentrieren wollen, um das Entdeckungsrisiko zu minimieren, aber Momo war einfach zu gierig, um auf andere Einnahmequellen zu verzichten, und machte nebenbei noch Geschäfte mit Deni, dem Bosnier.

Deni war wie ein Rabe. Der konnte nix, nur klauen. Er fuhr den ganzen Tag mit seinem Fahrrad rum und guckte in Autos rein. Wenn er ein Laptop oder eine Kamera auf dem Rücksitz liegen sah, schlug er die Scheibe ein, holte das Ding raus und fuhr weiter. Deni war Kunde bei Sami und Kasi. Wenn wir an unserem Platz standen, kam er an und bot uns richtig gute Sachen an. High-End-Laptops gab er dir für 200 Euro, und die konntest du locker für 1000 Euro verschuppern. Momo hatte sich so ein zweites Standbein aufgebaut. Zuletzt hatte er acht, neun Laptops zu Hause liegen, mehrere Kameras und ein paar Dutzend Navis. Ein Navi hatte er auf Ebay-Kleinanzeigen inseriert, und ausgerechnet der Besitzer von diesem Ding fand sein Gerät in den Anzeigen wieder und rief die Bullen an. Die Bullen riefen bei meinem Bruder an, gaben sich als Interessenten aus und vereinbarten einen Besichtigungstermin.

Momo und seine Frau wohnten in einem dieser Häuser, wo der Flur außen liegt, wie ein langer Balkon, von dem die Wohnungen abgehen. Deni wollte meinen Bruder besuchen und sah von unten, wie die Kripos oben klingelten. Die waren zwar in Zivil, aber Deni kannte sie alle. Ich kam gerade vom Familienbesuch in NRW und hatte Marwa und Ahmad im Auto, als Deni mich aufgeregt anrief: »Khalil, die Bullen sind bei deinem Bruder!« Ich geriet direkt in Panik. Momo hatte bestimmt 30 000 Euro in cash und einen tennisballgroßen Stein Koks bei sich zu Hause gebunkert. Schon fünf Gramm Kokain galten im Strafrecht als »nicht geringe Menge«, für die man in den Knast wandern konnte. Bei Momo lagen mindestens 150 Gramm rum, und er war einschlägig vorbestraft. Dafür würde mein kleiner Bruder mindestens drei, vier Jahre einsitzen. Wir waren kurz vor Berlin, ich drückte das Gaspedal durch.

Momo öffnete die Tür, ließ einen Mann und eine Frau rein und gab ihnen das Navi. Die beiden suchten die Gerätenummer und glichen sie mit einer Zahl ab, die sie sich in einem Block notiert hatten. Plötzlich zogen sie ihre Marken raus – »Kriminalpolizei!« – legten Momo Handschellen an und riefen Verstärkung ran. Dann begannen die beiden Bullen, die Wohnung zu durchsuchen.

Ich beschleunigte so heftig, dass Ahmad zu weinen anfing. »Khalil, ras nicht so, du wirst uns noch alle umbringen!«, schrie Marwa mich an. »Sei still, ich muss telefonieren!«, schrie ich zurück. »Deni, bist du sicher, dass das Bullen sind?« – »Khalil, der ganze Hof ist jetzt voller Bullenautos. Komm bloß nich hierher!!« Fuck, fuck, fuck!!! Mir fiel nichts anderes mehr ein, als zu beten.

Die Bullen fanden alle Navis, die Kameras und die Laptops. An der Garderobe hing eine weiße Jacke mit 12 Kapseln Kokain und einem Schlagring drin, die fanden sie auch. »Wir suchen eine schwarze Bomberjacke«, sagte der Bulle zu meinem Bruder. »Wo ist dein Kleiderschrank?« Momo wurde schwindelig. Deni hatte immer eine schwarze Bomberjacke an; wahrscheinlich hatten sie eine Personenbeschreibung von ihm und verwechselten meinen Bruder mit dem Dieb. Ein tragischer Zufall war, dass auch Momo eine schwarze Bomberjacke hatte und ausgerechnet in der Tasche dieser Jacke der Beutel mit dem Koks steckte. Ein glücklicher Zufall war, dass Momos Frau gerade im Schlafzimmer war. Nevin schaffte es gerade noch rechtzeitig, den Beutel aus der Jacke zu ziehen und ihn hinter die bodenlangen Gardinen zu schmeißen, bevor der Bulle reinkam und den Kleiderschrank durchwühlte. Wären die Bullen wegen des Kokains gekommen, hätten sie einen Köter mitgebracht. Aber sie waren nicht auf Drogen eingestellt gewesen. Sie fanden weder den Koksbeutel hinter den Gardinen, noch die Gefrierbeutel voller Bargeld, die Momo in seinen Boxen versteckt hatte.

Während mein Bruder in U-Haft verfrachtet wurde, fuhr ich zu meiner Schwägerin und holte das Koks und die Kohle ab, um sie woanders zu bunkern. Nevin hatte eine ungewohnte Härte in der Stimme. »Hör zu, Khalil«, sagte sie, als sie mir den Beutel überreichte. »Du bringst diesen Scheiß nie wieder zu mir ins Haus. Hast du verstanden?« Ich nickte stumm. Nevin hatte ja recht. Momo hatte einen dummen Fehler gemacht, aber ich war sein älterer Bruder, ich war verantwortlich für ihn. Und ich war schuld daran, dass er jetzt im Knast saß. Die erste Nacht, die Momo in U-Haft verbrachte, war schlimmer für mich als die erste Nacht, die ich selbst drinnen gewesen war.

Momo hatte locker geklaute Sachen im Wert von 20 000 bis 30 000 Euro zu Hause, aber wegen der klagte die Staatsanwaltschaft ihn gar nicht erst an. Die 12 Kapseln Kokain wogen schwerer für sie. Hätten sie auch noch die 150 Gramm und die 30 000 Euro gefunden, wäre das noch mal eine ganz andere Nummer geworden, denn dann hätten sie einen Drogenring daraus konstruieren können. Aber so verkannten sie die Dimension komplett. Unsere Anwälte leisteten mal wieder ganze Arbeit und schlugen trotz Momos Vorstrafen noch einmal eine Bewährungsstrafe für ihn raus. Hinterher erzählte mein Bruder mir, dass in seinem Kleiderschrank, genau über der Bomberjacke, ein Amulett hing, das ihm ein Verwandter aus Mekka mitgebracht hatte. »Das ist ein Zeichen«, dachte ich, der letzte Warnschuss. Wenn Allah mir etwas mitteilen wollte, dann konnte seine Botschaft nur lauten: »Hör auf mit dem Scheiß!«

Als Birol und ich das nächste Mal im Auto saßen und Döner aßen, fasste ich einen Entschluss: »Weißt du, ich bin jetzt 23 und hab so viele Dinger in meinem Leben gedreht«, sagte ich zu ihm. »Vielleicht dreh ich jetzt mal mein Leben.«

Das Ding meines Lebens

Einschulung

Birol und ich überlegten. Um legal und trotzdem viel Kohle zu verdienen, brauchte man einen guten Beruf, wie zum Beispiel der Anwalt mit dem Lederschreibtisch. Okay, Jura kam für mich nicht gerade infrage, aber für einen einigermaßen lukrativen Job brauchte man auf jeden Fall Abitur, so viel stand fest. Das Amt bestellte mich mal wieder ein und wollte mir eine Maßnahme aufdrücken. Die Behördenfrau stellte mir einen Kochlehrgang zur Auswahl, oder Friedhöfe putzen für 1,50 Euro die Stunde. »Was ist denn mit Schule?«, fragte ich. Sie guckte blöd. Am Ende gab sie mir die Adresse von einer Loser-Schule, auf der man die Mittlere Reife nachholen konnte.

Ich machte einen ersten Gehversuch in der Parallelwelt, fand aber kein Seil, das ich hätte greifen können. Die Leute wurden vom Jobcenter gezwungen, etwas zu machen, und suchten sich diese Schule aus, weil das am entspanntesten war. Die Weiber in meiner Klasse waren in den Tuschkasten geflogen, und die Typen kannte ich schon, weil sie früher Gras bei mir gekauft hatten. Die waren nur am Rumhampeln, und ich kam direkt wieder in meinen alten Film rein. Einer gab mir ein Zeichen Richtung Tür, und wir gingen raus eine rauchen. Dann waren wir erst mal eine halbe Stunde weg, und der Lehrer fragte nicht mal, wo wir abgeblieben waren.

Das Umfeld war nicht zum Lernen, ich musste mir selbst eine Schule suchen. Die Nachmittage verbrachte ich in einem Telecafé auf der Sonnenallee und googelte mich durch alle Schulformen und Fördermaßnahmen, bis ich glaubte, die richtige gefunden zu haben: Sie hatte einen Vorkurs, der Leute wie mich auf ein Mindestniveau bringen sollte, und dann konnte man nacheinander die Mittlere Reife und, wenn alles gut lief, das Abitur machen, »Deutschlands qualifiziertesten Schulabschluss«, wie es auf der Homepage hieß. Ich erzählte Birol davon. »Wenn du das wirklich versuchen willst, komm ich mit«, sagte er. »Wir ziehen das gemeinsam durch.«

Die Schule war in der gleichen Straße wie der Knast. Es kam mir vor, als hätte ich den falschen Eingang gewählt. Wir gingen durch ein Gewölbe und waren in einer anderen Welt. Das Gebäude lag abgeschottet vom Verkehr, und im Hof war es ganz still. Die Backsteinmauern waren mit Efeu bewachsen, und innen war alles klinisch rein und weiß, wie in einem Krankenhaus. Ich war übertrieben aufgeregt. Birol und ich gingen ins Sekretariat und holten uns einen Anmeldebogen. »Institut zum Erwerb der allgemeinen Hochschulreife«, stand darauf. »Alter, was mach ich hier?«, dachte ich. Ich war ein Dealer, ich war ein Einbrecher, ich war ein Klauer, ich gehörte hier nicht hin. Aber Birol war ein richtig straighter Junge. Er half mir beim Ausfüllen, und wir gaben die Dinger direkt wieder ab. Ein paar Wochen später bekamen wir beide einen Brief. Birol hatte eine Zusage – mich hatten sie abgelehnt.

Dass sie ihn nahmen und mich nicht, konnte ich nicht auf mir sitzen lassen. Ich ging ein zweites Mal hin und bekniete die Sekretärin, mich aufzunehmen. Die Tür zum Zimmer des Schulleiters stand ein Stück offen, und der Direktor kam raus und fragte, was denn hier los sei. »Ich will unbedingt auf diese Schule«, sagte ich. »Bitte geben Sie mir eine Chance, Sie werden es nicht bereuen! Ich werde hier nicht ohne Abitur rausgehen, ich halte mein Wort!« Ich gab echt alles, aber der Direktor sagte nur: »Tja, also das läuft hier nach einem bestimmten Verfahren. Warten Sie ab, vielleicht sagen ja noch ein paar ab, und Sie können nachrücken.« Er ging zurück in sein Büro, und ich wandte mich wieder der Sekretärin zu. »Wie hoch ist denn die Chance, dass ich noch angenommen werde?« Sie machte eine verschwörerische Kopfbewegung Richtung Direktorbüro, hielt einen Finger vor den Mund, nahm ein Post-it, schrieb etwas darauf und schob es mir über den Tresen. Auf dem Post-it stand: »100 Prozent«. Entweder sah ich richtig verzweifelt aus und die Sekretärin hatte Mitleid mit mir, oder sie spürte, dass ich es wirklich wollte, und das beeindruckte sie. Ich glaube, sie hat mich auf der Warteliste nach oben geschoben, denn wenige Tage später lag wieder ein Brief im Briefkasten: Ich bekam einen Nachrückerplatz.

Die Reaktion meiner Familie lässt sich kurz zusammenfassen. Mein Vater, meine Geschwister, meine Onkel und Cousins samt Frauen und Kindern trafen sich im Park zum Grillen, als ich von meinem neuen Plan erzählte und Amir dazwischenbrüllte: »Willste mit ner Schultüte durch die Gegend laufen oder wie?« Alle brachen in Gelächter aus. So viel dazu. Nur Marwa fand die Idee gut, und auch Onkel Suleiman sprach mir später Mut zu.

Wenn ich die Schule wirklich schaffen wollte, musste ich vom Koks wegkommen. Ich glaube nicht, dass meine Methode zur Nachahmung empfohlen werden kann, aber mir hat sie geholfen: Ich ersetzte das Kokain durch Gras. Morgens nach dem Aufstehen kiffte ich gleich einen, damit ich nicht mehr so großen Bock hatte, ne Line zu legen. Die ersten Wochen war ich dauerdicht. Kiffen war schon mal deutlich angenehmer als koksen. Es breitete sich ein Gefühl von Wärme in dir aus, du warst nicht so eiskalt verfroren wie vom Schnee. Gut, ideal war auch das nicht. Ich glotzte ein Video im Internet, und als ich merkte, dass ich abgedriftet war, war es schon drei Stunden später. Aber Gras machte nicht so süchtig, und langsam, langsam konnte ich auch das reduzieren, bis ich wieder eine klare Birne hatte.

Die Leiden des jungen Khalil

Dann fing die Schule an. Die erste Hausaufgabe war, ein Plakat über uns zu basteln. Wir sollten Sachen aus Zeitungen ausschneiden, die zu uns passten, und etwas dazu sagen, vor der ganzen Klasse. »Digga, was soll ich denn jetzt machen, was soll ich erzählen, was nich erzählen?«, fragte ich Birol. »Ach, kleb einfach irgendwas Buntes hin«, sagte er. Birol hatte gut reden, er hatte wenigstens eine Ausbildung. Was sollte ich sagen, was ich die ganzen letzten Jahre gemacht hatte? Ich ging in den Schreibwarenladen, wo ich meine Dealer-Visitenkarten hatte drucken lassen, und kaufte bunte Pappe. Darauf klebte ich ein Foto von einer großen Familie und eine Baustelle. In der Klasse erzählte ich, ich hätte eine Ausbildung abgebrochen und auf dem Bau gearbeitet.

Ich wollte bloß nicht auffallen zwischen denen. Da herrschte ein komplett anderes Klima, als ich es von der Schule gewohnt war. Man merkte, die Leute waren heiß, sie wollten loslegen und das Abitur machen. Die anderen waren alle Deutsche bis auf eine Libanesin, Birol und ich. Birol war ja so ein Vernünftiger, der passte da gut rein mit seinen Stoffhosen, aber ich fühlte mich fremd.

Auf dem Schulhof fing ein Junge plötzlich an, Witze über meine Goldkette zu reißen. Normalerweise hätte ich den direkt geschlagen, aber dieser Vorkurs war wie ein Sieb, und die Lehrer beobachteten dich genau. Wenn du mitmachtest und dich gut verhieltst, wurdest du in die weiterführende Phase versetzt. Wenn nicht, flogst du raus. Dieses Mal war mir das nicht egal, also musste ich lernen, dem Jungen einen Spruch zurückzudrücken, statt ihm ein paar in die Fresse zu hauen.

Und dann kam Frau Frank, die Deutschlehrerin. Die lebte in einer Kommune und war auch noch Heilpraktikerin, also völlig kaputt. Nach dem ersten Test – wir sollten eine Zusammenfassung von einem dieser kleinen gelben Bücher schreiben – trat sie mit ernster Miene an meinen Tisch und sagte: »Sie können ja gar kein Deutsch!« Ich war schockiert, aber dann guckte ich auf mein Testergebnis und lachte vor Freude. Eine Vier! Für mich war das kein Fail, im Gegenteil.

Trotzdem wurde mir schnell klar, wie viel Arbeit vor mir lag. Während ich Satzbau übte und grübelte, welches Wort an welche Stelle gehörte, diskutierten die anderen über Rotkäppchen. Märchenanalyse. Einer der Emo-Jungen, die sich die Fingernägel schwarz lackierten, meldete sich und sagte: »Warum hat der Autor Rotkäppchen in so ein sexy Kleid gesteckt, und warum überhaupt rot? Da geht es doch eigentlich um eine Vergewaltigung!« Frau Frank nickte anerkennend. Ich hielt mir nur noch den Kopf und dachte: »O mein Gott, wo bin ich hier gelandet?«

Manchmal lasen wir ein ganz kurzes Gedicht und diskutierten dann 90 Minuten lang darüber. Übertrieben heftig waren »Die Leiden des jungen Werther«: Die anderen saßen da und redeten und redeten und redeten. Das war so ein Minibüchlein, aber es füllte locker ein halbes Schuljahr Unterricht. In was für einem historischen Kontext ist der Text entstanden? Was will der Autor? Warum handelt der Protagonist so? Was ist sein Hintergrund, was ist sein Ziel? Über solche Fragen hatte ich in meinem Leben noch nie nachgedacht. Ich fing echt bei null an.

Birol und ich trafen uns eine Stunde vor dem Unterricht mit anderen Jungs und Mädchen, um zusammen Hausaufgaben zu machen und Sachen nachzuarbeiten, die wir nicht verstanden hatten. In der Gruppe war ein Schwuler, der mich echt anekelte. Leider hatte ausgerechnet er den Durchblick in Mathe und bot uns seine Hilfe an. Er war echt übertrieben geduldig und erklärte alles tausendmal. Irgendwann war es uns einfach scheißegal, dass er schwul war, und wir luden ihn auf einen Döner ein.

Die Beste in Physik war eine Punkerin, die immer eine Kapuze überm Kopf trug und ihre Hände so in den Ärmeln versteckte, dass nur die Fingerspitzen rausguckten. Sie war früher gemobbt worden und deswegen nicht mehr zur Schule gegangen, dabei war sie krass klug und schrieb nur Einsen. Die Kapuze guckte einen nie an, keiner in der Klasse hatte je ihr Gesicht zu sehen gekriegt. Ich probierte es mit meinem Sonnyboy-Charme bei ihr: »Hey na, du bist echt übertrieben klug. Willste mir mal was beibringen? Ich könnt' ein privates Nachhilfestündchen gebrauchen.« Keine Reaktion. Kapuze antwortete mir nicht mal.

Gegenüber saß das komplette Gegenteil von ihr: Jaqueline, Spitzname Barbie, ein blondes Busenwunder aus Sachsen. Barbie und die zwei Gerippe neben ihr hatten für einen Drogenentzug vom Gymnasium abgehen müssen und sollten das Abi nun weit entfernt von ihrem Meth-Dorf nachmachen. Die drei Ossis hatten in ihrem Leben noch keinen Kanaken gesehen und echt Schiss vor mir, vor allem, als sie hörten, dass ich auch noch in Kreuzberg wohnte, das sie nur aus Erzählungen kannten. Um es kurz zu fassen: In meiner Klasse saßen nur Opfer. Und ich. So langsam dämmerte mir, dass ich meine Schubladen neu sortieren musste. »Guck mal«, sagte ich zu Birol. »Ich hab solchen Leuten immer nur Nacken gegeben, und diese Leute waren eigentlich schlauer als ich. Ich häng mich jetzt an die dran, is mir scheißegal.« Und ich muss sagen, je näher ich diese Vögel kennenlernte, desto korrekter fand ich sie, und ich glaube, sie mich auch.

An dieser Schule war alles anders, vor allem die Lehrer. Herr Reinsches zum Beispiel. Am ersten Tag kam er rein und sagte: »Ich heiße Herr Reinsches, und wenn ihr mich bestechen wollt, gebt mir Gummibärchen, aber nur die roten.« Ich hatte gleich das Gefühl, der ist ein Assi wie ich, keiner, der einen Stock im Arsch hat. Herr Reinsches war Mathelehrer und hatte vorher im Knast unterrichtet. Er wohnte am Kotti, rauchte selbst gedrehte Kippen und guckte mich immer so an nach dem Motto: »Ich weiß genau, was Sache ist!«

Der war auch kaputt, aber von seiner Art und Weise einfach ein herzlicher Kerl. Nach einer Klassenarbeit warf er dir nicht einfach das Heft hin, sondern stellte einen Tisch und zwei Stühle raus vor die Tür und bat jeden einzeln zum Gespräch raus. Er erklärte dir echt jede einzelne Note und sagte: »Das und das hast du falsch gemacht, deswegen habe ich dir nur so und so viele Punkte gegeben.« »Herr Reinsches«, sagte ich, »ein bisschen können Sie doch noch raufgehen. Kommen Sie, Herr Reinsches!« – »Ihr Südländer immer, wir sind doch hier nicht auf dem Basar!«, empörte er sich. Aber dann gab er mir doch einen halben Punkt mehr, und ich schüttete ihn mit Gummibärchen zu.

In der alten Schule hätte ich mich tausend pro über ihn lustig gemacht. »Herr REIN-SCHES« – ich mein, was lag näher als das? Aber die dummen Sprüche verkniff ich mir. Seine Freundlichkeit war nicht mit Schwäche zu verwechseln, und ich begann zu verstehen, dass ich weiterkommen würde, wenn ich mich unterordnete, statt den harten Jungen zu markieren. Die Lehrer waren nahbar und schienen sich wirklich für mich zu interessieren, das gefiel mir.

Die krasseste von allen war Frau Sprengler, die Sowi-Lehrerin, die alle nur Uschi nannten. Uschi bestand darauf, geduzt zu werden, aber das kriegte ich nicht über die Lippen. Für mich war Uschi wie meine Oma: Sie war eine ältere Frau und eine Respektsperson, es gehörte sich einfach nicht, sie so kumpelhaft zu behandeln.

Uschi Sprengler war klein, dick und eine richtig toughe Frau. Sie war politisch sehr interessiert und in einer dieser Attac-Gruppen aktiv, die hauptsächlich aus Studenten bestanden, die was gegen Globalisierung hatten und ein bisschen Rambazamba machten. Vor ihrer Zeit als Lehrerin hatte Uschi beim Bundeskartellamt gearbeitet und große Firmen gejagt. Sie war eine Alt-68erin und fand alle linken Sachen so richtig geil. Rebellion war ihr Ding, Reiche verabscheute sie. »Ich verdiene hier 4000 Euro, das ist doch voll ungerecht«, sagte sie gleich in der ersten Stunde Sozialwissenschaft. »So viel brauche ich gar nicht, da spende ich lieber mein Geld.« Ich dachte nur: »Was labert die Braut?« Egal, ich mochte Uschi.

Sie hatte die Schule mitgegründet und wohnte ganz in der Nähe in einer Riesenwohnung, die ihr, wie sie übertrieben oft betonte, eigentlich viel zu groß war. Uschi hatte eine blinde Tochter, die sie allein erzog, was ja schon Arbeit genug war, aber dazu nahm sie auch noch Schüler bei sich auf. Wenn sich einer mitten im Vorkurs mit seiner Freundin gestritten hatte, ausziehen musste und keine Wohnung fand, schleppte sie ihn einfach mit nach Hause und gab ihm ein Zimmer. Alle paar Wochen lud sie uns Schüler zum Kochen ein.

Ein Nähe-Distanz-Verhalten hatte Uschi nicht wirklich. Im Winter hatte ich einmal meinen Mantel über ihren auf den Jackenständer gehängt, und als sie etwas aus der Tasche holen wollte, griff sie aus Versehen in meine und zog meinen Autoschlüssel raus. Auf dem Schlüssel glänzte der Mercedes-Stern. Einen Moment lang war sie verwirrt, aber dann brüllte sie wie King Kong in die Klasse: »WER FÄHRT HIER EINEN MERCEDES???« Oh, oh. »Ach, das ist der Wagen von meinem Vater«, sagte ich. »Meiner ist kaputt, ich hab mir den nur geliehen ...« – »O Gott, dein Vater fährt einen Mercedes? Was arbeitet der denn??« Ich sag ja, kein Nähe-Distanz-Verhalten. Nach dem Unterricht ging ich zu ihr nach vorn und bot ihr an, sie nach Hause zu bringen, und Uschi kam echt mit. Als sie sich in meine E-Klasse mit Lederausstattung und Sitzheizung setzte, entfuhr ihr ein Seufzen: »Hach, das ist aber bequem!« Ich lachte mich innerlich tot. Ja, ja, diese Linken ... Von da an fuhr ich Uschi öfter nach Hause.

Deutschlandfunk

Ich denke, jeder Mensch braucht eine Person in seinem Leben, die ihm einen Schubs in die richtige Richtung gibt. Für mich war das Uschi Sprengler. Uschi nahm mich so an, wie ich war. Irgendetwas sah sie wohl in mir, keine Ahnung was. Jedenfalls hatte sie anscheinend Gefallen an mir gefunden.

Nach dem Unterricht blieb sie immer noch eine halbe Stunde länger und erklärte mir die Gesellschaftstheorien, die ich nicht verstanden hatte. Dafür brachte ich ihr jeden Morgen einen Cappuccino mit oder chauffierte sie nach Hause. Im Auto hörte ich jetzt immer Deutschlandfunk, damit ich sie in der nächsten Stunde beeindrucken konnte. »Frau Sprengler, gehen Sie am Nachmittag auch zur Attac-Demo, da soll es ja voll abgehn!« Mit so was konnte ich bei ihr punkten.

Irgendwann begannen mich die Nachrichten wirklich zu interessieren. Im Karstadt am Hermannplatz entdeckte ich, dass es den Brockhaus auch in einer Kompakt-Version gibt. Ich fing an zu lesen, wusste auf einmal ein paar Dinge und konnte mich jetzt auch melden. Nach einer Stunde, als alle rausgingen, guckte der Geschichtslehrer mich an und sagte: »Heute war super!« Es traf mich ohne Vorwarnung und ich musste grinsen wie ein Idiot. Lob war ein geiles Gefühl, ich leckte Blut und wollte mehr davon.

Damals begann ich, Sachen anders zu sehen und zu verstehen. Ich lernte, dass ein Land sich vor billigen Arbeitskräften schützen will. Dass es die Idee der Reichen ist, die Armen kleinzuhalten, aber dass du auch die Möglichkeit hast, dir etwas zu erarbeiten. Dass die Widerstände, die ich erlebt hatte in meinem Leben, vielleicht in einem größeren Zusammenhang standen. Frau Müller zum Beispiel, meine frühere Lehrerin, kam aus einer anderen Welt als ich; sie war ganz anders aufgewachsen und sozialisiert, und eventuell war es in ihrer Vorstellung einfach nicht möglich, dass es ein Junge von ganz unten nach oben schaffen könnte. Ich hörte zum ersten Mal, dass es in Deutschland generell schwierig ist, als Kind von Nicht-Akademikern zu studieren. Aber es gab Gerhard Schröder, der hatte sein Abitur auch auf dem zweiten Bildungsweg gemacht und war sogar Bundeskanzler geworden, der Chef von Deutschland! Zum ersten Mal glaubte ich wirklich daran, dass ich es noch zu etwas bringen konnte.

Meine Klasse ging in den Baader-Meinhof-Film, der gerade im Kino angelaufen war. Ich zog mir die Vorstellung von Anfang bis Ende in dem Glauben rein, dass das Fiction war. »Geiler Actionfilm!«, sagte ich, als wir rausgingen. »Schon krass, was die sich alles ausgedacht haben.« Die anderen guckten mich schockiert an. »Khalil, das sind wahre Begebenheiten!« Ich dachte, die wollten mich verarschen. Am nächsten Tag ging ich zum Karstadt, kaufte mir das fette Buch von Stefan Aust über den Baader-Meinhof-Komplex und las es von vorne bis hinten durch. Im Unterricht hielt ich ein Referat über die Rote-Armee-Fraktion und kriegte eine Eins plus dafür. »Du bist auf diesem Gebiet ja eine richtige Koryphäe«, sagte die Politiklehrerin. Das Wort musste ich erst mal googeln.

Das Thema RAF riss mich völlig mit. Ich sah auf einmal ein Deutschland, das ich nicht kannte. Seit den Anschlägen vom 11. September 2001 stand der Islam im Fadenkreuz, und Sprüche wie »Nicht jeder Moslem ist ein Terrorist, aber jeder Terrorist ist ein Moslem« trafen alle Araber. Nun merkte ich plötzlich: »Moment mal, Terrorismus gab es auch hier – seid ihr jetzt etwa auch alle Terroristen?«

Ich war ein Moslem und ein Drogendealer, out of law sozusagen, weit, weit weg von dieser Gesellschaft, und hatte trotzdem den Drang, irgendwie da reinzukommen. Aber die Gesellschaft war geschlossen für die Guten, für die, die immer alles richtig machten, für die sauberen Deutschen mit ihrem Heiligenschein – so kam es mir jedenfalls vor. Jetzt sah ich eine Gesellschaft, die in Wahrheit brüchig war, und die Mauer zwischen »wir« und »ihr« in meinem Kopf bekam Risse. Die sauberen Deutschen, die so gern mit dem Finger auf uns zeigten, hatten selbst mächtig Dreck am Stecken.

In meiner Familie wurde nie über den Holocaust gesprochen, höchstens indirekt. Wenn irgendein Onkel mal wieder über Sabra und Schatila referierte oder über Palästina, dann fiel dieser Standardspruch, dass die Juden jetzt mit den Arabern machten, was die Deutschen mit den Juden gemacht hatten. Im Geschichtsunterricht erfuhr ich von Gaskammern und sechs Millionen ermordeten Juden. Ich musste mich damit auseinandersetzen, denn am Ende würde ich eine Prüfung darüber schreiben. Ich guckte mir Fotos von Auschwitz an und sah die Haare, Berge von abrasierten Haaren. Welcher Mensch konnte so etwas tun? Nein, das machten die Juden in Palästina nicht. Die Juden kämpften für einen Ort, an dem sie sich heimisch fühlen durften, das konnte man eigentlich verstehen.

Neben mir saß Sarah, die sich oft meldete bei dem Thema. In einer Stunde erzählte sie mir, dass sie Jüdin ist. Ich war sprachlos. Sarah hatte weder diese komischen Locken noch spezielle Klamotten an, sie war auch nicht reich und sah überhaupt total normal aus. Als ich den Schock überwunden hatte, startete ich eine Diskussion mit ihr über die Vertreibung der Palästinenser. Sie stimmte mir in einigen Punkten zu, aber versuchte mir zu erklären, dass die Juden nun mal auch da seien und ein Recht auf einen eigenen Staat hätten. Sarah brachte mich zum Nachdenken. Ich begann zu recherchieren und bekam Zweifel an der Einstellung meiner Onkel, dass die Juden den Palästinensern das Land geklaut hatten. Manche Palästinenser hatten ihr Land auch verkauft, und im Endeffekt hatten die Araber den Krieg begonnen und verloren. Wer einen Krieg verliert, verliert auch Land. Die Sache war nicht so einfach.

Ich weiß nicht, wie ich es am besten ausdrücken soll. Vielleicht so: Ich habe in dieser Zeit einen neuen Kopf bekommen. Mein Horizont dehnte sich aus, und ich war neugierig auf alles, was ich entdeckte. Die Welt war plötzlich eine andere.

An einem Tag im letzten Schuljahr meldete ich mich und rief: »Frau Sprengler, Frau Sprengler …« Da drehte sich Uschi zu mir um und sagte: »Khalil, wenn du mich noch einmal siezt, zieh ich dir zwei Punkte ab! Ab sofort sagst du Uschi zu mir, wie alle anderen auch.« – »Zu Befehl, Uschi!« Die Klasse brach in Gelächter aus, und es machte mir nichts aus. Die Klasse war ein geschützter Raum. Jeden Tag trafen die verschiedensten Leute aufeinander, jeder hatte eine andere Lebenseinstellung. Alle diskutierten hart und gaben trotzdem aufeinander acht. Witze provozierten mich nicht mehr, weil ich merkte, dass hier keiner auf Streit aus war. Der Gedanke, dass es Stress geben könnte und ich besser ein Messer mit in die Schule nehmen sollte, verschwand aus meinem Kopf. Es gab keine Rangordnung, es ging einfach nur ums Lernen. Punkt.

Rückblickend muss ich sagen, die Zeit auf dieser Schule war die beste meines Lebens. Ich kam in den Flow und wurde ruhiger und kontrollierter. Und das Geilste war: Ich musste keine Rolle mehr spielen.

Die Nahbarkeit von Uschi und allen anderen Lehrern war besonders für mich. Sie waren Alt-68er, die sich gegen ihre Eltern aufgelehnt und dieses Land umgekrempelt hatten. Dinge wie das Asylrecht, die Offenheit neuen Menschen und Kulturen gegenüber basierten darauf, dass sie die alten Strukturen hinterfragt hatten. Ich hatte das Gefühl, dass ich ihnen etwas zu verdanken hatte.

Abitur

Das Geld, das ich noch nicht verkokst hatte, war langsam aufgebraucht. Birol hatte wieder einmal etwas probiert und eine Firma für Gartenlandschaftsbau aufgemacht. Er verschaffte mir Jobs: Im Winter schippten wir Schnee, im Frühling sammelten wir das Streugut auf, im Sommer jäteten wir Unkraut, und im Herbst kehrten wir Laub. Danach fuhren wir zur Schule, zogen uns auf der Toilette um und hetzten in den Unterricht. Nachmittags putzte ich Mietwagen und lieferte Pizza aus. In der linken Hand hielt ich das Steuer, in der rechten ein Buch. Wann immer ich eine Pause hatte, lernte ich. Ich war wie auf Koks, es ging nur noch geradeaus, aber mit klarem Kopf.

Momo und Tarik gaben mir 5000 Euro Ablöse, als ich aus unserem Taxi-Unternehmen ausschied. Meinen Platz nahm Amir ein. Anfangs kamen meine Brüder noch zu mir und fragten mich um Rat, aber ich half ihnen immer weniger. Ich hatte keine Zeit mehr für diesen Scheiß, und auf keinen Fall wollte ich mit ihnen abhängen, wenn sie eine Lieferung in der Tasche hatten. »Khalil, du hast zu viel gezogen, bist du paranoid geworden?« Solche Sprüche durfte ich mir jetzt öfter anhören. Wenn sie mich anriefen und fragten, ob ich mit ins Rush Hour oder ins Tropical Island komme, sagte ich ab. »Muss noch arbeiten.« Oder: »Muss noch lernen.« Meine Brüder lachten mich aus. Ich wusste auch nicht genau, wie ich es ihnen erklären sollte. Es war mehr so ein Gefühl, ein sehr starkes Gefühl: Klar, ich machte jetzt viel weniger Geld, aber es war *halal*, sauberes Geld, und das war viel mehr wert. Daran klebte kein Fluch.

Marwa und ich hatten einen zweiten Sohn bekommen, und dieses Mal wollte ich alles anders machen. Ich wollte uns etwas aufbauen, was nicht kaputtgeht. Man könnte auch sagen, ich reparierte mein Leben. Und etwas reparieren ist immer aufwendiger, als wenn man es von Anfang an richtig macht. Dann ruft der Schneedienst am Ende deiner Tour an, sagt, dass ihm ein Fahrer fehlt und er dir 200 Euro auf die Hand gibt, wenn du die nächste Schicht auch noch machst. Und dann machst du das, auch wenn du müde bist. Dann ziehst du das durch und haust das Geld nicht gleich wieder raus, sondern packst es weg auf dein Konto. Ich mein, du fängst an zu arbeiten, hörst auf mit den Drogen und mit der Hurerei, mit dem Lügen und Betrügen, und plötzlich kommt das Geld fast von allein.

Als ich wieder einmal am Schalter stand, stellte der freundliche Banker fest, dass nicht mehr Hartz IV, sondern Schüler-Bafög auf meinem Konto einging. »Was ist denn hier los?«, fragte er. »Ach, ich mach mein Abi nach«, antwortete ich. Er starrte mich an. Dieses Mal war *er* sprachlos. Also zumindest für ein paar Sekunden. »Na sieh mal einer an«, sagte er. »Vom Saulus zum Paulus.« In dem Moment war ich schon stolz, muss ich sagen.

Ich will nicht alles am Geld festmachen, aber sauberes Geld bedeutet ja mehr: Dinge verfestigen sich, es kommt Ruhe und Stabilität in dein Leben. Uschi sagte: »Die Rente ist nicht sicher«, also machte ich Rentenpläne für Marwa und mich und Sparbücher für die Kinder. Ich legte Excel-Tabellen an und schrieb auf, was reinkam und was rausging und wie viel wir sparen konnten. Es gab Monate, in denen wir 1000 Euro fürs Essen ausgaben, das versuchten wir zu reduzieren. Marwa machte Kochpläne, ging nur noch einmal die Woche einkaufen und sparte an den Süßigkeiten. Ich verkaufte die E-Klasse und kaufte dafür einen Diesel.

In den Winterferien 2008, sieben Jahre nach unserer Hochzeit, fuhren Marwa und ich zum ersten Mal in den Urlaub,

Last-Minute nach Ägypten. Nur wir und unsere beiden Söhne. Wir waren zum ersten Mal unter uns, ohne die ganze Sippe. Tagsüber spielten wir mit Ahmad und Bilal am Strand, abends saßen Marwa und ich an der Bar. Eine Band spielte arabische Lieder, und ich forderte sie auf, mit mir zu tanzen. Marwa zierte sich erst ein bisschen, aber dann nahm sie meine Hand und wollte mich gar nicht mehr von der Tanzfläche lassen. Irgendwann konnte ich nicht mehr und schaute einfach nur zu, wie sie sich um mich drehte und mit den Fingern schnipste. Nach dem Urlaub erzählte sie mir von einem Gespräch mit ihrer Tante, die damals gegen unsere Hochzeit gewesen war, weil sie Marwa mit ihrem Neffen verheiraten wollte. »Und dann hat sie gesagt: ›Khalil ist der beste Schwiegersohn unserer Familie.‹« Ich guckte sie an und fing ein kurzes Lächeln. »Bild dir jetzt bloß nichts darauf ein!«, setzte sie nach.

Es ging auf das Abitur zu, und ich war der letzte Kanake standing. Die Libanesin hatte den Vorkurs nicht geschafft, und Birol war nach der 12 mit Fachabi abgegangen, um sich um seine Firma zu kümmern. Ich stand extrem unter Druck. Alle guckten auf mich: meine Familie, die Jungs, die mich verarscht hatten, Marwa, Marwas Familie – alle warteten darauf, was passieren würde. Seit dreieinhalb Jahren ging ich jetzt schon zur Schule und hatte Blut und Wasser geschwitzt. Ich musste die Abiturprüfung unbedingt bestehen, denn ich hatte keine Wahl – ich hatte nichts anderes mehr am Laufen.

Als Leistungskurs hatte ich Sozialwissenschaften gewählt, wegen Uschi natürlich, und weil da viel geredet wurde, und reden konnte ich gut. Mein zweites Fach war Physik. Da war ich zwar nicht besonders gut drin, aber ich dachte, dass ich danach Maschinenbau studieren könnte, und Maschinenbau war Deutschlands Rücken, da steckte Geld drin. Außerdem war Frau Heidenreich, die Physiklehrerin, auch unsere Klassenlehrerin, und sie hatte ein Auge drauf, dass ich mitkam.

Ich lernte wie ein Verrückter. Marwa unterstützte mich und ging mit den Kindern raus, damit ich in Ruhe lernen konnte, und auch die anderen in meiner Klasse waren echt korrekt. Alle achteten auf mich und halfen mir. Irgendwie hatte ich das Gefühl, dass sie mit mir mitfieberten und mich auf den letzten Metern anfeuerten. Selbst das Kapuzenmädchen überwand sich und gab mir Physiknachhilfe, und ich hütete mich davor, sie noch mal anzubaggern.

Dann begannen die schriftlichen Prüfungen. Physik, Sozialwissenschaften, Deutsch. Die Prüfungen wurden in der Aula geschrieben, und wir saßen weit auseinander – Abgucken war nicht drin. Auf den Fluren standen Aufpasser, auf den Toiletten standen Aufpasser, du durftest nur zweimal aufs Klo und musstest die Tür beim Pissen offen lassen. Die spielten echt keine Spielchen.

Die erste Prüfung war Physik, Lasertechnik. Meine Hand zitterte so sehr, dass ich den Stift erst mal wieder hinlegen und tief durchatmen musste. Auf meinem Tisch hatte ich Dextro Energen, Nüsse und Red Bull gebunkert, aber das rührte ich gar nicht an, weil sich mein Magen drehte. Als ich meine Hand halbwegs wieder unter Kontrolle hatte, setzte ich den Stift aufs Papier und begann zu schreiben. Ich schrieb und schrieb und schrieb, und als das Signal zur Abgabe kam, hatte ich schon wieder vergessen was. Drei Tage ging das so, dann hieß es warten.

Zwei Wochen später kam der Physik-LK zusammen, und Frau Heidenreich trat herein, mit den Ergebnissen aller Abiturprüfungen unterm Arm. Es war so still im Klassenzimmer, dass ich mein Herz wummern hörte. Ich schwöre, ich wäre fast gestorben. Dreieinhalb Jahre konnten jetzt einfach im Arsch sein, in nur einer Sekunde.

»Ich will euch die Aufregung nehmen«, sagte sie. »Ihr habt alle bestanden.« BOAH, WAS FÜR EIN GEFÜHL!! W-A-S F-Ü-R E-I-N G-E-F-Ü-H-L!!! Unglaublich, wirklich. Frau Heidenreich redete weiter, aber ich bekam schon nichts mehr mit. Das Lachen in meinem Gesicht kriegte ich bestimmt zwei Stunden lang nicht weg. Ich hatte es geschafft, ich hatte Abitur! Das war das Ding meines Lebens. Die erste Sache, die mir niemand mehr nehmen konnte. NIEMAND. Geld, Autos, Schmuck – alles konnte dir genommen werden, mit einmal Klingeln, mit einmal Türeintreten und Razzia. Aber das hatte ich mir erarbeitet, das gehörte nur mir allein. Ich war safe. Ein gemachter Mann.

Auf der Abifeier kam der Direktor zu mir und gab mir die Hand. »Sie haben unseren Schnitt heruntergezogen!« Er lachte. Ich lachte mit: 3,1 stand auf meinem Zeugnis. »Sehen Sie, ich habe mein Wort gehalten«, sagte ich.

Das Erste, was ich machte, war, meinen Vater anrufen. »Ich hab bestanden!!!«, schrie ich ins Telefon. »Bei was hast du bestanden?«, fragte mein Vater. »Na, beim Abitur!« – »Ah, okay. Wann kommst du nach Hause?« Das war's, mehr sagte er nicht dazu. Ich dachte: »Fuck, ich hab doch Abitur, Alter, den höchsten Schulabschluss Deutschlands hab ich geschafft, und du sagst einfach nur okay?« Da war ich schon ein bisschen enttäuscht, muss ich sagen, aber ich nahm es ihm nicht übel. Mein Vater konnte einfach keine Emotionen zeigen.

Dass er doch stolz auf mich war, merkte ich später, als ich anfing, Bewerbungen für die Uni zu schreiben. Es war Ramadan, und mein Vater hatte seine Arbeitskollegen zum Fastenbrechen eingeladen. Meine Geschwister und ich bedienten die Gäste und gingen mit Tee- und Kaffeekannen herum, da winkte mein Vater mich zu sich ran und sagte vor allen Gästen: »Und das ist mein Sohn Khalil.« – »Ach, das ist der, der studieren wird?«, fragte einer. Da wusste ich, er hatte es allen erzählt. Ob ich mich schon für eine Fachrichtung entschieden hätte, fragte der Kollege weiter. »Sozialarbeiter werden gerade händeringend gesucht. Vor allem welche mit Migrationshintergrund.« Ich dachte nur: »So ein Quatsch. Wer will denn einen Kanaken haben?«

Zwei Männer

Reue

Es gibt zwei Khalils. Der von früher liegt auf meinem Wohnzimmertisch. Ich habe alte Fotos rausgekramt und aneinandergereiht, um meine Erinnerung vom Drogennebel zu befreien: Onkel Jihad und ich in Unterhosen vor der Libanon-Flagge im Kinderzimmer; die Jungs und ich auf der Wiese vorm Freibad in Bodybuilderpose; ich mit Revolver in der hintersten Sitzreihe eines Busses; ich hinterm Steuer unseres ersten Mercedes. Auf einem Foto bin ich richtig aufgedunsen. Die Königskette hängt um meinen speckigen Hals, und ich glotze mit glasigen Augen in die Kamera. Gott, war ich da dicht. Zu diesem Mann »ich« zu sagen fühlt sich komisch an. Er ist ein Fremder für mich, dieser Khalil in seinem Mafiafilm: finstere Miene, immer auf der Suche nach Status und Anerkennung. Verkrampft und angespannt sieht er aus.

Das erste Bild, auf dem ich ein bisschen gelöster wirke, ist ein Foto von der Jugendgruppe, die ich nach dem Abitur betreut habe. Der Kollege von meinem Vater hatte mir diesen Job damals vermittelt. In dieser Zeit verschwindet die Mafiamaske von meinem Gesicht, bis ich tatsächlich auch mal lache: Auf einem Bild von der Uni sieht man mir die Hoffnung an, dass sich jetzt alles verändert, ich studieren und richtig regelhaft Geld verdienen werde.

Wenn man aus der Vogelperspektive auf sein Leben schaut, sieht man noch mal, was für ein Wichser man war. Zwischen dem Khalil von früher und dem von heute liegen 15 Jahre und ein verdammt weiter Weg. Durch die Schule und das Studium bin ich in andere Kreise gekommen und habe Menschen kennengelernt, die mich geprägt haben, man könnte auch sagen: neu konditioniert. Ich habe meine Kultur und ihre Begriffe von Männlichkeit und Ehre hinterfragt, habe alte Ideen und Überzeugungen hinter mir gelassen. Heute bin ich ein anderer Mann. Doch der von früher lässt mich nicht los.

Ich wollte meine Geschichte erzählen, um einen Punkt hinter mein altes Leben zu setzen. Doch dass ich einfach einen Schlussstrich ziehen kann, war wohl eine Illusion. Das Erinnern hat etwas in mir ausgelöst. Vor allem zwei Personen gehen mir nicht mehr aus dem Kopf: der Junge, den meine Brüder und ich mit auf »Deutschlandtour« genommen haben, um mit seiner EC-Karte einen Großeinkauf zu machen. Den haben wir hart ausgenutzt, und er kam aus einer Hartz-Familie. Wir haben sein Leben zerstört.

Die andere Person ist die Kassiererin von dem einen Casino, das ich mit meinen Schwagern überfallen habe. Wie muss ich für sie ausgesehen haben, mit meiner schwarzen Skimaske und der Knarre. Sie ist zusammengesackt, weil ihre Füße sie nicht mehr getragen haben vor lauter Angst. Das sind Sachen, die mich übertrieben beschäftigen und mich den Rest meines Lebens begleiten werden.

Ich bereue, dass ich Menschen Leid und Schmerz zugefügt habe. Mir kommen auch ziemlich viele Frauen in den Sinn, die ich wie ein Köter bequatscht habe, nur um sie rumzukriegen und direkt wieder fallen zu lassen. Marwa hat das alles ertragen müssen und auch noch zu mir gehalten, als keiner mehr glaubte, dass aus mir noch was wird. Sie hat mir mal gesagt, dass ich die ersten Jahre unserer Ehe quasi nicht anwesend war und dass sie auf mich gewartet hat, weil sie spürte, dass ich mich irgendwann besinnen und nach Hause kommen würde. Ich weiß nicht, wie ich ihr dafür danken soll. Ich habe wirklich riesengroßes Glück gehabt. Es hätte auch alles anders enden können, in der Gosse, im Knast, im Grab. Gut, Letzteres kommt sowieso auf einen zu.

Auf dem Papier bin ich sauber: Meine Verbrechen sind verjährt und die Einträge im Bundeszentralregister gelöscht. Aber das, was ich getan habe, geht ja nicht einfach so weg. Im Islam wird der Tag des Jüngsten Gerichts auch der Tag der Blamage genannt. Ich fürchte, für mich wird es mehr als nur peinlich werden. Wahrscheinlich die härteste Gerichtsverhandlung meines Lebens. Hölle oder Paradies? Wenn ich mir mein Leben auf einer Waage vorstelle, überwiegen die schlechten Taten. Nach und nach häufe ich gute Taten an, aber es reicht immer noch nicht, um meine Sünden auszugleichen. Vielleicht wird es nie reichen.

Ich bin Sozialarbeiter geworden, weil ich etwas zurückgeben wollte von dem, was Menschen wie Birol und Uschi für mich getan haben. Ich wollte mit kriminellen Jugendlichen arbeiten und ihnen zeigen, dass es eigentlich viel entspannter ist, ein normales Leben zu leben, weil du nicht ständig Angst haben musst. Ich habe früher nie ruhig geschlafen. Immer lauerte die Gefahr, dass dir jemand etwas wegnimmt. Dass du, egal wie viel du hast, plötzlich wieder bei null bist. Wenn du als Sozialhilfeempfänger einen Mercedesschlüssel in der Tasche hast und die Polizei kommt dir auf die Schliche, heißt es »Ciao, Mario«, und dann ist alles weg. Legaler Reichtum schmeckt anders. Man geht auch anders damit um, es fühlt sich einfach besser an.

Der Ruf verpflichtet

Das klingt jetzt so, als hätte ich meine Berufswahl ganz bewusst getroffen. Um ehrlich zu sein, wie so vieles im Leben, war das halb Plan, halb Zufall. Der Kollege von meinem Vater, der mir damals erzählte, dass Sozialarbeiter mit Migrationshintergrund dringend gesucht würden, gab mir die Adresse eines freien Trägers, der gerade eine Gruppe für straffällige Jugendliche aufbaute. Ich schrieb eine Bewerbung, überzeugt, dass ich keine Antwort kriegen würde – doch die luden mich tatsächlich ein. Der Leiter, so ein schnieker Typ im Anzug, und eine robuste Anti-Gewalt-Trainerin saßen in Schalensitzen und stellten mir alle möglichen Fragen, darunter: »Bist du schon mal straffällig geworden?« Ich guckte sie an und sagte: »Soll ich ehrlich sein oder lügen?« – »Sei mal ehrlich.« – »Ja, mehr als genug.« Ich dachte, wenn die mich nicht nehmen, habe ich wenigstens die Wahrheit gesagt. Aber die lachten freundlich und wollten, dass ich direkt anfange. Im Prinzip suchten sie auch nur einen, der neben der Gruppenleitung sitzt und zwischendurch sagt: »Ey, seid mal ruhig«. Das konnte ich. Und die merkten schnell, dass ich die Gruppe von 20 Jungs auch alleine händeln konnte.

Meine Herkunft ist Fluch und Segen zugleich. Das Oberhaupt einer bekannten Clan-Familie hat mal zu mir gesagt: »Unsere Kinder hören nur auf uns.« Das habe ich in jeder Einrichtung, in der ich gearbeitet habe, gemerkt. Sobald die wussten, woher ich komme, hörten sie auf mich. Meine Kollegen sagten etwas tausendmal, und nichts passierte. Auf mich reagierten die Kinder sofort. Dafür kann ich nichts, das ist wahrscheinlich meine Aura. Die spüren, dass ich mein Wissen nicht nur aus Büchern habe. Ein Kollege von mir sagt immer: »Du kriegst den Jungen von der Straße, aber die Straße nicht aus dem Jungen.« Das ist bei mir tatsächlich so. Ich liebe es, mit Gangstern zu sitzen, und ich genieße Ansehen in der Community, auch wenn ich da jetzt in anderer Funktion unterwegs bin. Vielleicht gerade deswegen. Ein Sesselfurzerjob wäre jedenfalls nichts für mich gewesen. Das Maschinenbaustudium schmiss ich nach dem ersten Semester hin und schrieb mich stattdessen für Soziale Arbeit ein. Da war ich viel besser drin, auch wenn ich sagen muss, dass mir das Studium bei Weitem nicht so viel gebracht hat wie meine Erfahrungen auf der Straße.

Ich hatte mich für den Schwerpunkt interkulturelle Sozialarbeit entschieden und war der Quoten-Araber auf der Hochschule. Die anderen waren Ökos, Punks und Muttis, eine bunte Mischung, sag ich mal. Am Anfang des Studiums kamen wir in einen Raum, der mit Yogamatten ausgelegt war, und der Dozent verkündete, dass die erste Übung »Tänze aus aller Welt« sein würde. Jeder musste einen Tanz vorführen und die Gruppe zum Mitmachen animieren, dafür kriegte man dann Punkte. Ich erklärte denen *Dabke*, einen traditionellen arabischen Tanz, bei dem man sich an den Händen nimmt, eine Reihe bildet und im Rhythmus einer Blechtrommel mit den Füßen aufstampft. Ich schnappte mir zwei aus dem Kurs, einen links, einen rechts, und führte die Schritte vor. Der Dozent fand die libanesische Musik, die ich mitgebracht hatte, total geil und sprang im Raum hin und her. Ich dachte nur: »Hoffentlich erfährt keiner meiner Verwandten, was ich hier mache.«

An der Uni standen sie total auf Erlebnispädagogik. Ein Dozent teilte sein Seminar in Gruppen ein und gab jedem Team ein rohes Ei, Trinkhalme und Tesafilm. Daraus sollte man dann eine Art Airbag für das Ei bauen. Jede Gruppe bastelte irgendetwas, und der Dozent ging rum und ließ die Eier auf den Boden fallen. Meine Gruppe stieg richtig tief in die Materie ein und diskutierte stundenlang darüber, wie wir das Ei vorm Bruch schützen könnten. Ich dachte, ich raste gleich aus. So eine Übung konnte man vielleicht im Ferienlager machen, aber doch nicht am Kotti. Gib mal einer Gruppe Intensivtäter eine Palette rohe Eier in die Hand, dann rennst du aber!

Was soll ich sagen, diese Studenten waren Kinder für mich. Deren Leben war so unbeschwert, die wohnten alleine oder in WGs und kriegten Geld von ihren Eltern. Ich musste meine Familie ernähren und meinen Vater finanziell unterstützen. Während die planten, wo sie am Wochenende feiern gingen, klingelte mein Telefon mit neuen Aufträgen. Ich hatte einen Terminkalender, Arbeit, Arbeit, Arbeit, Druck, Druck, Druck. Inzwischen war ich Leiter der Jugendgruppe und schmiss den Laden mit einem Co-Trainer.

Die Leute, mit denen ich arbeite, kommen aus allen Milieus. Ich habe die Rassistenfamilie aus Rudow, die Clan-Familie aus Neukölln, die Mittelständler aus Zehlendorf bei mir sitzen und die Flodder-Familien aus der gesamten Stadt, ich sag mal so Berliner Barock: Der Vater trägt billige Trainingsanzüge, die Mutter zu enge Leggins, und wenn sie mal ihre Bude verlassen, gehen sie zu Penny und kaufen Goldkrone und Pilsator. Es sind verschiedene Schichten, aber der Hintergrund ist immer der gleiche: Gewalt in der Familie, physisch, psychisch oder beides.

Die Mittelständler streiten sich jeden Tag, lassen sich scheiden und haben keine Zeit für ihre Kinder. Die Rassisten sind arbeitslos und verprügeln ihre Kinder im Frust. Die Assis sind arbeitslos und verprügeln ihre Kinder im Suff. 99 Prozent dieser Kinder werden in der Schule auffällig. Man nennt sie Symptomträger, weil sie die Probleme ihrer Eltern weitertragen. Eine Familie ist wie ein System aus Zahnrädern: Wenn ein Zacken ab ist und ein Rädchen nicht mehr greift, funktioniert die ganze Maschine nicht mehr. Das gilt erst einmal für alle. Bei Kindern aus Clan-Familien kommen dann noch ein paar Besonderheiten dazu.

Die Jungen sind verloren zwischen zwei Kulturen. Wenn ich einen auf der Straße als »Hurensohn« beleidigen würde, dann würden 80 Prozent der Deutschen sagen: »Du hast doch ne Flapse!« und einfach weiterlaufen. 20 Prozent würden auf die Provokation eingehen. Bei den Arabern und Türken ist es genau andersherum: 80 Prozent würden einen Streit anfangen und nur 20 Prozent würden einfach weiterlaufen. Das ist vielleicht ein Klischee, aber eins, das der Realität nahekommt.

Die Mhallami haben den Ruf, besonders hart zu sein, und dieser Ruf verpflichtet. Die Jungen kapieren schnell, dass ihr Name Macht hat, und das presst sie automatisch in die Rolle des harten Typen, auch wenn sie eigentlich anders drauf sind. Es gibt Fälle, da drücken die Mitschüler freiwillig Pausenbrote und Taschengeld ab, obwohl ein Junge das gar nicht verlangt. Ein anderer Junge nutzt diese »Privilegien«, die sein Name mit sich bringt, bewusst aus. Auf dem Schulhof gehen ihm alle aus dem Weg, keiner traut sich an ihn ran, warum sollte er das aufgeben?

In den Biografien mancher Clan-Kinder ist eine kriminelle Karriere vorherbestimmt. Nicht unbedingt, weil die Väter sie von klein auf klauen schicken, wie sich das viele vorstellen. Das kommt zwar auch vor, aber nicht so häufig, wie Außenstehende denken. In der Öffentlichkeit herrscht das Bild vor von einem Patriarchen, der auf seinem Thron sitzt und die ganze Familie dirigiert. Das stimmt so nicht. Größtenteils

»vererbt« sich die Kriminalität in den Familien indirekt, und zwar durchs Vorleben. Wenn ein ganzer Zweig einer Familie kriminell ist, strahlt das auf die Kinder ab. Selbst wenn der Vater für sie ein anderes Leben will – wenn es nachts um drei an der Tür klingelt und Leute Diebesgut oder kiloweise Kokain in die Wohnung tragen, dann kriegen die Kinder das mit, und es wird für sie Normalität.

Ich kenne eine Familie, in der der Vater in großem Stil mit Koks dealt. Der Sohn macht eine Ausbildung. Jetzt ist die Frage: Schafft er den Absprung? Oder steigt er ins Familiengeschäft ein? Oder sagen wir, ein Vater wird inhaftiert, und die Mutter sitzt mit sieben Kindern zu Hause. Sie ist überfordert und weint viel, die Kleinen schlafen schlecht und funktionieren nicht mehr in der Schule. Dann muss ich gucken, wie ich das Zahnrad wieder zum Laufen kriege. Kann der Vater durch eine andere Vorbildfigur im Umfeld ersetzt werden? Muss sich vielleicht das ganze Umfeld ändern?

Es gibt nicht *den* Weg oder *die* Methode, wie man diese Jungen von der Straße kriegt und halbwegs umgängliche Mitbürger aus ihnen macht. Eine Sache ist aber klar: Kuschelpädagogik zieht da überhaupt nicht. »Demokratische Erziehung« kennen diese Jungen nicht, sie brauchen klare Ansagen. Wenn einer mit zugekifften Augen zu mir kommt, sage ich dem schon an der Tür: »Verpiss dich!« Der tritt nie wieder dicht bei mir an. Einer ist kürzlich nicht zum ersten Termin erschienen. Ich habe ihn angerufen und ihm klargemacht: »Digga, wenn du nicht kommst, rückt sofort einer nach. Ich habe hier 100 andere, die auf deinen Platz warten.« Zack, am nächsten Tag war er da. Ich rede in einer Sprache mit ihnen, die sie verstehen. Dass sie auf mich hören, hat aber nicht nur damit zu tun, dass ich einer von ihnen bin.

Ansagen machen

Ich habe türkische Sozialarbeiter erlebt, die ungeeigneter für diesen Job sind als die Bachblütenteetrinker aus dem Pädagogikstudium. Ein Junge in der ersten Jugendgruppe, die ich betreut habe, hat Ergün, meinen damaligen Co-Trainer, einmal »Hurensohn« genannt, und was macht Ergün? Lacht und sagt: »Hast du meine Mutter schon mal auf dem Strich gesehen?« Er wollte wahrscheinlich cool sein und zeigen, dass es ihn nicht tangiert. Aber das ist genau falsch. Hurensohn ist für diese Jungen die schlimmste Beleidigung, die es gibt. Wenn du nicht sofort eine Grenze setzt, machst du dich zum Hampelmann vor ihnen, und sie haben keinen Respekt mehr vor dir. Hurensohn hat noch nie einer zu mir gesagt. Wenn das mal passieren sollte, würde ich dem Jungen tief in die Augen gucken und sagen: »Digga, das machst du nie wieder.« Und dann würde ich mit seinem Vater reden. Vor ihren Familien habe ich keine Angst – die meisten kenne ich ja sowieso. Mit denen rede ich Klartext über ihre Kinder, und sie akzeptieren meine Ratschläge.

In den Schulen beobachte ich, dass Lehrer sich bei bestimmten Nachnamen nicht trauen, die Eltern zum Gespräch zu bestellen, oder Anzeige zu erstatten, wenn ein Schüler gewalttätig geworden ist. Sie haben Angst, dass ihnen dann die Reifen zerstochen werden oder so etwas. Ich weiß, dass die Clan-Familien einen furchteinflößenden Ruf haben und dass diese Lehrer keinen einfachen Job machen, aber sie müssen sich durchsetzen, gerade gegen diese Jugendlichen. Die dürfen keine Sonderbehandlung kriegen, weil sich keiner an sie ran traut. Ich kenne einen Schreinerbetrieb, dessen Chefin keine Ahnung von Clans hat. Ich liebe diese Frau, zu der bring ich meine Jungs gerne hin, wenn sie ein Praktikum machen sollen. Der Meister in diesem Betrieb schreit rum und brüllt die an wie jeden anderen Azubi auch, er behandelt sie wie Fritz Meier, und genau das brauchen sie. Und wenn ich einem Jungen am Ende einen Ausbildungsplatz vermitteln kann, dann ist das wie Koks für mich, daraus ziehe ich meine Energie.

Ich mache wirklich viel für die Jugendlichen, was über meine Arbeit hinausgeht. Ich verschaffe ihnen Jobs, ich lade sie zum Essen ein, sie haben meine private Handynummer und können mich jederzeit anrufen, wenn sie ein Problem haben. Manchmal habe ich das Gefühl, ich bin wie ein Vater für sie. Oder wie Uschi damals für mich. Kollegen sagen zu mir: »Das ist unprofessionell, du ziehst keine Grenze zwischen dir und der Arbeit.« Gut, vielleicht bin ich tatsächlich wie Uschi, Stichwort Nähe-Distanz-Verhalten. Aber nur so erreiche ich die Jungen.

Neulich hat einer von ihnen mal wieder eine Anzeige gekriegt. Er hat jemanden richtig schlimm vermöbelt und auch noch seinen älteren Bruder dazu angestiftet, dass er gezielt auf die gegnerische Gruppe zufährt und ganz knapp vorher bremst. Die Staatsanwaltschaft legt das dem Bruder als versuchten Mord aus. Der ist frisch verheiratet und hat ein kleines Kind. Der Junge, 14 Jahre alt, sitzt vor mir und sagt: »Wenn mein Bruder reingeht, dann töte ich die.« (Die Jugendlichen, mit denen er sich angelegt hatte.) Ich sage ihm: »Weißt du, wer für mich verantwortlich ist für diese Sache?« Er fragt: »Wer?« Ich sage: »DU! Wie oft saßen wir hier in der Gruppe und haben besprochen, dass ihr niemanden aus eurer Familie anruft, wenn ihr Streit habt? Ihr zieht Männer mit rein, die Frauen und Kinder haben, die Verantwortung tragen!« Während ich das sage, kriege ich Gänsehaut. Ich zeige auf meinen Arm. »Guck mal, ich kann dir sonst was erzählen, aber so eine körperliche Reaktion kommt nur, wenn ich richtig wütend bin. DU hast die Verantwortung! DU hast deinen Bruder da reingezogen, nicht die anderen. Weißt du, wenn dein Bruder reingeht, was du dann für eine Aufgabe hast? Endlich dein Scheißleben auf die Reihe kriegen, arbeiten gehen und jede Woche an der Tür seiner Frau klopfen und ihr 100 Euro dalassen. DAS ist deine Aufgabe, wenn das passiert. Und nicht hier rumrennen, irgendwas von Rache labern und deinem Bruder in den Knast hinterherwandern.« Der Junge ist richtig vor mir zusammengesackt. Und dann hat er gesagt: »Herr O., das war ein Rückfall. So was kommt nicht wieder vor.« – »Wenn das nur ein Rückfall war«, habe ich geantwortet, »dann bete zu Gott, dass es glimpflich ausgeht für deinen Bruder.«

Wenn ich keine persönliche Beziehung zu diesem Jungen hätte, hätte ich ihn nicht getroffen. Dann hätte ich ihm vielleicht die rechtliche Lage erklärt, und das hätte keinerlei Wirkung auf ihn gehabt. Das weiß ich aus meiner eigenen Erfahrung nur zu gut.

Es ist wohl Ironie des Schicksals, dass ich heute als Anti-Gewalt-Trainer arbeite. Von dem Training, das ich als Jugendlicher einmal machen musste, habe ich nichts behalten, und ich mache mir auch keine Illusionen, dass meine Teilnehmer alle friedliche Täubchen werden. Ich versuche einfach, authentisch zu sein und möglichst nah an ihrer Lebenswelt zu bleiben, statt irgendein Konzept XY durchzuziehen. In den Rückmeldungen, die ich kriege, heißt es: »Manchmal sagst du Sachen, die wir gerade denken«, oder: »Du weißt, wie ich ticke.« Was ich vermitteln will, kommt anscheinend an. Ich schaffe einen geschützten Raum, in dem sie aus ihren Rollen heraustreten können. Gleich am Anfang mache ich klar: »Jungs, ich will euch in Natur sehen. Ich brauche hier keinen Mafiaboss!«

Im Prinzip geht es darum, ihre Geschichten neu zu erzählen und ein alternatives Ende zu finden, in dem der Stärkere der ist, der sich nicht provozieren lässt. Wir arbeiten ihre Fälle gemeinsam durch und suchen die Punkte, an denen sie sich hätten anders entscheiden können. Hinter den allermeisten Schlägereien steckt die Angst davor, das Gesicht zu verlieren. Wenn es schon so weit ist, dass sich zwei Nase an Nase gegenüberstehen, ist es zu spät. Dann den Schwanz einziehen geht nicht. Also bringe ich ihnen bei, vorausschauend zu denken und sich gar nicht erst in Situationen zu begeben, in denen sie das Gesicht verlieren könnten, wenn sie nicht zuschlagen. Ich sage ihnen: »Wenn dir jemand ›Hurensohn‹ hinterherruft und du drehst dich um, hast du schon verloren. Dann bist du seine Marionette.«

Wir diskutieren den Begriff »Hurensohn«. Warum ist die Ehre der Mutter wichtig? Warum verhalten sie sich ihrer eigenen Mutter gegenüber dann so respektlos, hören nicht auf sie, treiben sich rum und schlagen sich? Wie geht das zusammen? Ich will sie zum Nachdenken anregen.

Die Jungen denken immer nur im Moment, also rechne ich ihnen die Zukunft vor. Ich frage: »Jemand beleidigt dich. Wie reagierst du?« Antwort: »Ich schlage ihn.« Daraus erarbeiten wir eine Pro-Kontra-Analyse. Ich zeichne zwei Spalten auf die Tafel und lasse sie Argumente sammeln. Pro: »Er macht das nie wieder«; »ich fühle mich besser«. Kontra: »Anzeige bei der Polizei und Ungewissheit, ob es ein Gerichtsverfahren gibt«; »ich muss Schmerzensgeld zahlen«. Dann rechnen wir das gegeneinander auf. Plus: »›Er macht das nie wieder‹ – wie lange hält das an?«, frage ich. Antwort: »Vielleicht zwei Monate, bis er in einen Karatekurs geht und denkt, er ist Rambo.« – »Und was ist mit ›Ich fühle mich besser?‹, wie lange hält dieses Gefühl?« – »Ungefähr einen Tag.« Ich halte das Minus dagegen: »›Ungewissheit, ob es ein Gerichtsverfahren gibt‹ – ungefähr ein Jahr. Und ›Schmerzensgeld‹? Sagen wir mal, du brichst einem anderen Jungen das Jochbein. Eine Jochbein-OP kostet zwischen 30000 und 40000 Euro. Wenn dein Vater von der Krankenkasse einen Brief kriegt, dass er 30000 Euro bezahlen muss, Habibi, was wird er dir erzählen? Deine Eltern kriegen Hartz IV. Sagen wir, sie zahlen 20 Euro im Monat ab, dann müssten sie theoretisch 125 Jahre lang zahlen. Praktisch gehen die Schulden auf dich über, wenn du 18 wirst. Und dann wird die Krankenkasse dir das Geld aus der Tasche ziehen.« Die Jungen sind dann erst einmal baff, weil sie nicht auf dem Schirm haben, was für Folgen ihr Handeln haben kann. Manchmal rechne ich die Zeit, die ihnen eine Prügelei nachhängen kann, in Sekunden aus, dann steht eine Riesenzahl auf der Tafel, und die wirkt auf sie. Mit Zahlen kennen die Gauner sich aus. So kriegt man sie. Die hängen von klein auf vor der Glotze und sind gepolt auf visuellen Input. Am Ende eines Trainings können die meisten sich schon kaum noch an etwas erinnern, aber die Rechnung, die bleibt hängen.

Kriminalität zahlt sich auf Dauer nicht aus – das ist eine einfache Message. Aber wenn die Jungen nur im Moment denken, sind wir Pädagogen immer die Verlierer. Einer sagt: »Ich mach nen Bruch und hab auf einen Schlag 20000 Euro.« Weiter überlegt er nicht. Und wenn das auch noch zwei, drei Jahre lang so gut geht und die Polizei ihn nicht erwischt, kriegst du ihn nicht mehr aus dieser Bahn.

Auch Religion zieht bei der heutigen Generation nicht. Die Jungen kennen unsere Kultur gar nicht mehr. Ich war neulich bei der Beerdigung eines Clan-Mitglieds, da war es ziemlich ruhig in der Moschee, weil kaum einer die Verse konnte. Einer meiner Jungen hat mit gefälschten Paypal-Konten Essen für mehrere Hundert Euro für seine Familie bestellt. Wenn ich ihm sage, dass das *haram* ist, guckt er mich nur fragend an. Sie haben keine religiösen Grundsätze, und deswegen kriegst du sie auch nicht auf die Tour, indem du sagst, dass es Sünde ist, was sie tun.

Wenn Kinder in einer Umgebung aufwachsen, in der Geld und Status nur aus Kriminalität generiert werden, ist es sehr schwierig, sie auf einen anderen Weg zu führen. Mir ist klar, dass sich meine Jungen nicht von heute auf morgen ändern werden. Wenn es gut läuft, habe ich sie zum Grübeln gebracht. Es kommt vor, dass ich Leute treffe, die vor Jahren ein Anti-Gewalt-Training bei mir gemacht haben und die mir erzählen: »Ey, du hast mir diesen einen Satz gesagt, der hat bei mir was bewegt.« Dann denke ich an den türkischen Polizisten zurück, der damals mein Männlichkeitsbild infrage gestellt hat. Was ich tun kann, ist, Zweifel säen. Dieser Samen kann aufgehen – wenn er regelmäßig bewässert wird und die äußeren Bedingungen stimmen.

Harter Staat

Wenn der Staat Clan-Kriminalität wirksam bekämpfen will, muss er die Familien an ihrem empfindlichsten Punkt treffen: dem Status. In dieser Welt hängt alles am Geld. Wenn du Geld hast, bist du wer, dann bekommst du Respekt und

Anerkennung, dann hast du Macht. Wenn man den Clans das Geld wegnimmt, sind sie niemand mehr, und das tut richtig weh. Zack, die Rolex abziehen, den Mercedes abschleppen, die Villa zwangsversteigern – das macht Eindruck in der Szene. Die Vermögensabschöpfung ist schon mal ein Schritt in die richtige Richtung. Was haben alle geguckt, als die Berliner Staatsanwaltschaft 77 Immobilien des Remmo-Clans beschlagnahmt hat. Die Remmos haben jetzt richtig Stress, und das ist *das* Thema in der Community. Alle warten darauf, wie es weitergeht. Was macht der deutsche Staat? Wie werden die Gerichte urteilen? Die Staatsanwaltschaft muss jetzt liefern. Wenn sie das durchkriegen und die 77 Immobilien tatsächlich einziehen, wäre das ein deutliches Signal für die Clans. Alles andere wäre fatal, vor allem für die neuen Flüchtlinge. Wenn die erst mal kapieren, dass man hier 80 Verfahren sammeln kann, bevor etwas passiert, haben wir die kommende Generation verloren.

Die Clans haben schon vor der Flüchtlingskrise Jungen aus den palästinensischen Flüchtlingslagern im Libanon und in Syrien nach Deutschland eingeschleust und sie als Läufer für ihre Drogengeschäfte eingesetzt. Die, die am ärmsten sind, kann man eben am leichtesten ausnutzen. Und die deutschen Behörden sind immer noch viel zu naiv. Die Flüchtlingskrise war ein Riesengeschäft. Unter den beschlagnahmten Immobilien ist nicht zufällig auch eine Flüchtlingsunterkunft. Als alle Heime überfüllt waren, haben die Kommunen Hotelgutscheine verteilt, mit denen die Flüchtlinge sich selbst ein Zimmer suchen sollten. Viele Clans haben gleich eine Geschäftslücke gewittert, irgendwelche Baracken gekauft und sie zu Hotels deklariert, die nur auf dem Papier bestanden. Dann haben sie 100 Leute in ein versifftes Haus gezwängt und ihre Gutscheine eingelöst. Pro Kopf und Nacht konnten sie 50 Euro abkassieren. Einige Familien haben auch Anteile an den Sicherheitsdiensten, die die Flüchtlingsheime bewachen. So rekrutieren sie billige Arbeitskräfte. Die Flüchtlinge stehen zum Beispiel am Kotti und verticken Drogen für die Clans.

Diese Jungen wurden von ihren Familien zuerst aus dem Krieg nach Europa geschickt, weil die Mittel nur für die Flucht von einem Familienmitglied reichten. Sie stehen unter enormem Erwartungsdruck, schnell Geld zu verdienen und den Rest der Familie herzuholen. 16-Jährige, die alleine sind und kein Deutsch können, finden bei den arabischen Clans eine Anlaufstelle und Arbeitsmöglichkeiten mit gutem Verdienst. Sie lernen jetzt, wie das Geschäft läuft, und wer weiß, wenn ihre Familien nachkommen, machen sie vielleicht ein eigenes Business auf. Die Geschichte wiederholt sich.

Im letzten Sommer haben die Zeitungen über eine Massenschlägerei in der Fuldastraße in Neukölln berichtet. Es gab auch ein Video, auf dem man sieht, wie Männer Straßenschilder losreißen und damit aufeinander einprügeln. Erst hieß es, das sei ein Streit zwischen zwei alteingesessenen Clans gewesen, aber das stimmt nicht. Das waren Palästinenser aus Syrien. Was der Auslöser war, weiß ich nicht, aber die haben einen »Friedensrichter« gerufen, einen Neuköllner Imam, der die Sache geklärt hat. Ein Bekannter hat mir ein Video von der *Sulha* geschickt: Der Imam redet mit einem Mikrofon zu einer großen Männergruppe. »Im Koran steht, sich zu vertragen ist etwas Gutes« und so weiter. Er sagt, er habe ein Schriftstück aufgesetzt, in dem er ein paar Regeln aufgestellt habe (es wird nicht mehr provoziert, keiner schlägt mehr auf den anderen ein …), und bittet die Älteren, es zu unterschreiben. »Hiermit verzichtet ihr auf finanzielle und rechtliche Ansprüche gegenüber den anderen«, sagt der Imam und fragt: »Wer ist damit einverstanden?« Alle heben die Hand. Ein Assistent ermahnt die gegnerischen Parteien, auch der Jugend mitzuteilen, dass sie sich versöhnt haben, damit es ruhig bleibt auf der Straße.

Auch unter den neuen Flüchtlingen gibt es große Familien, und sie haben die gleichen Rituale mitgebracht. Entweder misstrauen sie dem Staat, oder sie halten ihn für schwach. Ich kann deswegen nur eins raten: Auf Straftaten muss der Staat gleich mit Härte reagieren. Diese Leute kommen aus Ländern, wo ein Polizist in die Bäckerei stiefelt, alle zur Seite drängt und ohne zu bezahlen wieder rausgeht. Hier stellt sich der Polizist hinten an. Jugendliche Flüchtlinge kennen nur körperliche Gewalt als Konsequenz für Vergehen. Hier gibt es das nicht. Damit sie verstehen, dass das nicht heißt, dass sie sich hier alles leisten können, müssen direkt konsequente Strafen folgen. Nicht erst ein Verfahren drei Jahre später, das nur mit einer Bewährung endet.

Das Gleiche gilt natürlich für die Alteingesessenen. Die Clans, und damit meine ich nicht die ganze Familie, sondern den kriminellen Teil, müssen hart rangenommen werden. Etwas anderes verstehen wir nicht. Ich schließe mein früheres Ich da mit ein. Das Strafgesetzbuch bietet schon viele Möglichkeiten, die müssen aber auch voll ausgeschöpft werden: Vermögen einziehen, schnellere Haft-, statt immer neue Bewährungsstrafen und beschleunigte Verfahren sind notwendig. Und wer es dann immer noch nicht kapiert, sollte rigoros abgeschoben werden, wenn er nicht schon deutscher Staatsbürger ist. Vor einer Ausweisung hat jeder Angst. Keiner, der hier 30 Jahre gelebt hat, will in den Libanon zurück; der kann die Verhältnisse da nicht mehr ertragen. Die Clan-Größen beobachten mit Sorge, dass Deutschland jetzt gute Beziehungen mit dem Libanon hat und die Behörden enger zusammenarbeiten. Die meisten haben auch da unten in Immobilien investiert und Angst um ihren Besitz. Wenn der Libanon auf die Idee kommt, zu hinterfragen, warum einer, der in Deutschland ein Verbrecher ist, in Beirut Häuser besitzt, werden die ganz schnell versteigert. Der Libanon schnappt sich das Geld und überweist Deutschland auch noch ein bisschen was.

Machst du was, kriegst du was

Was mich an der Debatte über Clan-Kriminalität nervt, ist, dass wir die ganze Zeit nur in die Vergangenheit gucken und darüber reden, dass wir so viele Fehler gemacht haben. Mit »wir« meine ich die deutsche Gesellschaft und ja, ich sehe mich als Teil von ihr. Die Fehler sind passiert. Viel wichtiger ist doch: Was sollen wir jetzt machen?

Ein Beispiel: Der Mann meiner Tante hat mir von früher erzählt, als sie hier ankamen, in den 1980er-Jahren. Sie hatten kein Konto, und damals wurde die Sozialhilfe vom Postboten ausgezahlt. Er sagte: »Der Postbote kam manchmal um 11 Uhr, manchmal um 12. Er klingelt, wir alle noch am Schlafen, gehen an die Tür, reiben uns die Augen, und der zahlt uns 6000 Mark in bar aus.« Der Onkel hat sich natürlich gedacht: »Wo lebe ich hier? Ich schlafe bis mittags, und die bringen mir mein Geld bis nach Hause. Früher musste ich zum Gemüsemarkt und schleppen und tun und bin trotzdem arm nach Hause gegangen. Hier mache ich nix und kriege auch noch Geld dafür.« Er hat dem Postboten jedes Mal zehn Mark Trinkgeld gegeben.

Mein Vater dagegen war drei Tage auf dem Dorf, da hatte er schon eine Arbeit. In dem Dorf war der soziale Druck auch höher, dort wusste jeder, wer was macht. Dadurch habe ich als Kind etwas anderes kennengelernt, und ich denke, diese Erfahrung hatte ihren Anteil daran, dass ich mein Leben geändert habe. Bei vielen Mhallami war das nicht so, die haben sehr lange in Heimen leben müssen, durften nicht arbeiten, aber haben sofort Sozialhilfe bekommen. Sie wurden nicht gefordert. Von Fördern rede ich erst mal nicht. Fordern: »Du bist jetzt hier, was kannst du, was hast du bisher gemacht? Ah, okay, zack, du arbeitest jetzt da.« Selbst wenn man sie erst einmal eine einfache Tätigkeit wie Straßenreinigung hätte machen lassen, als Bedingung dafür, dass sie Sozialhilfe bekommen – das hätte eine ganz andere Wirkung gehabt.

Jetzt machen wir wieder die gleichen Fehler. Einen großen Teil der Syrer, die kommen, werden wir nie wieder los. Die, die auf jeden Fall bleiben werden, sind die Palästinenser aus den Flüchtlingslagern in Syrien. Ausgerechnet die aber werden komplett anders empfangen als die Syrer aus Syrien. Das ist so, als würdest du dir Gäste ins Haus holen und die, die morgen wieder gehen, viel besser behandeln als die, die ihr Leben lang bei dir bleiben werden. Die Syrer kriegen einen Aufenthaltstitel, mit dem sie arbeiten können, und wenn der Krieg vorbei ist, werden die, die nichts leisten, wieder abgeschoben. Die Palästinenser können nirgendwohin abgeschoben werden, das ist ja das große Problem. Sie sind Staatenlose, die nimmt keiner freiwillig zurück. Sie werden also bleiben, und das heißt, eigentlich könnte man mit diesen Leuten ganz neu anfangen. Doch sie kriegen keine Arbeitserlaubnis, aber Sozialhilfe. Warum? Die Palästinenser kommen aus dem System: »Machst du was, kriegst du was. Machst du nix, kriegst du nix.« Hier werden sie regelrecht dazu erzogen, nichts zu machen oder nur kriminelle Geschäfte.

Vor Kurzem war ich bei einer Familie zum Essen eingeladen, und der 18-jährige Sohn erzählte mir, er müsse beim Jobcenter nachweisen, dass er einen Deutschkurs macht. »Es gibt eine Schule, da geh ich nur die Teilnahmeliste unterschreiben und kann dann wieder abhauen«, sagte er. Die Lücken im System wurden also schon entdeckt. Der Kleine brüstete sich auch noch damit. Und ich dachte mir nur: »Wir zahlen Steuern und finanzieren deinen Aufenthalt, und du machst dich über uns lustig.« Manche Leute sagen zu Hartz IV *Raatib*, was übersetzt so viel heißt wie Lohn. Da fängt der Fehler schon an. Ich sage ihnen: »Das ist kein Lohn, das ist eine Unterstützung.« Wir haben sie zu lange gepampert, die Bäuche werden immer dicker. Früher war ich genauso: Ich habe immer noch etwas extra beantragt beim Amt, sei es Geld für Klamotten oder eine Waschmaschine, es war für mich selbstverständlich, so viel abzugreifen wie möglich. Es gibt Leute in der Clan-Szene, die haben Millionen und beantragen trotzdem Hartz IV. Sie können nicht darauf verzichten, denn sonst müssten sie sich als Selbstständige ausgeben und hätten keine Krankenversicherung mehr für sich und ihre Kinder. Und dann geh mal zur Krankenkasse und sag, du willst dich privat versichern. Die fragen dich als Erstes, womit du deine Einnahmen erzielst. Was willst du darauf antworten? »Mit Drogen, Prostitution und Diebstahl«?

Kinder aus solchen Familien verstehen nicht, wofür sie einen Schulabschluss brauchen. Sie sehen nur, dass ihre Eltern keine Zeugnisse und trotzdem Geld haben. Oder, wie in meinem Fall, dass der Vater die Schule besucht hat und trotzdem nicht aufsteigen kann, weil seine Papiere nicht anerkannt werden. Integration im Sinne von Teilhabe an der Gesellschaft kann aber nur durch Bildung funktionieren. Ich würde deshalb noch einen Schritt weitergehen und nicht nur kriminelles Vermögen einziehen, sondern die Stütze an den Schulbesuch der Kinder knüpfen. Wenn der Vater weiß, dass es kein Kindergeld und Hartz IV mehr gibt, wenn seine Kinder nicht zum Unterricht erscheinen, wird er sie morgen früh pünktlich zur Schule bringen. Ganz einfache Geschichte. Gut, die Umsetzung ist rechtlich nicht so einfach, aber es wäre ein effektives Druckmittel. Und ich kann aus meiner eigenen Geschichte heraus gar nicht stark genug betonen, wie wichtig Schule ist, gerade für ein Kind, das in seiner Familie schlechte Vorbilder hat.

Warum Aussteigerprogramme nicht funktionieren

Wir wachsen in einem Umfeld auf, in dem wir nur Brüder und Cousins um uns haben. Kinder aus Großfamilien haben keine Freunde, weil die Notwendigkeit nicht besteht, sie sind ja ständig mit gleichaltrigen Verwandten zusammen. Der einzige Kontakt nach außen ist die Schule, und wenn wir nicht mehr in die Schule gehen, bricht der Kontakt weg. Phasenweise kommt vielleicht mal jemand in unser Leben, aber der bleibt nie lange. Familie bleibt. Fremden stehen wir misstrauisch gegenüber. Und deswegen werden die meisten Straftaten auch mit Verwandten verübt, weil man denen vertraut.

Die beste Prävention ist deshalb, kriminelle Jugendliche aus ihrer Familie zu lösen und ihnen alternative Lebensmodelle zu zeigen. Ich hatte erst Erfolge in meinem Leben, als ich mich von meiner Familie emanzipiert hatte. Auf der Arbeit merke ich, dass sehr wenig bei den Jungen hängen bleibt. Aber woran sie sich erinnern, ist, wie ich lebe: dass ich ein eigenes Haus mit Garten habe und dass ich das auch ohne dreckige Geschäfte hinbekommen habe. Eigenlob stinkt, aber die brauchen solche Vorbilder und am besten von klein auf.

Das Konzept der Ganztagsschule sollte deshalb ausgeweitet werden, von Klasse eins bis zehn, und es muss verpflichtend werden für Kinder, die in ihren Familien nicht gefördert werden. Die Idee dazu ist schon da, Extra-Sprachförderung und Extra-Hortstunden für Kinder aus Migrantenfamilien zum Beispiel. Aber ich sehe es ja an meinen eigenen Kindern: Viele Stunden fallen aus, weil die Lehrer fehlen, und wenn gespart werden muss, wird als Erstes beim sozialen Lernen gekürzt, also die ein oder zwei Stunden pro Woche, in der die Kinder lernen, wie sie miteinander umgehen, wie sie sich die Meinung sagen, wo es Stuhlkreis und Kummerkasten gibt, diese ganzen Sachen. Daran sieht man, wie ernst es den Politikern wirklich mit der Integration ist.

Statt sich bei Razzien vor die Kamera zu stellen, sollten sie lieber mehr Personal einstellen. Sie schicken eh schon überarbeitete Hundertschaften durch Shisha-Bars, um Stärke zu demonstrieren, und das war's. Die Operative Gruppe Jugendgewalt der Polizei zum Beispiel, die echt wichtige Arbeit in Berlin leistet, hat für die heftigsten Stadtteile nur eine Handvoll Leute. Das sind so Sachen, wo ich mir sage, da läuft einiges schief. Wir brauchen mehr Polizisten und Staatsanwälte, damit die großen Sachen ans Licht kommen und nicht nur gepanschter Apfeltabak. Und mehr Lehrer und Sozialarbeiter für die Präventionsarbeit, die dringend nötig ist.

In Israel gibt es an den Schulen *Betzavta*-Training, das heißt übersetzt »Miteinander« und ist fester Bestandteil des Unterrichts. Daran knausern die nicht, weil die Kinder lernen, Konflikte zu lösen, und das stärkt den Zusammenhalt der verschiedenen ethnischen Gruppen. Als meine Söhne in die Oberschule gekommen sind, haben sie gleich zu Beginn des Schuljahres eine Klassenfahrt gemacht, obwohl das nicht verpflichtend war. Alle Eltern haben sich über die zusätzlichen Kosten aufgeregt, nur ich nicht, ich habe mich gefreut, dass sich endlich mal einer engagiert und versteht, wie wichtig es ist, die Regeln des Miteinanders klarzumachen. Ich durfte früher nicht mit auf Klassenfahrt, weil ich verhaltensauffällig war. Gerade solche Kinder sollten nicht ausgeschlossen werden. Ich wette, hätte mich mal jemand mitgenommen, hätte das Eindruck auf mich gemacht. Wenn sich abends jemand mit mir hingesetzt und gesagt hätte: »Junge, das war schön heute, oder nicht? Speicher dir ab, wie gut es dir gerade geht, denn das sind Momente, von denen lebst du.«

In Sachen Prävention wird jetzt überall von sogenannten Aussteigerprogrammen geredet, Berlin will eins auflegen und Nordrhein-Westfalen auch. Dazu kann ich gleich sagen: Das wird nicht funktionieren. Es geht ja hier nicht um irgendeinen Extremismus, um links oder rechts, sondern um das eigene Blut. Dass sich jemand gegen seine Familie stellen wird, halte ich für ausgeschlossen. Das komplette soziale Umfeld besteht nur aus Familie, wie gesagt, alle Freunde sind Cousins. Wenn ich die verlasse, bin ich völlig allein. Diesen Schritt wird keiner gehen. Und es ist ja auch nicht so, dass du verfolgt wirst, wenn du die Geschäfte nicht mehr mitmachen willst. Meine Familie hat mich damals ausgelacht, als ich mich für die Schule angemeldet habe, aber mich hat keiner gezwungen, bei irgendetwas mitzumischen. Inzwischen zeigen die Älteren sogar auf mich und sagen zu ihren Kindern: »Guck mal, Khalil hat einen tollen Job!«

Das beobachte ich auch in anderen Clans: Wenn einer studiert, wird er bei jedem Familienfest stolz präsentiert. Das ist ein Wandel, den die Leute von außen nicht sehen. In den Medien werden ja auch immer die gleichen Geschichten erzählt: Alle arabischen Großfamilien sind kriminell, verachten den deutschen Staat, begehen »Ehrenmorde« und so weiter. Das kommt vor, das will ich nicht leugnen, doch man kann davon nicht auf die ganze Community schließen.

Ein Bild, dass das Image von Clan-Familien geprägt hat, ist die Mutter, die zur Verhaftung ihres Sohnes sagt: »Knast macht Männer!« Das wird immer wieder zitiert. Sie würde es wahrscheinlich auch immer wieder sagen, wenn bei einer Razzia plötzlich ein Kamerateam im Hausflur auftaucht, ihr ein Mikrofon ins Gesicht hält und fragt, ob sie stolz auf ihren Sohn ist. Wir lassen uns von außen nichts diktieren, und schon gar nicht gestehen wir Fehler ein. Was das Fernsehpublikum nicht sieht, ist die Mutter, die zu mir kommt und mich anfleht, mit ihren Söhnen zu reden, damit nicht schon wieder die Polizei vor der Tür steht. Oder den Vater, ein Clan-Oberhaupt, der mir von seiner Idee erzählt, einen Bus zu kaufen und morgens alle Kinder einzusammeln und zur Schule zu fahren. Der Gedanke, dass sich etwas ändern muss, ist da in der Community. Und daran kann man anknüpfen.

Aber man muss geschickt vorgehen und die Eltern mit einbeziehen. Wenn sich ein Politiker hinstellt und sagt: »Wir nehmen den Clans die Kinder weg«, laufen die Sturm. Rechtlich wird das sowieso nicht durchsetzbar sein, und ein Aussteigerprogramm wird nicht angenommen. Aber wenn man dem

Ding einen anderen Namen geben würde, sähe es gleich anders aus. Warum sagen wir nicht, wir schicken straffällige Jungen auf ein Internat, wo sie besonders gefördert werden? Man müsste den Eltern zusichern, dass es dort eine Alternative zu Schweinefleisch gibt, keinen Alkohol und keine Mädchen auf den Zimmern. Dass ihre Kinder zu besonderen Anlässen wie einer Hochzeit nach Hause kommen dürfen. Ich wette, dann würde diese Idee Anklang finden. Die Eltern wären froh, dass ihre Söhne zur Schule gehen und sie keinen Ärger mehr mit ihnen haben. Und das Resultat wäre das gleiche: Man hätte die Kinder aus dem kriminellen Umfeld gelöst und erzieherischen Einfluss auf sie.

Der Wandel kommt von innen

Wir brauchen eine gute Mischung aus repressiven und präventiven Maßnahmen, um Clan-Kriminalität zu bekämpfen. Ich glaube allerdings nicht, dass die Clan-Strukturen von außen zerschlagen werden können. Der Auflösungsprozess hat bereits begonnen, und zwar von innen heraus. Er geht von den Frauen aus.

Ein Beispiel: Ein Junge, den ich betreue, kommt aus einem großen Clan. Seine Mutter ist auch eine Mhallami. Fast alle Männer um sie herum – ihre Brüder, ihr Mann, ihr Schwiegervater – sind Verbrecher. Ihr Mann hat sie mit Goldschmuck überhäuft, hat ihr Gucci-Taschen geschenkt, die teuersten Schuhe. Alles, was mit Geld zu tun hat, hat er ihr gegeben. Jetzt sitzt er im Knast, und sie ist an einem Punkt angelangt, wo sie merkt, dass ihr ganzes Leben nichts als Fassade ist. Keiner unterstützt sie bei Behördengängen, Arztbesuchen oder Schulaufgaben. Sie muss alle Wege alleine gehen. Und wenn ihr Mann mal draußen ist, dreht er gleich wieder das nächste Ding.

Bei einigen Angelegenheiten mit ihrem Sohn habe ich der Mutter geholfen, und sie hat anscheinend angefangen, mich mit ihrem Mann zu vergleichen. Ich habe ihr mal erzählt, dass mein Familienhighlight ein gemeinsames Essen mit meiner Frau und den Kindern war, für 120 Euro, nichts Besonderes, aber wir hatten einen guten Abend zusammen. Später hat sie mir gesagt, dass das in ihr gearbeitet habe, dass wir mit wenig Geld glücklich sind. Wenn es ihr schlecht ging, ist sie für 2000 Euro shoppen gegangen. Für ein paar Tage hat sie sich dann an ihren neuen Sachen erfreut. Jetzt war sie einkaufen, aber dieses Zufriedenheitsgefühl kam nicht mehr. Diese Frau hat gesehen, dass es innerhalb ihrer eigenen Community andere Lebensmodelle gibt. Sie sagt: »Wenn mein Mann rauskommt, kriegt er einen Arschtritt von mir.« Sie will, dass er sich in Zukunft von Straftaten fernhält, weil sie am Ende die Leidtragende ist. Sie will für sich und ihre Kinder ein anderes Leben. Einen Mann, der sie im Alltag unterstützt. Einen Sohn, der einen Schulabschluss erreicht und einer vernünftigen Arbeit nachgeht. Und für ihre Töchter wünscht sie sich, dass sie später nicht das Gleiche durchmachen müssen wie sie.

Das höre ich oft von Frauen. Und das überträgt sich: Die Mädchen von heute sind viel kritischer als zu meiner Brautschauzeit, die wollen keine Gangster und Knastis. Diese Frauen werden das Clan-Milieu verändern.

Ich beobachte das in meiner eigenen Familie. Meine Schwager, selbst Ussama, der kleine Grashüpfer, haben mittlerweile eine normale Arbeit. Marwa sagt, ihre Ehefrauen haben sie umgepolt. Meine eigene Frau hat sich ganz schön emanzipiert, muss ich sagen. Als ich die Schule nachgeholt habe und nebenbei noch mehrere Jobs hatte, habe ich Marwa überredet, wenigstens den Hauptschulabschluss auf dem zweiten Bildungsweg zu machen. Sie war damals so unselbstständig, dass sie sich nicht mal getraut hat, beim Arzt anzurufen und einen Termin für die Kinder auszumachen. Ich hatte keine Zeit mehr, mich um alles zu kümmern, und wollte eine Partnerin, die gleichberechtigt ist, also in dem Sinne, dass man den Alltag gemeinsam organisiert. Durch die Schule ist Marwa viel selbstbewusster geworden, manchmal mehr, als mir lieb ist. Wie sagt man, die Geister, die ich rief? Ich könnte heute gar keine krummen Touren mehr machen, selbst wenn ich das wollte. Marwa lässt sich nichts mehr von mir gefallen. Wenn ich mal spät nach Hause komme, stellt sie mich gleich zur Rede, wo ich gewesen bin. Im Streit sage ich manchmal: »Ich vermisse das stille Mäuschen von früher!« Nein, ich mache nur Witze, das ist schon gut so.

Grenzgänger

Familie vs. neues Leben

In meiner Familie ist der Stand heute sehr unterschiedlich. Meine Onkel haben anständige Jobs, die sind in dieser Gesellschaft angekommen, möchte ich sagen. Aber die Jüngeren nicht: Momo dealt immer noch. Er hat das Koks-Taxi aufgegeben, weil ihm das Risiko zu groß wurde, und ist wieder auf Gras umgestiegen, wo die Strafen niedriger sind. Und meine jüngsten Cousins bauen überhaupt nur Scheiße. Ich fasse mir da auch an die eigene Nase, weil ich früher ein Vorbild für sie war, mit den geilen Autos und den Goldketten, immer das neueste Handy und so weiter. Die kommen ab und zu noch mit Geschäftsideen zu mir und verarschen mich, wenn ich die ihnen ausreden will. »Geh, sitz mit den Opas« oder »du bist dumm, dass du dir so ne Chance entgehen lässt« ist noch das Geringste, was sie zu mir sagen. Mich lässt das kalt. Ich will nicht auf dem Sterbebett liegen und auf ein Leben unter Hochspannung zurückblicken. Gott hat mir auf dem sauberen Weg viel mehr gegeben: Ruhe und Zufriedenheit, ein intaktes Familienleben und ein Haus mit Garten, einem großen Grill und einem kleinen Pool. Es ist zwar nicht die Villa von Tony Montana geworden, aber der liegt am Ende auch von Kugeln zersiebt in seinem Pool.

Mit meinen Kindern spreche ich nicht über meine Vergangenheit. Meine Tochter Zena ist erst in meinem zweiten Leben geboren, mein zweiter Sohn Bilal in der Wendezeit und bei Ahmad, meinem Ältesten, hoffe ich, dass er sich nicht mehr daran erinnert, wie ich in den ersten Jahren nach seiner Geburt drauf war. Ich denke, es ist besser, wenn meine Kinder nur den Mann von heute sehen. Den Vater, der präsent ist, der sich für ihr Leben interessiert. Der mit ihnen Spiele spielt und am Auto schraubt, schwimmen und ins Kino geht, der ihnen bei den Hausaufgaben hilft. Der schulische Erfolg meiner Kinder ist mir sehr wichtig. Ich kenne jeden ihrer Lehrer und erkundige mich regelmäßig, wie es läuft. Ich war Gesamtelternvertreter der Schule und habe mitentschieden, was angeschafft werden soll, damit die endlich mit Smartboards arbeiten können und mal neue Bücher bekommen. Ich frage meine Kinder jeden Tag: »Wo seid ihr dran? Zeigt mal her!«

Doch der Mann von früher verfolgt mich. Einmal bin ich abends nach Hause gekommen, da trug mein Ältester eine Goldkette um den Hals. Ich kriegte einen Schock, als ich sie wiedererkannte. Für einen Moment dachte ich, ich stehe meinem früheren Ich gegenüber. Ahmad hatte meine alte Königskette in einer Schublade gefunden. Ausgerechnet die. Das Wort »König« macht ja auch noch mal was mit dir, das weiß ich aus heutiger Sicht. Zum ersten Mal sah ich meinen Sohn nicht mehr als Kind. Er wird jetzt ein Mann und ist wahrscheinlich auch fasziniert von dieser Gangsterscheiße, wie ich damals, als wir nach Berlin zogen. Mein Sohn checkt natürlich, was seine Onkel so treiben. Er sieht meinen Bruder mit seiner 80 000-Euro-Karre neben meinem Diesel und steht jetzt vor der Entscheidung: Werde ich ein vernünftiger Mann wie mein Vater, oder will ich einfach nur das schnelle Geld? Das ist die Gefahr, und gegen die kämpfe ich jeden Tag.

Geld macht nicht glücklich, aber man merkt erst, wenn man Geld hat, dass das doch nicht alles ist. Momos Ehe ist kaputtgegangen. Als er mal wieder mit Drogen erwischt wurde, habe ich ihm mit dem Gerichtskram geholfen. Da hat mein Bruder mir unter Tränen gesagt: »Verzeih mir, wir haben über dich gelacht, weil du immer die gleichen Schuhe trägst.« Momo hat mir geschworen, dass er aufhört. Was soll ich sagen, er verkauft schon wieder. Ich spreche mit ihm und den Cousins darüber, was sie für eine Verantwortung tragen, dass unsere Kinder nachher den gleichen Scheiß machen, aber sie wiegeln ab und labern rum: »Wir machen doch gar nichts«, »Es wird schon nichts passieren …« – was man sich halt so vorlügt.

Wenn sie mich anrufen und sagen: »Wir sitzen hier und chillen, komm vorbei«, dann gehe ich da nicht hin, weil ich weiß, die packen da Gras ab. Ich meide die Wohnungen, die mein Bruder und die Cousins für ihre Geschäfte angemietet haben, und jedes Treffen, bei dem etwas Kriminelles passieren könnte. Aber eins muss ich auch klar sagen, jetzt wo dauernd die Rede von Aussteigerprogrammen ist: Ich möchte nicht auf die Nähe zu meinen Verwandten verzichten. Familie ist für mich nicht nur meine Frau und meine Kinder, das ist viel größer. Und ich kann mir ein Leben ohne meine Familie nicht vorstellen, ohne die Kindheitserinnerungen und die gemeinsamen Momente. Ich rede mit ihnen und versuche sie zu überzeugen aufzuhören. Aber ich werde sie nicht ächten. Ich genieße ein außerordentliches Vertrauen innerhalb der Community und habe es geschafft, Leuten zu helfen, auf den rechten Weg zu kommen. Um das weiter tun zu können, lebe ich in einem Spannungsfeld, das ich aushalten muss.

Was ich den Jungen in meinem Training beibringe – vorausschauend handeln und sich nicht in Situationen begeben, in denen man das Gesicht verlieren könnte –, habe ich selbst erst lernen müssen. Ich habe mir zum Beispiel angewöhnt, am Wochenende nachts mein Telefon auszuschalten, weil es zu dieser Zeit nur schlechte News gibt. Im Familienchat ploppen dann Nachrichten auf wie: »Schlägerei! Los, kommt alle!« – und so ein Aufruf ist verbindlich. Wenn ich in eine Situation gerate, in der meine Familie gegen eine andere steht, dann erwarten meine Leute, dass ich mitkämpfe und sie verteidige, sonst würde ich als Verräter dastehen. Also lese ich meine Whatsapp-Nachrichten lieber gar nicht erst und gehe nicht ans Telefon, wenn bestimmte Leute zu bestimmten Zeiten anrufen. Ich halte mich raus, das ist mein Selbstschutz. Aber der funktioniert nicht immer.

Es ist noch nicht lange her, da rief Momo mich auf der Arbeit an: »Komm mal her, hier gibt's Streit. Jemand ist auf Onkel Jihad losgegangen.« Ich dachte nur: »Fuck, warum bin ich ans Telefon gegangen? Was soll ich jetzt machen?« Ich bin dann hingefahren, habe mir aber ordentlich Zeit gelassen. Von Weitem sah ich, dass die Polizei schon da war. Auf der einen Straßenseite standen Dutzende Bullen und hielten eine Gruppe Palästinenser fest, auf der anderen Straßenseite standen meine Cousins und glühten. Mein Onkel hatte den Palästinensern eine Ferienwohnung vermietet, und die hatten immer mehr Verwandte da reingeholt. Jihad hatte gedroht, sie rauszuschmeißen, ein Wort hatte das andere ergeben, und dann hatten vier von denen meinen Onkel verprügelt. Seine Söhne hatten das mitgekriegt und Verstärkung gerufen. Immer mehr Verwandte trafen ein, sie strömten da hin wie die Ameisen. Ich beobachtete die Szene aus der Entfernung, unschlüssig, was ich jetzt tun sollte, als plötzlich ein Polizeiwagen neben mir hielt. »Hey, Khalil, was machst du denn hier, betreust du einen von den Jungs, oder was?« O Gott. Das waren Kollegen, die ich von Konferenzen zum Thema Jugendgewalt kannte. »Ähm, nee«, sagte ich. »Das sind Verwandte von mir. Keine Ahnung, was hier los ist, aufgeheizte Stimmung irgendwie, wahrscheinlich zu viel Sonne abgekriegt.« Die Männer stiegen aus und wir quatschten. Mann, war mir die Situation peinlich. »Familie kann man sich nicht aussuchen«, sagte ich zu einem Polizisten, den ich schon länger von der Arbeit kannte. »Ja, ich weiß«, antwortete er und klopfte mir auf die Schulter.

Auf einmal hörten wir Schreie. Meine Brüder und Cousins rannten auf die andere Gruppe los. Meine Kollegen zogen ihre Handschuhe an. »Was soll ich jetzt machen?«, fragte ich sie. »Bleib einfach hinter mir«, sagte der eine Polizist. Und dann eskalierte es so richtig. Die Straße bestand nur noch aus Fäusten. Meine Verwandten gegen die Palästinenser, eine Massenschlägerei vor meinen Augen. Die Bullen versuchten die Gruppen auseinanderzubringen, und ich stand da, zwischen den Fronten, auf der Grenze zwischen zwei Welten: meiner Arbeit und meiner Familie.

Ich ging ein paar Meter zurück hinter den Einsatzwagen und schaute einfach nur zu. Es war eine harte Probe für mich. Von meiner Familie kriegten natürlich alle mit, dass ich die ganze Zeit bei der Polizei stand. Ich habe ihnen hinterher gesagt: »Die kennen mich, das sind meine Kollegen. Wenn ihr so was habt, ruft mich nie wieder an!« Die Ansage haben sie erst mal akzeptiert.

Aber nehmen wir mal an, jemand aus meiner Familie wird umgebracht, im Streit werden Messer gezogen, falsch gestochen, Arterie getroffen, tot. Das wäre eine große Tragödie, weil meine Familie dann an einem Punkt wäre, wo sie sich entscheiden müsste: Was machen wir jetzt? Durchbrechen wir diesen Teufelskreis der Blutrache, hören auf damit und gehen das Risiko ein, dass wir die Lachnummer der Mhallami werden? Oder nehmen wir Rache, holen uns den Respekt der Community zurück, aber lösen einen Krieg aus? Das ist die Realität, das könnte jederzeit passieren, und ich habe eine Riesenangst davor, wie sich meine Familie entscheiden wird. Wenn sie den Weg der Rache gehen würde, müsste ich noch einmal eine Entscheidung für mich allein treffen. Gehe ich mit, wende ich mich ab, finde ich einen Weg dazwischen?

Wenn ich mit so etwas in Verbindung gebracht werde, bin ich meinen Job ganz sicher los. Soll ich alles aufgeben, was ich mir in den letzten 15 Jahren aufgebaut habe, weil irgendeiner meiner Dealer-Cousins jemanden abgezogen hat und abgestochen wird? »Die Familie geht über alles« – von den Gesetzen, mit denen ich aufgewachsen bin, ist es das, was mich zu zerreißen droht. Ich bete zu Gott, dass der Tag nicht kommen wird, an dem ich mich zwischen meiner Familie und meinem neuen Leben entscheiden muss.

Heimat

Mein Opa hat mal zu mir gesagt: »Man kann den Deutschen nicht trauen. Sie werden uns nie als Teil von ihnen akzeptieren. Die Juden haben im Ersten Weltkrieg mit ihnen gekämpft, und schau dir an, was sie mit ihnen gemacht haben.« Das ist mir hängen geblieben, weil es das einzige Mal war, dass mein Opa das Wort »Jude« nicht als Schimpfwort benutzte. Meine Großeltern sind in der Türkei beerdigt worden, sie wollten das unbedingt so. Mein Vater möchte in Beirut sterben, wo er geboren ist. Es sind nicht nur die Alten, die sich zurückbesinnen:

Einige Familien, die zu Geld gekommen sind, haben sich in unseren alten Dörfern Grundstücke gekauft und große Häuser gebaut, richtige Paläste im Gegensatz zu den traditionellen Würfelhäuschen da. Auf Familienfesten werden Fotos herumgereicht, wie einer im blütenweißen Mercedes auf der staubigen Straße posiert, daneben das zerschossene Blechschild mit dem Ortsnamen Yenilmez (Unbesiegbar). Mein Cousin Tarik, mit dem ich das Koks-Taxi gemacht habe, ist in Berlin geboren, er hat wie ich den deutschen Pass. Aber er verbringt jeden Urlaub da. Er sagt, wenn du nachts das Licht ausmachst, ist alles dunkel. Da wohnen vielleicht noch 100 Leute. Tarik schreibt Whatsapp-Nachrichten mit dem Bürgermeister. Er liebt dieses Dorf. Er sagt, er hat so ein anderes Gefühl, wenn er da ist. Vielleicht fühlt sich so Heimat an, ich weiß es nicht. Mir geht es auch anders, wenn ich in der Türkei Urlaub mache, denn da wirst du als Schwarzkopf nicht angeguckt wie ein Fremder.

Ich kann nicht sagen, was Heimat für mich ist. Ich fühle mich als Berliner, das kann ich sagen. »Ich bin Deutscher«, käme mir nicht über die Lippen, das fühlt sich komisch an. »Ich bin Araber«, sage ich zwar manchmal, aber das stimmt auch nicht wirklich. Ich meine, ich kann nicht einmal Arabisch schreiben und lesen, und ich möchte da auch nirgendwo wohnen. Im Endeffekt bin ich ein Grenzgänger zwischen den Kulturen.

Gute Werte, schlechte Werte

Meine deutschen Kollegen haben Vorbehalte gegen mich. Ich glaube, sie denken, ich tue nur so super angepasst, und zu Hause bin ich dann der Macker. Dabei wissen die gar nicht, dass es mir auf der Arbeit viel besser gefällt als im Kreis meiner Familie. Ich zeige im Büro mehr als privat, wer ich eigentlich bin, weil ich dort diesen deutschen Individualismus kennengelernt habe und auch gut finde, mit gewissen Grenzen. Das fängt damit an, dass unter den Kollegen offen diskutiert wird und ich sagen kann, wie ich wirklich über Dinge denke. Im Büro kann ich Kritik an meiner eigenen Community äußern. Im Familienkreis käme das nicht infrage, denn das würde sofort als Aufbegehren verstanden werden. Bei uns wird keinem direkt die Meinung gesagt, das wäre extrem respektlos. Kritik äußern und diskutieren habe ich erst bei Uschi im Sowi-LK gelernt.

Es ist vielleicht nur ein Detail, aber was ich auch nur im Büro kann, ist meine Musik hören. Boyz II Men zum Beispiel, so etwas Souliges höre ich gerne. Wenn ich mit meinen Brüdern unterwegs bin, läuft nur Gangsterrap. Einmal war meine Musik aus Versehen auf zufällige Wiedergabe eingestellt, und dann kam plötzlich »A Song for Mama«. Amir guckte mich mit hochgezogenen Augenbrauen an und sagte: »Was is das für eine schwule Scheiße?« Momo brüllte los vor Lachen. »Da muss was in die Playlist gerutscht sein«, murmelte ich und skippte schnell weiter.

Über eine Sache kann ich allerdings auch auf der Arbeit nicht offen reden: meine Familie. Dass engste Verwandte von mir kriminell sind, darf da keiner wissen, das würde ein schlechtes Licht auf mich werfen. Ich habe damals bei der Bewerbung zwar gesagt, dass ich selbst schon straffällig geworden bin, aber im Nachhinein glaube ich, dass sie sich das Ausmaß einfach gar nicht vorstellen konnten. Wenn andere Kollegen sich ihre Familiengeschichten erzählen, schweige ich. Wenn sie über krasse Jungen in ihren Gruppen reden, auch. »Dessen Eltern hätte man sterilisieren müssen«, oder »das Amt hätte denen einen Fernseher kaufen sollen, dann hätten die nicht so viele Kinder gemacht«, solche Sprüche fallen dann. So hätten sie auch über mich reden können früher. Aber ich weiß, dass ein Mensch mehr ist als eine Akte.

Ich bin vielen Menschen begegnet aus unterschiedlichen Schichten, und ich komme irgendwie mit allen klar, weil ich gelernt habe, verschiedene Perspektiven zu akzeptieren. Meine Familie ist da ziemlich engstirnig. Der Blick auf meine Familie allerdings auch. Alle reden abfällig über die Werte der Clans, dabei sind Werte ja erst mal nichts Schlechtes. Unsere Kultur hat auch viele schöne Seiten: die Gastfreundschaft, die Küche, der Respekt vor dem Alter zum Beispiel. Loyalität und Verbindlichkeit. Wenn ich einen Wasserrohrbruch habe, ist es keine Frage, dass ich bei meiner Familie unterkomme und zwar mit Sack und Pack, da wird zusammengerückt.

Mein Onkel Jihad hat einen deutschen Nachbarn, und als er erfahren hat, dass der im Krankenhaus liegt, ist er gleich hingefahren. Der Nachbar hat sich sehr gewundert, dass er ihn besuchen kommt. Bei uns ist das normal. Wir kriegen so viel Besuch, dass wir im Krankenhaus Hausverbot bekommen. Einer meiner Cousins hatte Blutkrebs, und ich durfte am zweiten Tag schon nicht mehr zu ihm rein, weil sich seine Zimmernachbarn beschwert hatten, dass sie nicht zur Ruhe kommen. Morgens, mittags, abends kommt jemand vorbei und bringt Essen mit, belegte Teigfladen mit Hackfleisch oder Sesam, Hühnchen, Eintopf … was halt so zu Hause gekocht wird. Die Familie steht zusammen. Diese Verbindlichkeit kann aber auch gefährlich sein bei uns, Stichwort Massenschlägerei und Blutrache. Das ist die Kehrseite der Medaille.

Wir kommen aus einer Stammeskultur und müssen uns in die individualistische Gesellschaft einordnen. Das fällt den meisten sehr schwer, weil sie glauben, dass sie dafür ihre gesamte Kultur aufgeben müssen. Ich fürchte, das wird am Ende auch so sein. Wenn die negative Loyalität abnimmt, also der blinde Gehorsam gegenüber der Familie, dann wird gleichzeitig auch der positive Zusammenhalt schwinden. Das ist der Preis der Integration.

Von mir als Sozialarbeiter wird verlangt, dass ich Kinder in eine von der Gesellschaft gewollte Richtung verändere. Meine Aufgabe ist es, ihnen den Weg zu zeigen. Die Frage ist nur, wohin? Was meinen wir überhaupt, wenn wir über Integration reden? Was soll der Standard sein? Wenn ich will, dass alle Doktoren werden, dann ist das von Anfang an zum Scheitern verurteilt. Wenn ich will, dass ein Mann seine Frau in die Disco gehen lässt und jeder mit ihr tanzen kann, wird es auch nicht funktionieren. »Die Deutschen wollen uns ihren Lebensstil aufzwingen«, so denken viele in der Community. »Ihre Frauen können pimpern, mit wem sie wollen. Was sind das für Männer?«

Ein rotes Tuch für sie ist die Kopftuchdebatte, die alle Jahre wieder hochkocht. Dann wird über die Unterdrückung der Frauen diskutiert und ein Verbot gefordert, und es fallen Schimpfwörter wie »Kopftuchmädchen«. Es ist ja gut, wenn wir über die Rechte der Frauen sprechen. Aber nicht alle Frauen, die Kopftuch tragen, sind automatisch unterdrückt. Und Verbote führen eher dazu, dass Eltern erst recht darauf bestehen, dass ihre Töchter Kopftuch tragen. Bei uns gibt es einen Spruch: »Droob raasek bil Haait« – »Geh, schlag deinen Kopf gegen eine Wand.« Das bedeutet so viel wie: »Jetzt erst recht.«

Manchmal habe ich den Eindruck, wenn Leute über meine Familie sagen: »Die sind nicht integriert«, dann meinen sie eigentlich »assimiliert«. Weil wir anders aussehen, weil unsere Frauen Kopftücher tragen, weil wir anders essen, weil wir anders reden. Auch das wird aufweichen, aber es wird noch sehr lange dauern, bis wir Deutsche sind. Das Wort Parallelgesellschaft für arabische Großfamilien lasse ich gern gelten, denn es stimmt ja, dass sie unter sich bleiben, eine eigene Kultur und Werte haben, von denen einige eine kriminelle Entwicklung begünstigen. Nur, wozu setzt man sie eigentlich parallel? Was ist denn überhaupt deutsch? Der Reder aus Blankenese hat nicht den gleichen Lifestyle wie der Braunkohlekumpel aus Castrop-Rauxel, aber beide sind Deutsche. Die Linken, die Rechten, die Armen und die Reichen leben auch in Parallelgesellschaften. Deutschland ist keine reine Mehrheitsgesellschaft nach Schema F.

Trotzdem denke ich, dass es eigentlich gar nicht so schwierig ist, einen gemeinsamen Nenner zu definieren. Es gibt schon eine Basis für das Zusammenleben: das Grundgesetz, und daran sollten wir uns orientieren. Das Grundgesetz steht über allem und über allen, daran hat sich jeder zu halten. Aber wir müssen niemandem einen bestimmten Lebensstil vorschreiben. Jeder kann seine Kinder nach seiner Religion und seinen Werten erziehen, solange es im Rahmen der Gesetze ist.

Meine Frau trägt Kopftuch, meine Schwester trägt keins, meine Tochter soll das für sich entscheiden, Hauptsache sie ist glücklich. In einer Sache aber bin ich für deutsche Begriffe wahrscheinlich extrem konservativ: Dass meine Kinder Beziehungen vor der Heirat haben, kommt für mich nicht infrage. Ahmad wird bald 18, und ich würde gern den traditionellen Weg einhalten und ihn verheiraten, mit Um-die-Hand-Anhalten, Verlobung, Mitgift, großer Hochzeit und dem ganzen Drum und Dran. Das Mädchen soll er sich natürlich selbst aussuchen. Doch ich würde mir wünschen, dass er bei seinem eigenen Blut bleibt und eine Frau aus der Mhallami-Community wählt. Sie muss nicht unbedingt aus der eigenen Familie stammen, aber aus der gleichen Ethnie wäre schön, denn das passt einfach gut. Wir haben die gleichen Gepflogenheiten, den gleichen Glauben und feiern die gleichen Feste. Zur Not wäre auch eine Palästinenserin okay, also für mich, mein Vater wäre da anderer Meinung.

Was mich beschäftigt, ist die Frage, was Marwa und ich machen, falls Ahmad auf einmal ein deutsches Mädchen nach Hause bringen sollte. Für meine Frau wäre das hart, weil sie noch traditioneller ist als ich. Ich habe ja ständig Deutsche um mich herum, für mich wäre das nicht so ein Riesendrama. Aber ich müsste schon schlucken. Allein, weil ich das öfter beobachtet habe im Bekanntenkreis: Diese »Mischehen« haben nie lange gehalten. In unserer Community ist die Rollenverteilung klar. Auch nicht immer, aber klarer als in anderen Kulturen, klassisch eben: Ich bin der Ernährer, und meine Frau ist die Managerin zu Hause. Bei uns ist alles getaktet, jeder hat seine Aufgabe. Wenn Marwa arbeiten wollen würde, wäre ich persönlich nicht der Typ, der ihr das verbietet. Ich würde sagen: »Mach, geh unter Menschen, entwickele deine Sprache und deinen Horizont« – mit dem Wissen im Hinterkopf, dass sich der Rhythmus der Familie verändern und es lange dauern würde, bis sich alles wieder einspielt. Also zusätzlicher Druck und Anstrengung für alle. Jetzt ginge das, aber als die Kinder noch klein waren, war ich froh, dass Marwa sich um sie gekümmert und mir den Rücken freigehalten hat.

Von einer jungen deutschen Frau, die vermutlich eher selbst Karriere machen will, kann mein Sohn das nicht erwarten. Also, wenn Ahmad morgen zu mir kommen und sagen würde: »Baba, das ist die Frau, die ich heiraten will«, dann würde ich vielleicht nicht endgültig »Nein« sagen – aber ich würde ihm raten, sich lieber ein arabisches Mädchen zu suchen. So nach dem Motto: Schuster, bleib bei deinen Leisten.

Anhang

Clan-Kriminalität in Deutschland – ein Überblick

Ärger im Kleingartenidyll

Wie tief die kriminellen Strukturen arabischer Clans 40 Jahre nach ihrer Einwanderung in Deutschland wurzeln, zeigt der Besuch zweier Gärten. Es ist ein ruhiger Sommerabend am Berliner Stadtrand, wo die Laubenkolonien Namen wie »Einigkeit« und »Ehrliche Arbeit« tragen. Fette Kürbisse, gerade Heckenkanten, Fahnen, Schwarz-Rot-Gold. In der »Ur-Laube«, der Vereinskneipe, sitzt ein Grüppchen vor Pilsgläsern. Im Fernsehen laufen die Abendnachrichten: Von einer Razzia bei einem arabischen Clan ist die Rede, 77 Immobilien habe die Staatsanwaltschaft beschlagnahmt, darunter Mehrfamilienhäuser, eine Firma, eine Flüchtlingsunterkunft – und auch eine Kleingartenkolonie, sagt der Sprecher. In diesem Augenblick fällt in der »Ur-Laube« der Groschen. »Das sind unsere Nachbarn«, sagt eine Frau.

Gegenüber liegt ein schmaler Streifen Land, auf dem die Hecken aus der Form geraten sind. Ketten und Vorhängeschlösser versperren die Gartentore. Eine arabische Familie habe die Kolonie »Einigkeit« gekauft und den 17 Pächtern gekündigt, erzählen sie in der Kneipe. Seither wuchern die Wege zu. Einmal seien zwei Frauen mit Kopftüchern auf dem Gelände aufgetaucht und hätten Weinblätter gepflückt. Was das solle, sie werde die Polizei rufen, schimpfte eine Nachbarin. Da habe eine der beiden ein Papier vorgezeigt und behauptet, sie sei die Eigentümerin. Ein anderes Mal habe sich der Ehemann der Frau nach den Besitzern der angrenzenden Gärten erkundigt. Die hätten sie auch noch kaufen, die Grundstücke zusammenlegen und zu Bauland umwandeln wollen, mutmaßen sie hier. Dass es sich bei den Interessenten um Angehörige einer berüchtigten Großfamilie handelt, hatte bis zu diesem Abend keiner geahnt.

Am 19. Juli 2018 verkündet die Berliner Staatsanwaltschaft den bislang größten Schlag gegen die Clan-Kriminalität. Die 77 Immobilien im niedrig geschätzten Wert von rund neun Millionen Euro rechnet sie der Familie Remmo (auch Rammo geschrieben) zu; ein Netzwerk von Strohleuten soll die Wohnungen und Grundstücke mit der Beute aus Straftaten erworben haben. »Geldwäsche« lautet der Verdacht. Ein aufsehenerregender Erfolg, den man in Bremen, Niedersachsen und Nordrhein-Westfalen, den anderen Bundesländern, in denen ebenfalls viele Clans ansässig sind, neidvoll bestaunt. Nicht nur bei den Kleingärtnern fällt an diesem Tag der Groschen. Selbst erfahrene Clan-Experten sind überrascht von dem Ausmaß des mutmaßlich ergaunerten Vermögens: »Als sie kamen, lebten sie von der Hand in den Mund. Niemand hat ihnen zugetraut, dass sie ein solches Imperium aufbauen würden«, sagt Arnold Mengelkoch, der zu diesem Zeitpunkt kurz vor der Pensionierung steht. Mengelkoch ist der Migrationsbeauftragte des Berliner Brennpunktbezirks Neukölln, den die Großfamilien ihr Wohnzimmer nennen.

Ich bin als Reporterin für die »Welt am Sonntag« im Einsatz und recherchiere in diesem Fall.[4] Die zuständige Staatsanwältin erzählt mir, wie sie dem Netzwerk auf die Spur kam. Die Polizei hörte Telefone von Familienmitgliedern der Remmos ab; sie sah die Transkripte der Gespräche durch. Meistens sei es darum gegangen, in welcher Döner-Bude oder Shisha-Bar man sich treffe, »gähnend langweilige Telefonate«, sagt sie. Bis auf einmal Begriffe wie »Unternehmensgründung« und »GmbH« fielen. Da sei sie hellhörig geworden.

Das Verfahren ist im Jahr 2020 noch immer nicht abgeschlossen. Die Staatsanwaltschaft ermittelt gegen 18 Angehörige und Bekannte der Remmos. Was die Suche nach Beweisen erschwert: Die Familienverhältnisse sind komplex. Nicht alle Verdächtigen tragen den Nachnamen Remmo oder sind direkte Verwandte. Und nicht alle sitzen in Berlin. Man müsse sich das wie ein riesiges Puzzle vorstellen, sagt einer der Fahnder.

Das erste verbindende Teil entdeckten sie 2015. Einer der abgehörten Remmos kaufte mehrere Wohnungen und interessierte sich für ein Haus, das fast zwei Millionen Euro kostete. Der Mann war Hartz-IV-Empfänger. Woher hatte er das viele Geld? Ein Verdacht lag nah: Sein Bruder war ein Jahr zuvor in eine Berliner Sparkassenfiliale eingestiegen, hatte Schließfächer aufgebrochen und Schmuck, Bargeld und Gold im Wert von rund neun Millionen Euro erbeutet. Der Bruder wurde verurteilt, aber von der Beute fehlte jede Spur. Die Ermittler glauben, dass das Geld in den Kauf der Immobilien geflossen ist. Sie durchforsteten Grundbücher und verfolgten Geldströme. Ein Name führte zum nächsten, und allmählich wurde ein Netz sichtbar: Es reichte von der Kleingartenkolonie in Berlin bis nach Beirut.

Um die Spuren des plötzlichen Reichtums zu verwischen und das Geld zu waschen, kommen Strohleute ins Spiel. Hohe

Geldbeträge werden in ein anderes Land gebracht. Von dort fließen sie, getarnt etwa als Hochzeitsgeschenk einer vorgeblich reichen Tante, zurück auf deutsche Konten. Verwandte und Bekannte der Familie im Libanon, erklären die Ermittler, fungierten als offizielle Eigentümer eines Teils der Berliner Immobilien. Demnach haben sie das Geld für den Kauf vorab in bar oder als Scheck erhalten und dann nach Deutschland zurücküberwiesen. Die Strohmänner und -frauen sollen zudem Vollmachten ausgestellt haben, damit die deutsche Verwandtschaft in ihrem Namen weitere Grundstücke und Wohnungen kaufen und eine Immobilienfirma gründen konnte. Es ist ein dichtes Geflecht aus Geschäften und Kanälen, das die Fahnder als typisches Modell zur Geldwäsche bezeichnen. Wie lange sie noch brauchen werden, um es zu entwirren, kann zu diesem Zeitpunkt niemand abschätzen.

Ein neues, altbekanntes Phänomen

Allein die Entdeckung des Immobilienimperiums und die vorläufige Beschlagnahme ist ein Wendepunkt im Umgang mit Clan-Kriminalität. Sie zeigt recht anschaulich, dass das Phänomen unterschätzt worden ist. So gibt es etwa noch immer keine einheitliche Definition des Begriffs Clan-Kriminalität. Das hängt auch damit zusammen, dass sich die Politik lange davor gescheut hat, das Problem zu benennen. Kritiker bezeichnen den Begriff als rassistisch, weil er Familien einer bestimmten Ethnie diskriminiere und einer Sippenhaft gleichkomme. Befürworter halten dagegen, dass es nun einmal eine Form von Kriminalität gebe, die in einem sich selbst ethnisch und genealogisch abgrenzenden Milieu entstehe.

Das Bundeskriminalamt (BKA) hat sich im September 2019 an eine Definition gewagt. Demnach handelt es sich bei Clan-Kriminalität um »die Begehung von Straftaten durch Angehörige ethnisch abgeschotteter Subkulturen.«[5] Merkmale seien »eine eigene Werteordnung und die grundsätzliche Ablehnung der deutschen Rechtsordnung«, »eine starke Ausrichtung auf die zumeist patriarchalisch-hierarchisch geprägte Familienstruktur«, »mangelnde Integrationsbereitschaft mit Aspekten einer räumlichen Konzentration«, »das Provozieren von Eskalationen, auch bei nichtigen Anlässen oder geringfügigen Rechtsverstößen« und »die Ausnutzung gruppenimmanenter Mobilisierungs- und Bedrohungspotenziale«.

2019 war ein Jahr der Premieren: Das BKA widmete den Clans ein eigenes Kapitel in seinem alljährlichen Bericht zur Organisierten Kriminalität (OK) in Deutschland, der Lagebild genannt wird. Auch Nordrhein-Westfalen und Berlin erstellten erstmalig Lagebilder zur Clan-Kliminalität. Nur Niedersachsen war in dem Bereich schon weiter: 2013 hatte man die »Kriminalität der Mhallami« beleuchtet, seit 2014 wurde dann auch offiziell von »Clan-Kriminalität« gesprochen.[6]

Dabei fiel zunächst einmal auf, was die Behörden bisher nicht wussten. In NRW war man davon ausgegangen, dass ungefähr 50 Clans im und ums Ruhrgebiet herum ansässig seien. Als das Landeskriminalamt dann bei den lokalen Polizeibehörden nachfragte und die Angaben durchzählte, kam es auf 104 einschlägige Namen. Die Familien hatten sich nicht etwa verdoppelt – man hatte nur endlich genauer hingeschaut und die Erkenntnisse zusammengetragen.[7] Dabei tauchten zehn Nachnamen auf, die besonders häufig vertreten sind. Tatverdächtige aus diesen zehn Familien werden für den Hauptteil der insgesamt 14225 Straftaten verantwortlich gemacht, die zwischen 2016 und 2018 im Bereich der Clan-Kriminalität erfasst wurden.[8] Der Clan O. führt die »Top Ten« mit 1738 Straftaten an.[9] Die Polizei schreibt die Namen nicht aus, was in diesem Buch ebenfalls so gehalten wurde, es sei denn, es geht um konkrete Fälle, über die schon oft berichtet wurde, und um Personen, die immer wieder in die Öffentlichkeit drängen.

Für Berlin gehen die Schätzungen darüber, wie viele Clan-Mitglieder in der Hauptstadt kriminell aktiv sind, weit auseinander. Mal ist von acht, mal von 30 Familien, mal von 100, mal von 10000 Mitgliedern die Rede. Das LKA hütet sich davor, genaue Zahlen zu nennen, weil es das zum einen nicht kann und es zum anderen auch nicht sonderlich hilfreich wäre. Ersteres liegt daran, dass die Clan-Namen in mindestens zwei Schreibweisen existieren: einer arabischen und einer türkischen, die in der Zeit der Türkisierung unter Atatürk eingeführt wurde. Und dann kommen noch die uneinheitlichen deutschen Transkriptionen des Arabischen hinzu. So existieren allein für die Familie O. 17 verschiedene Schreibweisen, was die Suche in Datenbanken verkompliziert.

Eine Zahl allein ist noch nicht aussagekräftig. Das gilt auch für NRW, wo es gelungen ist, die unterschiedlichen Schreibweisen eines Namens zu clustern (sonst wäre man dort auf 211 statt 104 polizeibekannte Familiennamen gekommen).[10] Die Angabe von 104 Nachnamen bedeutet mitnichten, dass 104 einzelne kriminelle Banden im Ruhrgebiet ihr Unwesen treiben. Durch Heiraten zwischen Angehörigen verschiedener Clans – zum Teil bewusst arrangierte Ehen, um den eigenen Einfluss zu vergrößern oder Frieden zwischen verfeindeten Familien zu schaffen – sind komplexe Verwandtschaftsverhältnisse entstanden, die selbst Kenner der britischen Königsfamilie überfordern würden.

Berlin hatte dafür im Jahr 2000 die »Gemeinsame Ermittlungsgruppe Ident« (GE Ident) geschaffen, mit dem Ziel, die verwandtschaftlichen Verhältnisse zu bestimmen, um notorische Straftäter besser verfolgen und gegebenenfalls abschieben zu können. Die GE Ident überprüfte, ob Familienmitglieder, die vor Gericht von ihrem Zeugnisverweigerungsrecht Gebrauch machen wollten, wirklich so eng mit dem Angeklagten verwandt waren, wie sie angaben, was Voraussetzung dafür ist, schweigen zu dürfen, wenn sich ein Verfahren gegen den eigenen Großvater, Vater, Verlobten, Sohn, Schwager, Cousin oder Onkel richtet. Außerdem überprüfte die Ermittlungsgruppe die Identität von Straftätern, die behaupteten, Bürgerkriegsflüchtlinge aus dem Libanon mit ungeklärter Staatsangehörigkeit zu sein. Konnte sie stattdessen eine türkische oder libanesische Staatangehörigkeit belegen, versuchte man, den Betroffenen auszuweisen.

Zwischen 2000 und 2008 wurden 43 Personen abgeschoben, weitere 45 reisten freiwillig aus.[11] Zudem deckten die Ermittler Sozialhilfebetrug in Höhe von mehr als fünf Millionen Euro auf. Dennoch – und trotz des Protests erfahrener Ermittler – wurde die GE Ident 2008 aufgelöst, mit der Begründung, dass die türkischen Behörden nicht kooperierten und veränderte ausländerrechtliche Rahmenbedingungen die Abschiebungen erschwerten.[12] Dazu zählte »der langjährige Aufenthalt der Betroffenen und die Verwurzelung ihrer Kinder in der Bundesrepublik«. Außerdem, hieß es, habe die Ermittlungsgruppe zuletzt keine Schwerverbrecher mehr entlarvt, sondern lediglich Täuscher, die unter falschem Namen lebten, aber nicht kriminell waren. Gelegentliche Forderungen, die Ermittlungsgruppe wieder aufleben zu lassen, sind inzwischen insofern überholt, als schätzungsweise drei Viertel der Tatverdächtigen die deutsche Staatsbürgerschaft besitzen. Die Familienstammbäume der Clans, die die GE Ident damals erstellte, dienen der Berliner Polizei indes noch immer als Grundlage für ihre Ermittlungen in der Szene.

Das BKA schätzt das »Personenpotenzial der Clan-Familien« in ganz Deutschland auf etwa 200 000 Menschen.[13] Doch diese Zahl besagt nur, aus wie vielen Verwandten die Familien insgesamt bestehen. Gemeint ist damit keineswegs, dass alle Angehörigen kriminell sind, im Gegenteil.

An dieser Stelle muss eine wichtige Unterscheidung getroffen werden, die grundsätzlich gilt, wenn von Clans die Rede ist. Ein Clan ist zunächst einmal eine Familie, und keine Familie ist zu 100 Prozent kriminell. Der Lagebericht für NRW zeigt etwa, dass für mehr als 30 Prozent der erfassten Straftaten allein sechs Prozent der Tatverdächtigen verantwortlich sind.[14] Meist begeht nur ein Zweig einer Familie Straftaten.

Wie viele Verwandte straffällig sind, variiert von Familie zu Familie. Es gibt eine interne Schätzung der Berliner Polizei, die diese niemals veröffentlichen würde, weil sie grob und generalisierend ist – und doch möchte ich sie erwähnen, da sie zumindest eine ungefähre Vorstellung der kriminellen Dimensionen gibt. Nach dieser Faustformel sind etwa zehn Prozent der Familienmitglieder eines Clans kriminell und davon noch einmal zehn Prozent intensiv kriminell aktiv. Bei einer Familie von 1 000 Personen wären demnach 100 mindestens schon einmal straffällig geworden und zehn Intensivstraftäter (mindestens zehn erhebliche Delikte innerhalb eines Jahres). Ein Clan ist also nicht mit einer kriminellen Bande gleichzusetzen, obwohl das in der Berichterstattung gelegentlich so wirken mag.

Auch kann man die Familien nur bedingt geografisch verorten. So heißt es zwar oft, dass der Miri-Clan in Bremen beziehungsweise in Niedersachsen ansässig sei. Angehörige der Familie leben jedoch auch in Berlin: Einigen Miris wird die Revierhoheit über Neuköllner U-Bahnhöfe nachgesagt, auf denen Drogen verkauft werden. Familien, die Berlin zugerechnet werden, haben nicht selten gute Kontakte und verwandtschaftliche Beziehungen nach Nordrhein-Westfalen.

In der Vorbereitung des bundesweiten Lageberichts 2019 stellten die BKA-Beamten fest, dass sie nur wenige Informationen über die Verbindungen der Clans innerhalb Deutschlands haben. Das liegt auch daran, dass die Polizeibehörden der Länder ihre Erkenntnisse bislang kaum austauschten. Die Einsicht, dass man sich übergreifend koordinieren muss, wenn man Clan-Strukturen aufdecken will, dämmert auf kommunaler Ebene vielerorts gerade erst. Dabei müssten die Behörden sich längst auf internationalem Level austauschen, um die Beziehungen der Clans etwa nach Dänemark, Schweden und Südamerika in Augenschein zu nehmen. Doch auch darüber wird erst in jüngster Zeit diskutiert.

Schaut man sich frühere Polizeiberichte an, verwundert es stark, dass die Erarbeitung von entsprechenden Konzepten erst im vergangenen Jahr an Fahrt aufnahm. Clans mögen ein politisches und mediales Modethema sein – aber sie sind keinesfalls eine neue Erscheinung. Die Erkenntnisse und möglichen Maßnahmen, die heute von den Innenministern der Länder diskutiert werden, finden sich bereits in einem Bericht des Berliner LKA, der auf das Jahr 2003 datiert. »›Importierte Kriminalität‹ und deren Etablierung am Beispiel der ›libanesisch-kurdischen‹ Kriminalitätsszene Berlins« heißt der 54 Seiten starke Aufsatz, der in einer gekürzten Form in der Fachzeitschrift »Kriminalistik« veröffentlicht wurde. In der internen Langfassung schildert der damalige Inspektionsleiter für Organisierte Kriminalität, Markus Henninger, den Alltag in der Berliner Clan-Szene: Massenschlägereien, Messerstechereien, Streitigkeiten, die mit Schwertern, Säbeln und Pistolen ausgetragen werden; Zeugen, die derartig bedroht und eingeschüchtert werden, dass sie in Gerichtsverhandlungen plötzliche Anfälle von »Amnesie« erleiden und sich an nichts mehr erinnern wollen.

Neben sogenannten Rohheitsdelikten, dazu zählen etwa Raub und Körperverletzung, betätigen Clans sich vor allem im Drogenverkauf. Die »starke Stellung der vergleichsweise geringen Population« der Mhallami im Rauschgifthandel sei ein Indiz für ihre besondere Brutalität, schreibt Henninger. »Ein wesentliches Element ihrer Einschüchterungsstrategien ist die Drohung mit dem Clan. In der Tat ist diese Drohung aufgrund der allgemein bekannten Größe und Gewaltbereitschaft einzelner Familien (...) äußerst wirksam. In Berlin führte dies so weit, dass zeitweise allein die Nennung des Namens einer bestimmten Großfamilie ausreichte, um eventuelle Gegenaktivitäten von Kontrahenten zu unterbinden.«[15]

Henninger bescheinigt den Mhallami ein »von jeher (...) gestörtes Verhältnis zum Staat«, was aus ihrer Geschichte der Verfolgung und Diskriminierung resultiere.[16] Dieses gestörte Verhältnis zeigt sich immer wieder im direkten Aufeinandertreffen der Clans mit staatlichen Organen. Beamten, die Handgreiflichkeiten zwischen verfeindeten Familien schlichten wollen, wird aus einer Menschenmenge von 150 Personen heraus klargemacht, dass »dies unser Kiez ist und ihr hier nichts verloren habt!«[17] Als ein Polizist einen Autofahrer auf dessen kaputte Beleuchtung aufmerksam macht, ruft der Beifahrer: »Fahr weiter, du Idiot!« Während der Beamte versucht, die Personalien aufzunehmen, werden er und sein Kollege plötzlich von zehn Leuten umringt und bedrängt. »Ich ficke dich in den Arsch und deinen Präsidenten auch!«, sagt der Beifahrer.[18]

Die »grundsätzliche Ablehnung der deutschen Rechtsordnung«[19], welche die BKA-Definition von Clan-Kriminalität anführt, und die »Ausnutzung gruppenimmanenter Mobilisierungs- und Bedrohungspotenziale« werden an diesen (neben vielen anderen) Beispielen aus den Jahren 2001 und 2002 bereits anschaulich beschrieben. Was dann folgt, liest sich topaktuell: »Eine erfolgsversprechende Problemlösung kann letztlich nur in einem behördenübergreifenden Bekämpfungsansatz grundsätzlicher Natur gefunden werden, auch wenn dieser sicherlich bereits deutlich früher hätte ansetzen müssen«, schreibt Henninger vor knapp 20 Jahren.[20]

2019 stand das Thema Clan-Kriminalität auf einmal weit oben auf der Prioritätenliste der Innenministerkonferenz. »Kriminelle Parallelgesellschaften darf es in unserem Land nicht geben«[21], sagte Horst Seehofer (CSU) und verkündete, dass auf Anregung des Bundesinnenministeriums (BMI) eine Initiative beschlossen wurde, welche die länderübergreifende Zusammenarbeit besser koordinieren soll.

2002 konnten die Polizeibehörden von einem derartigen politischen Rückhalt offenbar nur träumen. Henninger erwähnt, dass verschiedene Abteilungen der Polizei »in Eigeninitiative« regelmäßige Dienstbesprechungen abhielten, in denen sie Erfahrungen und Informationen austauschten, die nationale und internationale Familiengeflechte betreffen, und bemerkt: »Das BMI hat in dieser Sache bisher keinen Handlungsbedarf für eine bundesweite Koordination erkannt.«[22]

Schon damals spricht das LKA von einem »bereits fest strukturierten und etablierten Kriminalitätsgefüge« und betont, dass die Täter zeitnah und konsequent bestraft werden müssten, weil sie sonst das Gefühl bekämen, für die Ermittlungsbehörden »unangreifbar« zu sein.[23]

Man muss vor 20 Jahren nicht prophetisch veranlagt gewesen sein, um diese Entwicklung vorauszusehen, und doch verblüfft der Abgleich mit der heutigen Realität. Selbst die Protagonisten von damals stehen noch im Mittelpunkt der Ermittlungen, allein das Personal hat sich erweitert – auf Clan-Seite. Die Beamtenbeleidigung (»Ich ficke dich in den Arsch und deinen Präsidenten auch!«) stammt von Issa Rammo, der immer wieder in die Schlagzeilen gerät. Zuletzt, weil er in einem Gerichtsverfahren gegen einen seiner Söhne den Staatsanwalt bedrohte. Der Sohn war wegen Mordes an einem Mitglied einer anderen Familie angeklagt worden. Auch gegen den Vater selbst hatte die Staatsanwaltschaft ermittelt, weil ein Informant behauptet hatte, Issa Rammo habe seine Söhne beauftragt, den Mann umzubringen. Dafür fanden sich jedoch keine Beweise. Der Sohn wurde freigesprochen, weil die Indizien nicht für eine Verurteilung ausreichten. Nach dem Freispruch brüllte der Vater: »Herr Staatsanwalt, ich kenne Sie und alle, die mit euch arbeiten! Ich weiß genau, wer das war!« Und: »Ich habe Respekt für dieses Land. Aber für dich absolut gar nicht!«[24]

Issa Rammo gilt als Oberhaupt des Clans – er selbst weist diesen Titel vehement von sich. Nach seinem Auftritt vor Gericht bitte ich ihn um ein Interview, und er lädt mich in den Garten seiner gelben Villa am Berliner Stadtrand ein.[25] Die Hecken sind sorgfältig gestutzt, Zierbäume zu geometrischen Figuren geschnitten. Ein automatischer Rasenmäher fährt über die Wiese, aus dem Beet gucken Gartenzwerge. Rammo präsentiert sich im scheinbar perfekten Spießeridyll. Fehlt nur noch die Deutschlandfahne. Er zieht sein Polohemd hoch und zeigt den Bundesadler, den er sich auf die linke Brust tätowiert hat, in Schwarz-Rot-Gold. »Ich bin ein Berliner«, steht außen herum.

Die gelbe Villa zählt zu den 77 Immobilien, welche die Staatsanwaltschaft zu diesem Zeitpunkt vorläufig beschlagnahmt hat. Issa Rammo darf vorerst weiter darin wohnen. Offizieller Eigentümer ist einer seiner Söhne, der das Grundstück kaufte, als er 19 Jahre alt war. Kurz zuvor hatte der Sohn noch Hartz IV empfangen; nennenswerte Einkünfte hatte er nicht. Woher stammte das Geld?

Von den Ermittlungen gegen seine Familie gibt sich Issa Rammo wenig beeindruckt. Zwar wird sein Haus immer wieder durchsucht, und mehrere seiner Söhne saßen bereits im Gefängnis. Doch gegen ihn selbst hat die Polizei nichts in der Hand. Man könne nicht alle Rammos in einen Topf schmeißen, sagt er. Nur einmal habe er »Scheiße gemacht« und geklaut, eine Jacke und eine Hose, nachdem er nach Deutschland gekommen sei, mit den Eltern und Geschwistern, geflohen vor dem Bürgerkrieg im Libanon, 1985, da war er 17. Jahrelang habe seine Familie im Duldungsstatus verharrt, in steter Furcht vor der Abschiebung. Dass er geklaut hat, findet Issa Rammo, sei die Schuld des Staates, denn der habe ihm keine Arbeitserlaubnis gewährt.

Es ist die immer gleiche Klage, die Clan-Mitglieder und ihre Anwälte vortragen: Das ewige Verharren im Duldungsstatus, ohne Schulbildung, ohne Arbeitserlaubnis, ohne Zukunftsperspektive. Tatsächlich wurde in den 1980er-Jahren nichts unternommen, um die Mhallami-Familien zu integrieren. Man wollte sie schnell wieder loswerden, obwohl das in den allermeisten Fällen unmöglich war. Sie hatten bereits im Libanon keinen Aufenthaltsstatus gehabt und nur »Laissez-passer«-Papiere bekommen, die nach der Einreise in Deutschland ungültig geworden waren. Und falls jemand doch einen türkischen oder libanesischen Pass besaß, hatte er ihn nach der Einreise entweder versteckt oder vernichtet, um der Abschiebung zu entgehen. Die libanesische Botschaft weigerte sich, neue Papiere auszustellen. Der Großteil der Mhallami bekam daher nur den unsicheren Status einer Duldung, zum Teil bis in die 1990er-Jahre hinein.

Die Auswirkungen dieser Politik der »Kettenduldungen« hat Mathias Rohe, Leiter des Erlanger Zentrums für Islam und Recht in Europa, in einer Studie im Auftrag des Berliner Senats untersucht.[26] In den Jahren seit 1980 habe die Regierung einige Modifikationen der Aufenthaltsgesetze beschlossen, um die Einwanderung zu begrenzen, schreibt Rohe. Das habe erhebliche Einschränkungen des Zugangs zum Arbeitsmarkt bedeutet, Kürzungen der Sozialhilfe und zwangsweise jahrelange Unterkunft in Asylheimen. »Aber anders als erhofft führte diese neue Politik nur teilweise zum Rückgang der Flüchtlingszahlen. Als Nebeneffekt trug sie zur Isolierung vieler Asylbewerber von der deutschen Gesellschaft bei. Mangels erreichbarer Zugänge zum legalen Arbeitsmarkt entwickelten illegale Tätigkeiten bis hin zu OK Anziehungskraft. Eine Vertreterin der Zivilgesellschaft, welche sich jahrelang für die Integration von Flüchtlingen engagierte, drückte das in harten Worten aus: ›Deutschland schuf sich die sozialen Gettos selbst, indem es die Flüchtlinge weder anerkannte noch willkommen hieß.‹«[27]

Die Regierung sorgte dafür, dass sich die Gettoisierungsdynamik verstetigte, indem sie die Schulpflicht für die Kinder von Staatenlosen aufhob. Die Schulen waren nun nicht mehr verpflichtet, Kinder von Asylbewerbern aufzunehmen, und die Eltern mussten ihre Kinder nicht mehr hinschicken. Das habe zu vielfachen Schulabbrüchen geführt und die Abschottung der Flüchtlinge noch verstärkt. »Da weder die Eltern noch ihre Kinder arbeiten oder studieren durften, verharrte ihr Leben im Stillstand«, schreibt Rohe und resümiert: »Der deutsche Staat war davon überzeugt, dass diese Flüchtlinge später wieder in ihre Heimat zurückkehren würden, sodass nicht in ihre Zukunft und in die ihrer Kinder investiert wurde. Das führte zu den (…) massiven Problemen, deren Folgen heute nur noch schwer zu bewältigen zu sein scheinen.«[28]

Zu diesen Folgen gehört, dass Angehörige der dritten und vierten Generation noch immer überdurchschnittlich oft kriminell werden. Dabei kann das Klagelied der fehlenden Arbeitserlaubnis heute nicht mehr angestimmt werden, da, wie bereits erwähnt, etwa drei Viertel aller Tatverdächtigen die deutsche Staatsbürgerschaft besitzen. Doch die kriminellen Strukturen einzelner Familienzweige haben sich offenbar verfestigt.

Große Coups

Die neue Generation macht mit aufsehenerregenden Verbrechen von sich reden. Der wohl spektakulärste Coup der Nachkriegsgeschichte ist der Diebstahl einer riesigen Goldmünze aus dem Bode-Museum in Berlin. In der Nacht auf den 27. März 2017 zeichnen Überwachungskameras am S-Bahnhof Hackescher Markt drei dunkel gekleidete Gestalten auf, die ihre Kapuzen und Käppis tief ins Gesicht gezogen haben. Es ist drei Uhr an jenem Montagmorgen, zu dieser Zeit steht der Zugverkehr still. Die drei laufen zum Ende des Bahnsteigs, springen ins Gleisbett und verschwinden in Richtung Museumsinsel in der Dunkelheit.

Was dann passiert, hat das Berliner Landgericht in einem aufwendigen Prozess rekonstruiert. Die drei Männer laufen die Schienen entlang über die Spree auf die Museumsinsel. Ein Vorsprung des Bode-Museums, Überrest einer kurz vor der Wende abgebauten Brücke, ragt wenige Zentimeter an die Bahntrasse heran. Dort haben die Diebe wenige Nächte zuvor eine Schubkarre mit Werkzeug und eine ausziehbare Leiter deponiert. Mit dieser steigen sie in den zweiten Stock des Museums auf das Vordach zu einem Fenster. Es ist das Fenster zum Umkleideraum des Wachpersonals und das einzige, dessen Alarmanlage bereits seit geraumer Zeit nicht mehr funktioniert. Mit einem Bolzenschneider entfernen sie das Sicherheitsglas davor und drücken den rechten Fensterflügel ein. Von der Umkleide gelangen sie über Flure und Ausstellungsräume in das Münzkabinett des Bode-Museums.

Der Nachtwächter macht gerade seinen Rundgang und hat die Alarmanlage abgestellt. Sie haben jetzt genau 16 Minuten, bis der Wächter Raum 243 (»Münzen: Spätmittelalter und Neuzeit«) passieren wird. Die drei Männer schlagen die Panzerglasvitrine des »Big Maple Leaf« mit einer Axt ein. Das in Kanada geprägte Sammlerstück mit dem Konterfei der Queen hat den Umfang eines Autoreifens und wiegt 100 Kilo. Die Münze ist aus 99,999-prozentigem Gold gegossen, dem reinsten Gold der Welt. Ihr Wert wird auf 3,75 Millionen Euro geschätzt. Die Diebe wuchten sie auf ein Rollbrett, schieben sie zurück zum geöffneten Fenster, schaffen sie aufs Vordach und lassen sie ins Gleisbett fallen. Mit der Schubkarre schieben sie den mächtigen Schatz über den Bahndamm, werfen sie in den nahen Monbijoupark und seilen sich von der Trasse ab. Dort wartet bereits der Fluchtwagen.

Bei den Männern handelt es sich um Neffen von Issa Rammo. Sie sind Anfang 20 und haben bereits zig Vorstrafen. Den Tipp mit der Münze hat ihnen ein alter Schulfreund gegeben, der erst wenige Wochen zuvor als Wächter bei dem Sicherheitsdienst des Museums angeheuert hat. Er war es auch, der den schnellsten Weg durch die Ausstellungsräume auskundschaftete und das Fenster der Umkleidekabine offen ließ.

Am 21. Februar 2020 verurteilt die 9. Kammer des Landgerichts zwei der drei Angeklagten Remmos nach dem Jugendstrafrecht (sie waren zum Tatzeitpunkt unter 21) zu je viereinhalb Jahren Gefängnis. Der dritte wird wegen Mangels an Beweisen freigesprochen. Der Tippgeber bekommt drei Jahre und vier Monate.

Wenige Monate zuvor, der Prozess in Berlin ist noch in vollem Gange, muss einer der jungen Remmos in Bayern vor Gericht. Auf dem Hinweg kontrolliert die bayerische Polizei seinen Wagen, weil das Kennzeichen wegen Unfallflucht zur Fahndung ausgeschrieben ist. Im Kofferraum finden die Beamten Brecheisen, Sturmhauben und Schlagbohrer.[29] Wer ist so dreist – oder dumm – und fährt mit Einbruchswerkzeug zu seinem eigenen Gerichtsprozess? Am ehesten wohl noch jemand, der sich unangreifbar fühlt oder den die Strafen schlichtweg nicht jucken. Der 22-Jährige leistet sich die teuersten Strafverteidiger, aber dieses Mal reicht es nicht. »Herr Remmo ist ein notorischer Klauer«[30], befindet der Richter angesichts der zahlreichen Vorstrafen und verurteilt ihn zu zwei Jahren und sechs Monaten Haft wegen besonders schweren Diebstahls: Der Remmo-Spross ist in eine Spezialfirma für Hydraulikspreizer in Erlangen eingebrochen.

Der Fall ist brisant, denn er stellt eine mögliche Verbindung zu einem zweiten spektakulären Coup dar: dem Einbruch in das Grüne Gewölbe des Dresdner Schlosses am 25. November 2019, bei dem die Diebe mehrere Schmuckgarnituren aus Diamanten stahlen. Die Täter, nach denen noch gefahndet wird, setzten einen Hydraulikspreizer der Firma Lukas aus Erlangen ein[31] – von genau jener Firma, in die einer der vier Goldmünzendiebe eingebrochen war. Das Spezialwerkzeug dient normalerweise Feuerwehren dazu, nach einem Unfall verklemmte Autotüren zu öffnen. Auch Diebe kriegen damit anscheinend so einiges auf, weshalb sich Hydraulikspreizer großer Beliebtheit erfreuen. Mindestens fünf solche Apparate wurden zwischen 2017 und 2019 aus Berliner Feuerwachen und Feuerwehrautos gestohlen.[32]

Als am 19. Oktober 2018 mehrere Täter in einer actionfilmreifen Aktion mitten in Berlin einen Geldtransporter mit zwei Wagen rammen, ausbremsen und das gepanzerte Fahrzeug aufhebeln, benutzen sie dafür ebenfalls einen Hydraulikspreizer. Auf der Flucht fahren sie mit Tempo 100 durch den Berufsverkehr um den Alexanderplatz und feuern mit einer Kalaschnikow aus dem Schiebedach auf einen Polizeiwagen. Danach ermittelt die Polizei wieder einmal im Umfeld der Remmos.[33]

Die anderen großen Fälle der vergangenen Jahre gehen auf die Konten anderer Clans. Vier Tage vor Weihnachten 2014 stürmen Mitglieder der Familie Al-Zein und ein Miri in das KaDeWe, bedrohen Kunden und Personal mit Säbeln und Reizgas, zerschlagen Juweliervitrinen mit Äxten und rauben Schmuck im Wert von mehr als 800 000 Euro. Ein Abou-Chaker hingegen ist der Drahtzieher des Raubüberfalls auf ein Pokertunier im Berliner Hotel »Grand Hyatt«. Mit einer Machete, einem Revolver und einer Pistole bewaffnet erbeuten vier

Männer rund 200 000 Euro aus den Startgeldern der Spieler.

Drogenschmuggel und -handel, Einbruch und Raub gehören zum Standardrepertoire der Clans. Jüngere Ermittlungen zeigen, dass sie auch im Schleusergeschäft Fuß gefasst haben. Am 24. Oktober 2019 durchsuchen 400 Polizisten 29 Wohnungen und Geschäftsräume eines Clans in Nordrhein-Westfalen, Rheinland-Pfalz, im Saarland und in Berlin. Acht Personen sollen in insgesamt 26 Fällen versucht haben, syrische Flüchtlinge nach Deutschland und in die Niederlande zu schleusen. Für gefälschte Papiere und ein Flugticket sollen sie zwischen 4 000 und 15 000 Euro genommen haben. Ein ehemaliger Mitarbeiter der deutschen Botschaft in Beirut wird beschuldigt, sogenannte »Visum-Etiketten« unterschlagen und an den Clan verkauft zu haben.[34] Seit dem Höhepunkt der Flüchtlingskrise 2015 sind derartige Fälle häufiger in den Schlagzeilen.

Es liegt nahe, dass Medien vor allem über die spektakulären Verbrechen berichten. Dabei entsteht mitunter der Eindruck, dass arabische Clans für einen großen Teil der Organisierten Kriminalität (OK) in Deutschland verantwortlich seien. Die großen Coups aber sind nur ein kleiner Anteil ihres »Portfolios«. Welche Taten als OK eingestuft werden, wägen Fahnder und Juristen ab. Das ist meistens dann der Fall, wenn die Straftaten von erheblicher Bedeutung sind, mehrere Täter dauerhaft und arbeitsteilig Verbrechen begehen und die Gewinne durch Geldwäsche in die legale Wirtschaft überführen wollen.

Nach dem Lagebild 2019, in dem das BKA auch Rockerbanden, italienische und russischsprachige Mafiagruppierungen beleuchtet, sind Clans nur für einen Anteil von 8,4 Prozent beziehungsweise 45 von insgesamt 535 Ermittlungsverfahren in der Organisierten Kriminalität verantwortlich.[35] Zu den Clans zählt das BKA dabei neben arabisch- und türkischstämmigen Gruppen zum Beispiel auch Banden aus dem Westbalkan. Die meisten Verfahren drehten sich um Rauschgiftschmuggel und -handel (hauptsächlich Cannabis und Kokain) und Eigentumsdelikte wie Diebstähle, Wohnungseinbrüche und Kfz-Hehlerei. Prostitution und Geldwäsche, die anderen »klassischen Geschäftsfelder« der OK spielten demnach nur eine untergeordnete Rolle – wobei man allerdings davon ausgehen muss, dass das Dunkelfeld der Taten, die von der Polizei nicht aufgedeckt werden, um ein Vielfaches größer ist.

Wie groß, lässt sich erahnen, wenn man nicht von Verbrechen, sondern Umsätzen ausgeht. So schätzt eine Dunkelfeldstudie des Economic Crime Research Center der Universität Halle das Geldwäschevolumen auf insgesamt 100 Milliarden Euro im Jahr, wobei ein Großteil der Gelder aus dem Ausland kommt und hierzulande investiert wird – vor allem in Immobilien.[36]

Deutschland ist ein Geldwäscheparadies für die Organisierte Kriminalität. Ihr lukrativster Geschäftszweig ist der Drogenhandel.[37] Europa erlebt derzeit eine Kokainschwemme: Allein die deutschen Behörden stellten 2019 erstmals mehr als zehn Tonnen der Droge sicher – 2014 waren es noch 1,5 Tonnen.[38]

Wie viel zehn Tonnen Kokain wert sind, hängt unter anderem von der Qualität ab und in welchen Teilmengen sie verkauft werden, eine Schätzung kann also nur der Versuch einer Annäherung an den tatsächlichen Marktwert sein. Der deutsche Zoll beziffert den durchschnittlichen Preis für ein Gramm Kokain auf 70 Euro. Geht man davon aus, dass die Droge im Verhältnis 50:50 gestreckt wird, hätten zehn Tonnen einen Straßenverkaufswert von 1,4 Milliarden Euro. Und das ist wohl nur ein Bruchteil des tatsächlichen Kokainumsatzes in

Deutschland.

Das meiste Kokain entdeckte der Zoll in den Häfen von Hamburg und Bremerhaven. René Matschke, der Chef der Hamburger Zollfahndung, sagt, es gebe nicht »die eine Gruppe«, die den Schmuggel betreibe. Mal seien es Italiener, mal Albaner, mal Kurden, die die in Containern eingeschleusten Lieferungen abholten und weiter verteilten – und in Bremerhaven auch die dort ansässigen arabischen Clans.

Welchen Anteil diese wirklich an der Organisierten Kriminalität haben und wie einflussreich sie im Vergleich zu anderen Gruppierungen sind, können die Fahnder nur vermuten. Sebastian Fiedler, Vorsitzender des Bundes Deutscher Kriminalbeamter und Experte für Wirtschaftskriminalität, ordnet die arabischen Clans im Machtspektrum folgendermaßen ein: »Wenn die italienische Mafia ein global agierender Konzern ist, dann sind kriminelle Clan-Mitglieder im Vergleich ein mittelständisches Unternehmen.«

In der Profiliga spielen sie also anscheinend noch nicht die große Rolle, auch wenn sie beginnen, ihre Netzwerke auszubauen. Der Lagebericht des BKA weist darauf hin, dass sich Clan-Mitglieder zunehmend im Bereich der OK betätigten, der überwiegende Teil ihrer Taten jedoch Ordnungswidrigkeiten und »Allgemeinkriminalität« seien.[39] Zu Clan-Kriminalität zählen eben nicht nur Goldmünzenklau und KaDeWe-Raub: In den Berichten, welche die Polizei zu einschlägigen Großfamilien anlegt, tauchen auch Vorfälle wie Angeln ohne Angelschein, Bau eines Schuppens ohne Baugenehmigung, Buntmetallklau auf einem Friedhof und Diebstahl von 37 Kisten Milch und fünf Kisten Champignons von einem Fruchthof auf. Falko Liecke (CDU), Jugendstadtrat von Neukölln, sagt dazu: »Ich habe in meinen zehn Jahren als Stadtrat gelernt, dass den Clans alles zuzutrauen ist: Vom dämlichen Benzinklau vor laufender Kamera über jahrelangen Sozialleistungsbetrug bis hin zum detailliert geplanten Millionencoup und Mord ist alles möglich.«

Könige der Straße

Arabische Clans sind nicht die Könige der Unterwelt. Der größte Schaden, den sie anrichten, hat eine gesellschaftliche Dimension. Wenn man so will, sind sie die Könige der Oberwelt. Man kann das in Städten wie Hannover, Essen, Duisburg oder Berlin beobachten.

Teure Sportwagen parken ungestört in zweiter Reihe und blockieren die Busspur. Mitarbeiter des Ordnungsamtes machen aus Angst schon mal einen Bogen um die Mercedes-AMGs und Lamborghinis – vorsichtshalber.

Ein Lehrer unternimmt einen Ausflug mit seinen Schülern und ermahnt sie, Fahrkarten zu kaufen. In der U-Bahn kommen zwei Kontrolleure, ein Schüler hat kein Ticket. Er zeigt seinen Personalausweis – als die Kontrolleure seinen Nachnamen sehen, laufen sie lieber weiter.

Der langjährige Betreiber einer Autowerkstatt möchte das Grundstück kaufen, auf dem seine Werkstatt steht. Als Mieter hat er das Vorkaufsrecht und auch schon eine mündliche Zusage des Vermieters. Doch dann lauern ihm zwei Brüder auf der Straße auf, die das Grundstück ebenfalls kaufen wollen. Sie schlagen ihn zusammen und fordern ihn auf, auf sein Recht zu verzichten. Sie gehörten zu einer stadtbekannten, großen Familie, drohen die beiden Männer – und dass sie die »Macht von Berlin« seien.

»Auf der Straße gilt unser Gesetz« – das ist der Anspruch,

den Clans proklamieren. Er wurde landesweit sichtbar, als der Intensivtäter Nidal R. hingerichtet wurde und die Bilder vom Tatort, einem der beliebtesten Ausflugsziele Berlins, tagelang in den Nachrichten liefen. Ein Mann liegt auf dem Boden, von einer Menschenmenge umringt, die Polizei sperrt den Bereich am Eingang des Tempelhofer Felds ab. Im Eiswagen klaffen Einschusslöcher, daneben verschreckte Familien mit Picknickdecken. Dieser Mord veränderte die öffentliche Wahrnehmung. Die Clan-Kriminalität habe ein neues Level erreicht, warnten Politiker.

Dass rivalisierende Clans sich Schießereien auf der Straße liefern, kam vor 20 Jahren häufiger vor. Dass sie heute mehr Beachtung finden, hat auch mit Gentrifizierung zu tun: Vormals fanden die Taten im sozialen Abseits statt, innerhalb der Parallelgesellschaft, weit genug entfernt von der bürgerlichen Mitte, sodass diese sich nicht unmittelbar betroffen fühlte. Nun ist die Parallelgesellschaft näher an die Mitte gerückt, beziehungsweise umgekehrt. Viertel wie Berlin-Neukölln sind Brennpunkt und Szenekiez zugleich.

So konnte um die Gangster-Serie »4 Blocks« ein derartiger Hype entstehen. Araber und Hipster schauen beide zu, wenn der fiktive Clan-Chef Ali »Toni« Hamady und sein Begleiter einer neuen Bar einen Besuch abstatten und sich darüber aufregen, dass der amerikanische Barkeeper kein Deutsch spricht und ihnen statt Fanta irgendeine Bio-Limo serviert. Als er auch noch die Glücksspielautomaten ablehnt, die Toni bei ihm aufstellen will, um den Gewinn schwarz zu kassieren, halten sie seinen Kopf so lange unter Wasser, bis dem Zugezogenen klar ist, wer in Neukölln das Sagen hat. Die Grenze zwischen Fiktion und Realität ist fließend. Ein Clan-Mitglied wird von dem Rapper Massiv gespielt, der sich im echten Leben von Ashraf Rammo (ein Bruder von Issa Rammo) managen ließ und ihm 2011 einen Song widmete, mit den wiederkehrenden Zeilen: »Glaub mir, seine Waffe lässt er niemals aus der Hand los! Ashraf Rammo, Berlins Marlon Brando!«

Die deutsche Rapper- und die Clan-Szene sind eng verflochten. Gangsta-Rapper rappen über das Gangster-Leben und suchen die Nähe echter Gangster, die sie wiederum vor anderen Gangstern verteidigen. In der Szene werden diese Leute »Rücken« genannt. Für ihren »Schutz« verdienen die Clans kräftig an der extrem lukrativen Branche mit. Deutscher Rap ist das erfolgreichste Genre der deutschen Charts. Clans kämpfen um die besten Musiker, und in den sozialen Medien werden Wechsel von einer Familie zur anderen wie Transfers von Fußballklubs vermeldet. Am 16. September 2019 etwa postete der Youtube-Kanal »Rap Check« ein Video mit dem Titel »Offiziell: Saado Family beschützt Kollegah & Sun Diego«.[40] Rapper leben vom künstlerischen Krieg mit ihren Konkurrenten und geben gern mit ihren mächtigen Freunden an. Sun Diego, der auch unter dem Pseudonym SpongeBOZZ bekannt ist, dichtete in einem Streit mit dem Rapper PA Sports 2017: »Dein Drei Minuten Hype ist wayne, du kriegst Blei ins Brain / Wegen ner Zeile Streit mit Saado und Al-Zein«.

Doch manchmal wird aus Dichtung Wahrheit, und Schutz schlägt in Bedrohung um. Im November 2019 wurde bekannt, dass der deutsche Nummer-eins-Hits-Rekordhalter Capital Bra von Mitgliedern der Familien Miri und Al-Zein erpresst wurde.[41] Der Rapper wollte sich von seinem alten Label lösen. Für ihre »Unterstützung« sollen die Clans 500 000 Euro und die Beteiligung an zukünftigen Musikeinnahmen gefordert haben. Capital Bra wandte sich an die Polizei, und nun ermittelt die Staatsanwaltschaft.

Nicht nur in diesem Fall. Sie hat auch Anklage gegen drei Abou-Chakers erhoben, die Bushido, den Veteran des deutschen Battle-Rap, eingesperrt, geschlagen und bedroht haben sollen. Arafat Abou-Chaker und Bushido sind das bekannteste »Gangster & Gangsta-Rapper«-Duo, quasi die Begründer dieses Erfolgsmodells. Abou-Chaker hatte Bushido aus dessen Labelvertrag herausgeholt und war von 2004 an sein Rücken, Manager und Geschäftspartner. 2013 berichtete der »Stern«[42], dass Bushido ihm eine Generalvollmacht über sein Eigentum und seine Geschäfte ausgestellt hatte; der Rapper soll die Hälfte seiner Einnahmen an Abou-Chaker abgeführt haben, Summen im Millionenbereich. Bushido hat drei Millionen Platten verkauft, seine Biografie ist ein Beststeller, Bernd Eichinger verfilmte sein Leben.

2017 kam es zum Bruch zwischen Rapper und Rücken. Den Ausschlag dafür gab offenbar Bushidos Ehefrau, die das patriarchalische Gehabe des Clans und das Leben in dieser »kompletten Parallelgesellschaft inmitten von Deutschland« nicht mehr aushielt, wie sie dem »Stern« erzählte.[43] Ein Krieg um das Vermögen aus dem Musikbusiness, Verträge mit Rappern und gemeinsame Immobiliengeschäfte bilden die Kulisse, vor der Bushido erst Schutz bei Ashraf Rammo suchte und dann bei der Polizei, weshalb er in der Szene als Verräter gilt.

Bushido schildert seine Zeit unter den Fittichen des Clan-Chefs wie eine Leibeigenschaft. Er hat einen Song über Arafat Abou-Chaker geschrieben, der den bezeichnenden Titel »Mephisto« trägt. Darin heißt es: »Er wollte eine Bühne, seine Fratze auf der Leinwand.« An der Seite von Bushido hatte es auch Abou-Chaker von der Parallelgesellschaft auf den roten Teppich geschafft. Moritz Bleibtreu spielte ihn in Eichingers

Film über Bushidos Leben.

Das LKA Nordrhein-Westfalen fasst zusammen: Neben dem »erheblichen wirtschaftlichen Potenzial« sei die Vermarktung »eigener« Rapper für Clans »ein erster Schritt auf eine gesellschaftlich wahrgenommene Ebene«.[44] Und folgert: »Sie erfahren damit ein erhebliches Maß an öffentlicher Aufmerksamkeit, die der eigenen Reputation außerhalb des Milieus dienen soll.«[45] Die »Glorifizierung von Gewalt und Männlichkeit« sei identitätsbildend für die Jugend und Vorbild für die Entwicklung krimineller Energien.[46]

1 000 Nadelstiche

Um den Nimbus der »Könige der Straße« zu brechen, hat Berlin-Neukölln ein Konzept entwickelt, das mittlerweile auch im Ruhrgebiet als »Strategie der 1000 Nadelstiche« Schule macht. Eine Polizeihauptkommissarin, die deshalb schon oft bedroht wurde, hat vor zehn Jahren damit begonnen, behördenübergreifende Razzien zu organisieren. In regelmäßigen Abständen streift eine Armada aus Polizei, Landeskriminalamt, Finanzkontrolle Schwarzarbeit, Staatsanwaltschaft und Ordnungsamt durch Lokale, Shisha-Bars, Friseurläden und Wettbüros, beschlagnahmt unverzollten Tabak, Drogen und Waffen, versiegelt Spielautomaten, entzieht Lizenzen, schreibt Strafanzeigen wegen Steuer- und Sozialbetrugs.

Ich begleite die Kommissarin und ihre Kollegen bei den Einsätzen.[47] Während der ersten Razzien hätten sie noch massenhaft Waffen aus den Läden getragen, erzählt sie, Baseballschläger, Messer und kleine Äxte, die man sich an den Gürtel klemmen kann. Mittlerweile sind die Erträge überschaubar.

Entweder verstecken die Clans sie besser, oder sie haben sich neue Orte gesucht. Sie glaubt Letzteres.

Diese Einsätze, bei denen die geballte Staatsmacht durchs Viertel rollt, dienen nicht dazu, Kriminelle bei Hinterzimmergeschäften auf frischer Tat zu ertappen. Die öffentlichkeitswirksamen Razzien sollen den Bürgern versichern, dass es keine rechtsfreien Räume in ihrer Stadt gibt. Sie sind Symbolpolitik – eine Machtdemonstration des Staates.

Die Innenministerkonferenz hat mit viel Getöse erklärt, dass man Clan-Mitgliedern mit zweiter Staatsbürgerschaft den deutschen Pass entziehen wolle. Abgeschobene Asylbewerber, die wieder nach Deutschland einreisen, wie es bei einem Straftäter aus dem Miri-Clan der Fall war, wolle man künftig schärfer bestrafen. Auch diese Überlegungen sind eher als Symbolpolitik zu bewerten. So führt ein Forschungsprojekt des LKA Nordrhein-Westfalen, an dem sich auch Bremen und Niedersachsen beteiligt haben, zu der Prognose, dass »aufenthaltsbeendende Maßnahmen – auch mit Blick auf erheblich straffällig gewordene Personen – weiterhin die absolute Ausnahme bei Clan-Angehörigen bleiben werden«[48], da ein großer Teil der Tatverdächtigen im Besitz der deutschen Staatsangehörigkeit sei. Und Seehofers eigene Hausjuristen halten den Entzug des deutschen Passes bei Doppelstaatlern für verfassungsrechtlich »bedenklich« und nach dem Völker- und Europarecht für »unzulässig«.[49]

Bund und Länder sollen unter Federführung des BKA künftig stärker kooperieren; auch die Bundespolizei soll sich in die Bekämpfung der Clan-Kriminalität einschalten. Vernetzung und Informationsaustausch stehen ganz oben auf der Agenda: Das BKA soll sich mit einem Verbindungsbeamten am »Zentrum für Analyse und Koordination zur Bekämpfung krimineller Strukturen« beteiligen, das Berlin gegründet hat. Und Nordrhein-Westfalen hat die »Sicherheitskooperation Ruhr« ausgerufen. In der Dienststelle mit Sitz in Essen sollen Vertreter der Landes- und Bundespolizei, betroffener Kommunen, Zollbehörden und Finanzverwaltung zusammenarbeiten.

Berlins Innensenator Andreas Geisel (SPD) und NRW-Innenminister Herbert Reul (CDU) liefern sich einen Wettkampf darum, wer härter durchgreift. Blicke hinter die Kulissen können jedoch ernüchtern. Die Schaffung neuer Dienststellen bedeutet nicht unbedingt, dass auch mehr Personal zur Verfügung gestellt wird. Mitarbeiter aus verschiedenen Abteilungen werden in einem Büro mit neuem Türschild zusammengesetzt, was den Informationsaustausch fördert, aber die Arbeitskraft nicht steigert. Wenn in Berlin und Essen mehrmals in der Woche Hundertschaften auf Razzia gehen, kommen auch mehr Hinweise auf Straftaten rein, doch den Behörden fehlen schlichtweg die Fahnder, die diesen nachgehen könnten. So bleibt es bei »Nadelstichen« statt nachhaltiger Untersuchungen. »Im Personalplan der Polizei für ganz Nordrhein-Westfalen sind 20 Stellen für Clan-Kriminalität vorgesehen. Allein für das Ruhrgebiet bräuchten wir mindestens 150«, sagt Sebastian Fiedler.

Ein vielversprechendes Instrument ist dagegen die Reform der sogenannten Vermögensabschöpfung. Die Umsetzung einer entsprechenden EU-Richtlinie trat am 1. Juli 2017 in Kraft und bedeutet eine teilweise Umkehr der Beweislast. Nach Paragraf 76a des Strafgesetzbuchs sollen Gerichte Vermögen mit unklarer Herkunft einziehen, wenn diese im Rahmen von Ermittlungen gefunden wurden – selbst dann, wenn die vermutete Straftat nicht nachgewiesen werden kann. Das heißt, der Verdacht, dass etwa eine Villa, ein Auto oder eine Rolex mit irgendwelchen illegalen Geschäften finanziert wurde, reicht aus, es braucht dafür keine Beweise. Die Juristen können sich dabei »auf ein grobes Missverhältnis zwischen dem Wert des Gegenstands und den rechtmäßigen Einkünften des Betroffenen stützen«, wie es in Paragraf 437 der Strafprozessordnung heißt.

Zum Beispiel, wenn eine Sozialhilfeempfängerin ein 50000-Euro-Auto fährt. Bei einem Polizeieinsatz wegen einer Verkehrsbehinderung in Essen im Oktober 2019 hatte die Ehefrau einer Clan-Größe Beamte beleidigt. Diesen fiel auf, dass sie eine Gucci-Handtasche und ein goldenes Armband trug. Bei einer Wohnungsdurchsuchung wegen Verdachts auf Sozialleistungsbetrug stellte die Polizei zwei Macheten, eine Schutzweste, einen Schlagring, weitere Schmuckstücke und Handtaschen sicher – und ließ einen rosafarbenen Mercedes CL 500 aus der Garage abschleppen.[50]

Die neue Waffe der Vermögensabschöpfung könnte kriegsentscheidend werden im Kampf des Rechtsstaats gegen die Mafia. Doch auch auf diesem Feld fehlt einigen Bundesländern die nötige Schlagkraft. Mehr Möglichkeiten bedeuten auch mehr Aufgaben für die ohnehin chronisch überlasteten Staatsanwaltschaften. Hinter vorgehaltener Hand äußern sich einige denn auch wenig euphorisch über die vielen zusätzlichen Verfahren. Die Summen der vorläufig beschlagnahmten und tatsächlich eingezogenen Vermögenswerte klaffen weit auseinander. Die Verfahren sind zum Teil sehr aufwendig und ziehen sich hin. Zudem betreten die Juristen rechtliches Neuland. Bayern, Berlin, Nordrhein-Westfalen und Schleswig-Holstein haben deshalb eigene Abteilungen für die Vermögensabschöpfung geschaffen, Niedersachsen hat sein Personal aufgestockt.

Ob sich die Reform des Gesetzes in der Rechtspraxis bewährt, muss sich noch zeigen. Erste Entscheidungen von Amts- und Landgerichten sprechen dafür. Die Bundesrechtsanwaltskammer hält sie dagegen für verfassungswidrig, weil sie gegen die Unschuldsvermutung verstoße. Höchstrichterliche Urteile, die die Verfassungsmäßigkeit bestätigen, stehen noch aus.

In Berlin gibt man sich zuversichtlich. Durch die Reform sei man in der »Poleposition« im Wettrennen gegen Clan-Kriminalität, sagt eine Staatsanwältin. Davon, dass man genug Beweise für eine Verurteilung der Clan-Mitglieder finden wird, geht intern zwar niemand aus. Geldwäsche ist extrem schwierig nachzuweisen, da die Täter arbeitsteilig vorgehen und die Ermittler konkret belegen müssen, wer was aus welcher Straftat finanziert hat. Aber auch wenn am Ende keiner verurteilt wird: Nach der neuen Gesetzeslage könnte der Verdacht trotzdem ausreichen, um das Immobilienimperium zu zerschlagen.

Dass die Ermittler selbstbewusster geworden sind, lässt sich daran ablesen, dass sie einen zweiten Schritt ins Neuland gewagt und auch noch die Konten beschlagnahmt haben, auf denen die Mieteinnahmen eingehen. Bei einer Hausverwaltung, die mehrere Objekte betreut, haben sich bereits mehr als 750 000 Euro angesammelt. Und im April 2020 urteilte das Landgericht Berlin, dass die gelbe Villa der Rammos eingezogen werden soll. Der Fall liegt jetzt beim Kammergericht.

Es ist nun an den Beschuldigten, Nachweise vorzulegen, dass sie die 77 Immobilien mit legalen Einkünften erworben haben. Bei Sozialleistungsempfängern ist da Kreativität gefragt. Sonst dürften die Clan-Gärten endgültig in Staatseigentum übergehen.

Anmerkungen

1 Am Ende ein Opfer, Der Tagesspiegel, 11.09.2018, S. 3.
2 18 Schüsse auf offener Straße, Der Spiegel, 15.11.2010. https://www.spiegel.de/panorama/justiz/kriminelle-clans-18-schuesse-auf-offener-strasse-a-729211.html (abgerufen am 16.05.2020).
3 Sinngemäße Übersetzung aus dem Arabischen nach: Der Koran. Aus dem Arabischen neu übertragen von Hartmut Bobzin, C. H. Beck, München 2019.
4 Krieg um den Clan-Garten, Welt am Sonntag, 22.07.2018, S. 18.
5 Bundeskriminalamt: Organisierte Kriminalität. Bundeslagebild 2018, S. 29.
6 Ghadban, Ralph: Arabische Clans. Die unterschätzte Gefahr, Econ 2018, S. 272.
7 Jungbluth, Thomas (Abteilungsleiter 1 LKA NRW): Impulsvortrag beim Symposium der Ruhr-Konferenz zum Thema »360-Grad-Maßnahmen gegen die Clankriminalität« am 30. Januar 2019 in Essen.
8 Landeskriminalamt Nordrhein-Westfalen: Clankriminalität. Lagebild 2018, S. 9.
9 ebd.
10 ebd.
11 Drucksache des Abgeordnetenhauses Berlin 17/16283 vom 15.05.2015: Schriftliche Anfrage des Abgeordneten Tom Schreiber (SPD).
12 ebd.
13 Unheimliche Familienbande, Die Zeit, 09.08.2018, S. 6.
14 LKA NRW: Lagebild, S. 13.
15 Henninger, Markus: »Importierte Kriminalität« und deren Etablierung am Beispiel der libanesischen, insbesondere »libanesisch-kurdischen« Kriminalitätsszene Berlins, LKA Berlin 2003, S. 25.
16 ebd., S. 6.
17 ebd., S. 1.
18 ebd., S. 30.
19 BKA: Bundeslagebild, S. 29.
20 Henninger: »Importierte Kriminalität«, S. 43.
21 https://www.bmi.bund.de/SharedDocs/kurzmeldungen/DE/2019/09/ok-lagebild.html (abgerufen am 13.04.2020).
22 Henninger: »Importierte Kriminalität«, S. 44.
23 ebd., S. 42.
24 Pöbelnder Patriarch, Spiegel TV, 23.07.2019.
25 Der Mann, der kein Clan-Chef sein will, Welt am Sonntag, 11.08.2019, S. 16.
26 Rohe, Mathias, Jaraba, Mahmoud: Paralleljustiz. Eine Studie im Auftrag des Landes Berlin, vertreten durch die Senatsverwaltung für Justiz und Verbraucherschutz, Berlin 2015.

27 ebd., S. 46.
28 ebd., S. 51f.
29 Sturmhauben und Brecheisen im Kofferraum, Der Spiegel, 13.01.2020 https://www.spiegel.de/panorama/justiz/sturmhauben-und-brecheisen-im-kofferraum-a-08331f21-9a76-4494-9092-330964b5bc5c (abgerufen am 16.05.2020).
30 Clanmitglied zu Haftstrafe wegen Diebstahls verurteilt, Der Spiegel, 27.11.2019. https://www.spiegel.de/panorama/justiz/wissam-remmo-in-erlangen-zu-haftstrafe-verurteilt-a-1298591.html (abgerufen am 16.05.2020).
31 Grünes Gewölbe: Neue Spuren führen ins Berliner Clan-Milieu, Berliner Morgenpost, 12.12.2019. https://www.morgenpost.de/berlin/article227890409/Gruenes-Gewoelbe-Neue-Spuren-fuehren-ins-Berliner-Clan-Milieu.html<y (abgerufen am 16.05.2020).
32 Ein Spezialwerkzeug könnte eine Spur ins Berliner Clanmilieu sein, Der Tagesspiegel, 12.12.2019. https://www.tagesspiegel.de/berlin/nach-juwelen-diebstahl-in-dresden-ein-spezialwerkzeug-koennte-eine-spur-ins-berliner-clanmilieu-sein/25328380.html (abgerufen am 16.05.2020).
33 Polizei fasst dritten Verdächtigen aus Clan-Umfeld, Der Tagesspiegel, 12.07.2019. https://www.tagesspiegel.de/berlin/polizei-justiz/nach-ueberfall-auf-geldtransporter-am-berliner-alexanderplatz-polizei-fasst-dritten-verdaechtigen-aus-clan-umfeld/24583746.html (abgerufen am 16.05.2020).
34 So holten arabische Clans Flüchtlinge ins Land, Bild-Zeitung, 28.10.2019, S. 11.
35 BKA: Bundeslagebild, S. 28.
36 Bussmann, Kai-D./ Vockrodt, Marcel: Geldwäsche-Compliance im Nicht-Finanzsektor: Ergebnisse aus einer Dunkelfeldstudie, in: Compliance Berater, 5/2016, S. 138-143, S. 139. https://wcms.itz.uni-halle.de/download.php?down=41985&elem=2963229 (abgerufen am 16.05.2020).
37 Die Mafia ist in Deutschland sicher, Welt am Sonntag, 26.05.2013, S. 12.
38 Zollfahnder stoppen Kokainlieferung, NDR, 07.05.2020. https://www.ndr.de/nachrichten/hamburg/Zollfahnder-stoppen-Kokainlieferung,kokain356.html (abgerufen am 16.05.2020).
39 BKA: Bundeslagebild, S. 32.
40 Offiziell: Saado Family beschützt Kollegah & Sun Diego, Rap Check, 16.09.2019. https://www.youtube.com/watch?v=8f0TlOFlc70 (abgerufen am 16.05.2020).
41 Kriminelle Clans bedrohen Capital Bra, Bild online, 21.11.2019. https://www.bild.de/bild-plus/news/inland/news-inland/

capital-bra-kriminelle-clans-erpressen-rapper-polizei-ermittelt-66163262,view=conversionToLogin.bild.html (abgerufen am 16.05.2020).

42 Mit dieser Unterschrift hat sich Superstar Bushido an die Mafia verkauft, Stern, 18.04.2013, S. 36.

43 »Ich bin nicht nur Opfer. Ich trage eine Mitschuld«, Stern, 27.09.2018, S. 40.

44 LKA NRW: KEEAS. Kriminalitäts- und Einsatzbrennpunkte geprägt durch ethnisch abgeschottete Subkulturen. Abschlussbericht 2016 – 2018, S. 18.

45 LKA NRW: Lagebild, S. 17.

46 Ebd., S. 18.

47 Die Frau mit den fünf Sternen, Welt am Sonntag, 03.06.2018, S. 8.

48 LKA NRW: KEEAS, S. 10.

49 Passentzug bei Clankriminellen »bedenklich« und »unzulässig«, Welt am Sonntag, 28.06.2020, S. 6.

50 Luxus-Razzia bei Sozialhilfe-Empfängerin, Bild online, 11.10.2019. https://www.bild.de/regional/ruhrgebiet/ruhrgebiet-aktuell/sie-kassierte-stuetze-vom-staat-luxusgueter-bei-clan-frau-beschlagnahmt-65279428.bild.html (abgerufen am 16.05.2020).

Glossar

31er: Slangwort für Verräter. Spielt auf Paragraf 31 des Betäubungsmittelgesetz an, nach dem jemand keine oder eine mildere Strafe bekommt, wenn er Informationen über Verbrechen oder weitere Täter preisgibt
Auf Kombi: So etwas wie ein Vorschuss. Man bekommt die Drogen und kann das Geld später zurückzahlen
Baklava: Süßes Gebäck aus Blätterteig
Buds: Knospen der Cannabispflanze
Carlo: Carlo Colucci, Modemarke
Digga: Freund oder Kumpel. Kommt von Dicker, ist aber nicht abwertend gemeint
Dusi: 1000-DM-Schein
Gras: Getrocknete, harzhaltige Blüten und kleine Blütenblätter der weiblichen Cannabispflanze
Growshop: Laden, der Zubehör für den Anbau von Cannabispflanzen führt
Habibi: Arabisch für »mein Geliebter« / »mein Schatz«. Auch Freunde werden mit Habibi angeredet
Haze: Cannabissorte mit hohem THC-Gehalt
Hidschab: Kopftuch
Koks-Taxi: (Illegaler) Lieferdienst für Kokain
Kotti: Kottbusser Tor in Berlin-Kreuzberg, Zentrum des Viertels SO 36
Läufer: Unterste Stufe in der Verbrecherhierarchie; etwa Drogenkuriere
Marihuana: Getrocknete, harzhaltige Blüten und kleine Blütenblätter der weiblichen Cannabispflanze
Markieren: So etwas wie eine Drohung bzw. letzte Warnung. Jemand wird gezielt verprügelt, sodass er blaue Flecken davonträgt
Ostpocken: Abwertende Bezeichnung für »Ossis«
Rücken: Beschützer
Schneiden: Zerkleinern von Kokain
Snitch: Englisch für »Petze« oder »Verräter«, wegen des ähnlichen Klangs aber auch wie das Wort »Bitch« (Schiampe) benutzt.
SO 36: Abkürzung für den alten Berliner Postzustellbezirk Südost 36 im Osten Kreuzbergs
Spast: Schimpfwort, etwa gleichbedeutend mit Idiot. Kommt von Spastiker
Sulha: Arabisch für Versöhnung, Beilegung einer Stammesfehde
THC: Tetrahydrocannabinol. Berauschende Substanz aus dem Harz der Cannabispflanze
Ticker: Dealer
Tüte: Joint
Weed: Getrocknete, harzhaltige Blüten und kleine Blütenblätter der weiblichen Cannabispflanze